Legislación aérea

Biblioteca de Textos Legales

IVRI 1.060

J. M. CAUMEL

Legislación aérea

Edición preparada por
ENRIQUE MAPELLI LOPEZ
Secretario General del Instituto
Iberoamericano de Derecho
Aeronáutico, del Espacio
y de la Aviación Comercial.

tecnos

Cubierta: J. M. Domínguez y J. Sánchez Cuenca.
Impresión de cubierta: Gráficas Molina

O'Donnell, 27 - 28009 Madrid
ISBN: 94-309-1263-0
Depósito Legal: M 9220-1986
Printed in Spain - Impreso en España por Unigraf, S. A. Paredes, 20
Fuenlabrada (Madrid).

INDICE SISTEMATICO

Prólogo, por Enrique Mapelli .... *Pág.* 13
Abreviaturas utilizadas 27

I. DISPOSICIONES FUNDAMENTALES

1. **Ley 48/1960, de 21 de julio** sobre Navegación Aérea (*B.O.E.*, n.° 176, de 23 de julio de 1960) 31
   - Cap. I: Disposiciones generales. De la soberanía sobre el espacio aéreo, de las leyes aeronáuticas y de las reglas generales para su aplicación 31
   - Cap. II: De la organización administrativa 34
   - Cap. III: De las aeronaves. De su definición, clasificación y nacionalidad 35
   - Cap. IV: De los documentos de a bordo 38
   - Cap. V: Del Registro de matrícula de aeronaves 40
   - Cap. VI: De los prototipos y certificados de aeronavegabilidad 42
   - Cap. VII: De los aeropuertos y aeródromos 44
   - Cap. VIII: Requisas, incautaciones y movilización 49
   - Cap. IX: Servidumbres aeronáuticas 50
   - Cap. X: Del personal aeronáutico 52
   - Cap. XI: Del tráfico aéreo 57
   - Cap. XII: Del contrato de transporte 63
     - Sección primera: Del transporte de viajeros 63
     - Sección segunda: Del transporte de mercancías 66
   - Cap. XIII: De la responsabilidad en caso de accidente 70
   - Cap. XIV: De los seguros aéreos 75
   - Cap. XV: De los gravámenes y de los créditos privilegiados 76
   - Cap. XVI: De los accidentes, de la asistencia y salvamento y de los hallazgos 78
   - Cap. XVII: De la policía de la circulación aérea 80
   - Cap. XVIII: Del transporte privado, de la navegación de turismo y de las Escuelas de Aviación 83
   - Cap. XIX: De las sanciones 83

Disposiciones Finales 89
Disposiciones Transitorias 90

2. **Ley 209/1964, de 24 diciembre**, Penal y Procesal de la Navegación Aérea (*B.O.E.*, n.° 311, de 28 de diciembre 1964) 91

LIBRO I.
DISPOSICIONES GENERALES

Título I. *Disposiciones generales* 93

Título II. *De los Delitos* 96
Cap. I: Delitos contra la seguridad de la aeronave 96
Cap. II: Delitos contra el tráfico aéreo 97
Sección primera: Sedición 97
Sección segunda: Abandono de la aeronave y del servicio .. 99
Sección tercera: De otros delitos contra el tráfico aéreo 100
Cap. III: Delitos contra el derecho de gentes 101
Cap. IV: Delitos contra la autoridad 102
Sección primera: Insulto al mando 102
Sección segunda: Atentados y desacatos 103
Sección tercera: Desobediencia 103
Cap. V: Abuso de autoridad y negligencia en el ejercicio del mando . 103
Cap. VI: Delitos de falsedad 104
Cap. VII: Delitos contra la propiedad 104
Sección primera: Robo y hurto 104
Sección segunda: Daños 105
Sección tercera: Polizonaje 106
Cap. VIII: Delitos de imprevisión, imprudencia o impericia en el tráfico aéreo 106

Título III. *De las faltas* 107

Cap. I: Faltas contra la policía y seguridad de la navegación aérea .. 107
Cap. II: Faltas contra la policía de aeropuertos 108
Cap. III: De otras faltas 108

LIBRO II
DE LA JURISDICCION

Título único. *De la jurisdicción penal en la navegación aérea* 109

Cap. I: Competencia, organización y procedimientos 109
Cap. II: Del procedimiento para la corrección de faltas 109
Cap. III: Del procedimiento para la imposición de medidas de seguridad 109

Disposición Transitoria 109
Disposiciones Finales 109

II. CONVENIOS INTERNACIONALES

3. Convenio sobre Aviación Civil Internacional firmado en Chicago el 7 de diciembre de 1944. Ratificado por España mediante Instrumento de 18 de marzo de 1969, publicado en el *B.O.E.*, núm. 311, de 29 de diciembre 1969 113

Primera Parte.—Navegación Aérea 113

Cap. I: Principios generales y aplicación del Convenio 113
Cap. II: Vuelo sobre territorio de Estados contratantes 114
Cap. III: Nacionalidad de las aeronaves 118
Cap. IV: Medidas para facilitar la navegación aérea 118

Cap. V: Condiciones que deben cumplirse con respecto a las aeronaves 121
Cap. VI: Normas y métodos recomendados internacionales 123

SEGUNDA PARTE.—LA ORGANIZACIÓN DE AVIACIÓN CIVIL INTERNACIONAL .. 125

Cap. VII: La Organización 125
Cap. VIII: La Asamblea 127
Cap. IX: El Consejo 128
Cap. X: La Comisión de Aeronavegación 131
Cap. XI: Personal 132
Cap. XII: Finanzas 132
Cap. XIII: Otros arreglos internacionales 133

TERCERA PARTE.—TRANSPORTE AÉREO INTERNACIONAL 134

Cap. XIV: Datos e informes 134
Cap. XV: Aeropuertos y otras instalaciones y servicios para la navegación aérea 135
Cap. XVI: Organizaciones de explotación conjunta y servicios mancomunados 136

CUARTA PARTE.—DISPOSICIONES FINALES 137

Cap. XVII: Otros acuerdos y arreglos aeronáuticos 137
Cap. XVIII: Controversias e incumplimiento 138
Cap. XIX: Guerra 139
Cap. XX: Anexos 139
Cap. XXI: Ratificaciones, adhesiones, enmiendas y denuncias 139
Cap. XXII: Definiciones 141

4. Convenio de Varsovia para la unificación de ciertas reglas relativas al transporte aéreo internacional, ultimado el 12 de octubre de 1929. Ratificado por España el 31 de enero de 1930, y publicado en la *Gaceta de Madrid* núm. 233, de 21 de agosto de 1931 143

Cap. I: Objeto. Definiciones 143
Cap. II: Títulos de transporte 144
Sección primera: Billetes de pasaje 144
Sección segunda: Talón de equipajes 144
Sección tercera: Carta de porte aéreo 145
Cap. III: Responsabilidad del porteador 149
Cap. IV: Disposiciones relativas a los transportes combinados 153
Cap. V: Disposiciones generales y finales 153
Protocolo adicional 155

5. Protocolo de La Haya de 28 de septiembre de 1955, ratificado por España en 6 de diciembre de 1965, y publicado en el *B.O.E.* n.º 133, de 4 de junio de 1973 156

Cap. I: Modificaciones del Convenio 156
Cap. II: Campo de aplicación del Convenio modificado por el Protocolo, según los artículos de éste que se reproducen 161

Cap. III: Cláusulas finales 162

6. Convenio referente a la unificación de ciertas reglas relativas a los daños causados por la aeronave a terceros en la superficie, firmado en Roma el 7 de octubre de 1952. Instrumento de Ratificación por España de 1 marzo 1957, publicado en el *B.O.E.* n.° 117, de 17 de mayo de 1961 ... 165

Cap. I: Principios de responsabilidad 165
Cap. II: Extensión de la responsabilidad 167
Cap. III: Garantías de responsabilidad del operador 169
Cap. IV: Procedimiento y prescripciones de acciones 172
Cap. V: Aplicación del Convenio y disposiciones generales 175
Cap. VI: Disposiciones finales 176

7. Convenio de Tokio sobre infracciones y ciertos otros actos cometidos a bordo de las aeronaves, de 14 de septiembre de 1963, ratificado por España en 20 de febrero de 1969 y publicado en el *B.O.E.* n.° 308, de 25 de octubre de 1969 180

Cap. I: Campo de aplicación del Convenio 180
Cap. II: Jurisdicción 180
Cap. III: Facultades del Comandante de la aeronave 181
Cap. IV: Apoderamiento ilícito de una aeronave 183
Cap. V: Facultades y obligaciones de los Estados 184
Cap. VI: Otras disposiciones 186
Cap. VII: Disposiciones finales 186

8. Convenio para la represión del apoderamiento ilícito de aeronaves suscrito en La Haya el 16 de diciembre de 1970, ratificado por España mediante instrumento de fecha 6 de octubre de 1972, publicado en el *B.O.E.* n.° 13, de 15 de enero de 1973 189

9. Convenio para la represión de actos ilícitos contra la seguridad de la aviación civil hecho en Montreal el 23 de septiembre de 1971. Instrumento de ratificación por parte de España publicado en el *B.O.E.*, n.° 9, de 10 de enero de 1974 195

III. DISPOSICIONES COMPLEMENTARIAS

10. **Decreto de 3 de mayo de 1945** *(B.O.E.*, n.° 157, de 6 de junio) sobre servicios de Aduanas en los aeropuertos 205
11. **Decreto de 13 de marzo de 1969** *(B.O.E.*, n.° 71, de 24 de marzo) aprobando el Reglamento del Registro de Matrícula de Aeronaves 220
12. **Orden de 7 de agosto de 1974** *(B.O.E.*, de 16 de agosto) sobre enajenación de equipajes y objetos personales abandonados a bordo de las aeronaves 232
13. **Real Decreto 1.961/1980, de 13 de junio**, por el que se establece un régimen de indemnizaciones optativas para los pasajeros de los servicios aéreos regulares a quienes se niegue el embarque en el vuelo contratado. *(B.O.E.*, n.° 238, del 3 de octubre de 1980) 234
14. **Real Decreto 2.047/1981**, del Ministerio de Transportes, Turismo y Co-

municaciones, de 20 de agosto, por el que se establecen normas a seguir en caso de anulación de plazas y reembolso de billetes en el transporte aéreo. *(B.O.E.,* n.º 222, de 16 de septiembre de 1981) 243

Indice analítico 247
Indice de disposiciones legales citadas 256

PROLOGO

I

El primer intento que se realiza en España para codificar las disposiciones que regulan la navegación aérea ordenándolas y sistematizándolas, es la Ley de 27 de diciembre de 1947 que autorizó al Gobierno para aprobar y publicar un Código de Navegación Aérea, arreglado a las Bases contenidas en ella. La muy reducida exposición de motivos de la Ley sobre Navegación Aérea de 21 de julio de 1960, vigente en la actualidad, nos advierte que el tiempo transcurrido desde 1947 había originado el nacimiento de nuevas necesidades que requerían una regulación urgente y motivaba la pérdida de actualidad de los criterios en que se inspiraron los preceptos relativos a ciertas materias comprendidas en aquella soberana disposición, es decir, en la citada Ley de Bases para un Código de Navegación Aérea.

Quiere ello decir que la Ley de Bases de 1947 elaborada con detenimiento y como consecuencia de estudios muy valiosos llevados a cabo por una competente Comisión había resultado, al no ser desarrolladas las Bases en ella contenidas, inadecuada a la vista del vertiginoso avance de la aviación comercial y debido también al nacimiento de concepciones nuevas en el terreno de lo jurídico. La pereza del legislador español ha sido siempre un signo dominante en lo que a la actividad aeronáutica civil se refiere. Desde 1947 a 1960 no se desarrollan las Bases de la Ley de 27 de diciembre de 1947 haciendo inútil esta Ley; posteriormente, la Ley de 1960 que anuncia en numerosos de sus preceptos el desarrollo de las materias en ella tratados por medio de reglamento, éstos tampoco ven la luz o aparecen promulgados con más de veinte años de retraso.

Quizás el ejemplo más llamativo sobre la pereza legislativa a que se ha aludido lo representa el Real Decreto de 4 agosto de 1983, aparecido en el *Boletín Oficial del Estado* del día 8 de septiembre en el que, el Gobierno, haciendo uso de autorización legislativa contenida en la Ley de 1960, actualiza las indemnizaciones previstas en la Ley de 21 de julio 1960. Hasta 1983 para casos de muerte se ha mantenido el irrisorio límite de doscientas mil pesetas por persona.

Si las Bases de 1947 quedaron anticuadas en 1960 y hubo, al ser redactada la Ley de este año, que prescindir de ellas por completo, podemos también decir, en el momento presente, que la Ley actualmente vigente es inadecuada, imprecisa, incompleta e inválida para regular la actualidad aeronáutica civil tal como, en el terreno del Derecho, está concebida internacionalmente y habida cuenta de las instituciones y modalidades que deben serle aplicadas. Desde 1960 hasta el instante en que escribo estas líneas ha transcurrido un período de tiempo que, en la actividad aeronáutica comercial, tan marcada por su signo internacional, puede considerarse como decisivo.

Es cierto que todos los sectores competentes en la materia, desde la Administración Pública hasta el práctico que vive cada día la realidad aeronáutica, así como la doctrina especializada, están convencidos de que es necesario afrontar la reforma, de arriba a abajo, de la legislación aeronáutica vigente en nuestro País y promulgar un texto ordenado, sistemático y actualizado que sustituya a la Ley de 21 de julio de 1960.

Esta Ley adolece no solo del defecto de la inactualidad, fruto del tiempo transcurrido desde que fue aprobada, sino también de la precipitación de su propia elaboración. Para llegar hasta la Ley de Bases de 1947 se realizaron, como he dicho, muy detenidos trabajos y estudios; en cambio la Ley de 1960 fue precipitadamente redactada como consecuencia no solo de la perentoria necesidad que era sentida entre la orfandad en que se encontraba la actividad aeronáutica que ya por aquellas calendas había adquirido un desarrollo importante, sino por las órdenes que, a tal efecto, fueron impartidas por diversas autoridades.

La repetida Ley de 21 de julio de 1960 ofrece muy serias dificultades técnicas, con independencia de las que ya han sido anotadas.

Hay que tener en cuenta, como constantemente viene repitiéndose en todos los sectores interesados —técnicos, comerciales, jurídicos— que la actividad aeronáutica civil es eminentemente internacional. La internacionalidad es, pues, una de las notas distintivas e inspiradoras del moderno Derecho Aeronáutico. No significa ello que quede relegada la actividad aeronáutica doméstica, interna o de cabotaje a un segundo término, sino que, primando la actividad aeronáutica internacional e interfiriéndose constantemente con ella la doméstica, las normas que regulen ésta no deben en ningún caso partir de principios ni concepciones diferentes.

Ello produce un grave problema, a veces más aparente que real, cual es la dificultad de regular una materia, el transporte aéreo interno, en contraposición con los principios inspiradores de la legislación privada de cada país. El problema, digo, es más aparente que real, porque la originalidad de muchas, diría que la mayor parte, de las instituciones del Derecho Aeronáutico, hace posible que, aún tratándose de normar actividades que se desarrollan dentro de las fronteras de un país, este Derecho utilice creaciones internacionales y no las que tienen arraigada tradición en el Derecho interno.

Por otro lado, no todas las materias que el legislador haya de regular tienen necesidad de ampararse en los principios internacionales. Una parte de ellas podrán adecuarse a los principios aceptados privativamente en el país respectivo. Pero lo que no resulta adecuado es que cada país regule a su manera problemas que necesariamente han de estar conectados con la actividad internacional, con el intercambio que, entre países diferentes y entre nacionales distintos, constantemente lleva a cabo la aviación comercial.

La legislación de cada país, y en esto la Ley de 21 de julio de 1960 no es un saludable ejemplo, debe procurar adaptarse a las líneas generales que han inspirado la legislación internacional. Estas normas se contienen en los Convenios Internacionales, aplicables tan solo al transporte aéreo de esta índole, el más tradicional de los cuales, de aceptación muy generalizada, es el Convenio de Varsovia para la unificación de ciertas reglas relativas al transporte aéreo internacional, ultimado el 12 de octubre de 1929. Este Convenio, que ya ha cumplido las bodas que llaman de oro, lo que resulta inconcebible en la materia de que se ocupa, continúa hoy siendo la pieza fundamental reguladora de las relaciones contractuales nacidas del transporte aéreo internacional.

Como ejemplo de la disociación existente entre la legislación internacional y la Ley de 21 de julio de 1960 podemos citar lo referente al principio en que se sustenta la responsabilidad del porteador en nuestra Ley. En su artículo 120 se establece que la razón de indemnizar tiene su base objetiva en el accidente o daño y procederá, hasta los límites de responsabilidad que la Ley determina, en cualquier supuesto, incluso en el accidente fortuito y aun cuando el transportista, operador o sus empleados justifiquen que obraron con la debida diligencia. Esta definición de responsabilidad objetiva, con independencia del criterio doctrinal que la misma pueda merecer, no concuerda con los principios que sobre la misma responsabilidad del porteador sirven para regularla en los Convenios Internacionales en los que España es parte, cuando se trata de transporte aéreo internacional. Y no es tan fácil, en muchos casos, repitámoslo una vez más, establecer las fronteras entre transporte interno o doméstico y transporte internacional. La permeabilidad práctica de uno y otro nos ofrecen múltiples casos en los que es de desear una regulación completamente uniforme.

II

El desarrollo reglamentario de la Ley de 21 de julio de 1960 puede calificarse de incompleto, tardío, dudosamente legal y manifiestamente inadecuado al ordenamiento jurídico general. El mencionado desarrollo reglamentario que, reiteradamente, se anuncia en numerosos artículos de la Ley, se encuentra autorizado expresamente en la Cuarta de sus Disposiciones Finales. Se faculta al Ministro del Aire —dice— para proponer al Gobierno o dictar —en su caso— las disposiciones relativas a la ejecución de la presente Ley, a cuyo fin la Comisión de Codificación Aeronáutica le presentará los proyectos de reglamentos o disposiciones de carácter general que desarrollen aquella.

He dicho que el desarrollo reglamentario de la Ley sobre Navegación Aérea ha sido incompleto porque, después de transcurrir más de veinte años desde que entró en vigencia, aún se aguarda que algunos de sus preceptos hayan sido complementados según en ellos mismos se anuncia. Así, por ejemplo, en el artículo 43 de la Ley se dice que las Corporaciones locales podrán construir o participar en la construcción de los aeropuertos públicos, sometiéndose a las condiciones que previamente fije el Ministerio del Aire. En su caso, podrán conservar la propiedad de los mismos y participar en los resultados de su explotación en la forma que reglamentariamente se establezca. Esta forma reglamentaria no ha sido establecida aún, quizás por falta de interés en la aplicación práctica del precepto.

Debe aclararse que, de acuerdo con lo establecido en el Real Decreto-Ley 12/1978, de 27 de abril (art. 1.°), al Ministerio de Transportes y Comunicaciones, hoy de Transporte, Turismo y Comunicaciones, corresponden todas las competencias que venía ejerciendo la Subsecretaría de Aviación Civil del extinguido Ministerio del Aire.

También he dicho que el desarrollo reglamentario de la Ley de 21 de julio de 1960 puede ser tachado de tardío. Téngase en cuenta que el artículo 95 de la Ley dice —ello es un ejemplo— que el pasajero puede renunciar a su derecho a efectuar el viaje, obteniendo la devolución del precio del pasaje en la parte que se determine, siempre que aquella renuncia se haga dentro del plazo que reglamentariamente se fije. Hasta el Real Decreto 2.047/1981, de 29 de agosto, no ha sido fijado nada al efecto. Parece que más de veinte años en la elaboración de una norma reglamentaria de carácter elemental es período de tiempo más que suficiente para que pueda ser tachada de tardía.

Dudosamente legal es el desarrollo de algún otro reglamento parcial. Puede ello, con las salvedades oportunas (dudoso es lo que es poco probable, que es inseguro o eventual; duda es estar el ánimo perplejo y suspenso entre resoluciones y juicios contradictorios, sin decidirse por unos o por otros) opinarse en cuanto al Real Decreto 1.981/1980, de 13 de junio, por el que se estableció un régimen de indemnizaciones optativas para los pasajeros de los servicios aéreos regulares a quienes se niegue el embarque en el vuelo contratado. En esta disposición se arbitran unas fórmulas compensatorias de carácter económico, opcionales para los pasajeros y obligatorias para los transportistas aéreos, que, previa renuncia que las primeras hagan de acudir a cualquier otra reclamacion, ponen final a los incumplimientos contractuales derivados de la inadmisión a realizar el viaje concertado, dentro de determinadas circunstancias. El pasajero puede o no aceptar la fórmula económica que por medio de esta disposición se establece; pero el transportista —que es la otra parte interviniente en el contrato del transporte aéreo de personas— en el caso de que sea aceptada la fórmula por el pasajero, ha de pasar necesariamente por ella sin posibilidad, según el Real Decreto, de plantear la discusión ante la jurisdicción civil competente. Cabe, pues, pensar que ello se encuentra en contraposición con lo establecido en el artículo 24 de la Constitución de 1978 que dice que todas las personas tienen derecho a obtener la tutela efectiva de los jueces y tribunales en el ejercicio de sus derechos e intereses legítimos sin que, en ningún caso, pueda producirse indefensión.

Por último me he permitido manifestar que algunos de los preceptos reglamentarios que han sido dictados al amparo de la Ley de 21 de julio de 1960 pueden ser manifiestamente inadecuados al ordenamiento jurídico general. El ejemplo que más claramente puede ser exhibido sobre ello es el que se relaciona con el artículo 64 de la Ley. Dice este precepto que los menores de dieciocho años no podrán ser contratados como personal volante. Los mayores de dieciocho años y menores de veintiuno, para ser contratados necesitarán acreditar la concesión de licencia por parte del padre, la madre o tutor, otorgada ante la autoridad competente. No podrán desempeñar el puesto de piloto de aeronave destinada al servicio público y transporte de pasajeros los que hubieran cumplido la edad que reglamentariamente se determine. No nos referimos a la mayoridad establecida a los dieciocho años en el artículo 12 de la Constitución y en el artículo 315 del Código Civil, sino a la forma en que se promulgó la Orden de 9 de mayo de 1966 que tan solo ha aparecido publicada en el *Boletín oficial del Ministerio del Aire* (n.º 56 correspondiente al día 10 de mayo de 1966). Esta Orden Ministerial preceptúa que, de conformidad con lo dispuesto en el párrafo tercero del artículo 64 de la Ley de Navegación Aérea, la edad de retiro de los pilotos de aeronave destinada a servicio público y transporte de pasajeros sea la de sesenta años, si bien, a partir de los cincuenta y cinco años, los reconocimientos médicos reglamentarios se efectuarán cada tres meses.

El artículo 2.º del Código Civil dispone que las leyes entrarán en vigor a los veinte días de su completa publicación en el *Boletín Oficial del Estado*, si en ellas no se dispone otra cosa. En concordancia con este precepto, el artículo 29 de la Ley de Régimen Jurídico de la Administración del Estado, Texto Refundido aprobado por Decreto de 26 de julio de 1957, establece que para que se produzcan efectos jurídicos de carácter general los Decretos y demás disposiciones administrativas, habrán de publicarse en el *Boletín Oficial del Estado*, entrando en vigor conforme a lo dispuesto en el Código Civil.

Al haberse publicado la Orden Ministerial de 9 de mayo de 1966 tan solo en el *Boletín Oficial del Ministerio del Aire* y no en el *Boletín Oficial del Estado*, como era obligado, esta disposición está afectada de la falta del requisito de la debida publicidad y, por tanto, carece de la legalidad correspondiente.

Con todo lo que precedentemente he dejado expuesto parece que puede llegarse a la conclusión, sin que ésta sea excesivamente aventurada, que la Ley de 21 de julio de 1960 sobre Navegación Aérea fue elaborada con precipitación y que su desenvolvimiento reglamentario aparece en disposiciones muy dispersas, dictadas en muchos casos bajo el apremio de circunstancias momentáneas y, desde luego, carentes de unidad de criterio y del más elemental de los sistemas.

Todo ello hace requerir la necesidad de que la legislación aeronáutica española, tanto la básica como la secundaria, sea rehecha de abajo a arriba, quizás olvidándose por completo de la que actualmente se encuentra en vigor y a la que he venido refiriéndome.

Pero esta elaboración, que no reforma, debe llevarse a cabo de manera meditada y tranquila, teniendo en cuenta los principios internacionales que rigen en cada una de las materias y no incurriendo en el grave defecto de la improvisación que tanto se observa en la Ley de 1960.

III

En la aludida Ley de Bases para un Código de Navegación Aérea de 27 de diciembre de 1947 se afrontaban no solo los aspectos administrativos y civiles de la navegación aérea sino también los penales. El legislador de 1960, por razones de urgencia, urgencia nacida de la pereza anterior, según denunciaba en la exposición de motivos de la Ley de 21 de julio, estimaba que debían desdoblarse las materias englobadas en la citada Ley de Bases para desarrollarlas sucesivamente y, de tal forma, omitió todo lo que hacía referencia a los aspectos penales de la navegación aérea.

Ello determinó la promulgación de la Ley 209/1964 de 24 de diciembre, Penal y Procesal de la Navegación Aérea, en la que, como de su propio nombre se deduce, se regulan no solo los aspectos definitorios de los delitos y faltas, el ámbito sustantivo de lo penal, sino también lo referente a lo adjetivo, estableciendo la competencia, organización y procedimientos de lo que denominaba jurisdicción penal en la navegación aérea. Ello ha planteado un grave problema sobre la vigencia de esta Ley de 24 de diciembre de 1964.

En efecto, debe tenerse en cuenta que el artículo 117 de la Constitución dispone (punto 3) que el ejercicio de la potestad jurisdiccional en todo tipo de procesos, juzgando y haciendo ejecutar lo juzgado, corresponde exclusivamente a los Juzgados y Tribunales determinados por las leyes, según las normas de competencia y procedimiento que las mismas establezcan (punto 5) y que el principio de unidad jurisdiccional es la base de la organización y funcionamiento de los tribunales. La ley regulará —añade— el ejercicio de la jurisdicción militar en el ámbito estrictamente castrense y en los supuestos de los estados de sitio, de acuerdo con los principios de la Constitución, prohibiéndose los tribunales de excepción.

También hay que considerar el punto 3 de la Disposición derogatoria de la propia Constitución según el que quedan derogadas, además de las disposiciones que expresamente ha dejado mencionadas precedentemente, cuantas disposiciones se opongan a lo establecido en ella.

Refiriéndonos ya a la Ley de 24 de diciembre de 1964 veámos, por ejemplo (art. 80), que el Tribunal Aeronáutico se compondrá de un Presidente con categoría de General y cuatro vocales con la de General o Jefe. El Presidente y dos de los Vocales deberán ser pilotos pertenecientes al Arma de aviación en servicio activo; los otros dos Vocales, uno de los cuales actuará como Ponente pertenecerán al Cuerpo Jurídico del Aire, con preferencia para quienes posean el diploma de Estudios Superiores de Derecho Internacional Aéreo e Industrial. Se designarán además dos Vocales suplentes, pilotos pertenecientes al Arma de Aviación en servicio activo, para el caso de que los titulares de esta clase no puedan actuar por causa legalmente justificada. Igualmente se designarán dos Vocales suplentes del Cuerpo Jurídico del Aire, a los mismos efectos. Quiere decir que todos los componentes, tanto titulares como suplentes, serían militares pertenecientes al Ejército del Aire.

¿Nos encontramos ante un tribunal perteneciente a la jurisdicción militar o ante un tribunal de excepción? Cualesquiera que fuera la respuesta, lo que no puede dudarse es que con el Tribunal Aeronáutico no se cumplía el principio de unidad jurisdiccional establecido en el citado artículo 117 de la Constitución y que, por consecuencia, podían entenderse derogados los preceptos que de él se ocupan por oponerse a lo dispuesto en dicha Carta magna.

Más aún, cuando en la citada Ley hay multitud de artículos que no pugnan para nada con el texto constitucional, podía opinarse, sin reservas, que la jurisdicción aeronáutica especial no se circunscribe al ámbito estrictamente castrense. Nada tiene que ver con lo castrense, por ejemplo, el delito de desobediencia que se define en el artículo 49 de la Ley, que dice: El miembro de la tripulación que durante la navegación o en el aeropuerto desobedezca o deje incumplidas las órdenes del Comandante u oficiales relativas al servicio, incurrirá en pena de arresto mayor. Piénsese que se trata de una aeronave civil, adscrita al tráfico meramente comercial de transporte público, que el Comandante es un trabajador sin ninguna conceptuación militar ligado a la empresa por un contrato estrictamente laboral, que el miembro de la tripulación puede ser una Azafata y que la orden relativa al servicio puede versar sobre el horario en que las comidas han de ser facilitadas al pasaje. Es inconcebible que pueda atribuirse a nada ello un carácter castrense. Y lo mismo puede decirse en cuanto al delito de polizonaje incardinado en el artículo 64 de la propia Ley. El que clandestinamente entre sin billete en una aeronave comercial con el propósito de hacer viaje, o continúe a bordo también clandestinamente con el mismo fin, una vez recorrido el trayecto a que diere derecho el billete adquirido, será castigado con la pena de arresto mayor o multa hasta veinte mil pesetas. Y lo propio pudiera decirse de la mayor parte o de todos los delitos y faltas que en la Ley de 24 de diciembre de 1964 se definen.

No se encuentran en oposición con el texto constitucional las definiciones delictuales ni los castigos asignados, salvo el de la pena de muerte, a los ilícitos comportamientos. Esta parte sustantiva de la Ley ha de considerarse, según mi juicio, plenamente en vigor. En cambio la parte adjetiva, lo referente a la jurisdicción penal —competencia, organización y procedimiento— parecía pugnar con el criterio de unidad proclamado en la Constitución de 1978 y por tanto derogada por lo que en ella es establecido.

Sobre todo ello conviene tener muy en cuenta que, después de la aprobación de la Constitución de 1978, diversas normas legales han dejado cita expresa de la Ley Penal y Procesal sobre la Navegación Aérea de 24 de diciembre de 1964 sin que se hiciera mención alguna a su falta de vigencia. Muy por el contrario podía entenderse que tales citas o referencias venían a suponer una implícita ratificación de ella. Las disposiciones legales a que nos referimos son las siguientes:

a) El Real Decreto-Ley 12/1978, de 27 de abril, que en su artículo 3.°, dice: «La competencia atribuida, en el artículo 76, punto 2, de la Ley Penal y Procesal sobre la Navegación Aérea, de 24 de diciembre de 1964, a los Jefes de Aeropuertos y aeródromos, se ejercerá en lo sucesivo, por los Comandantes militares aéreos a los que se refiere el presente Real Decreto-Ley, donde existen, y, en otro caso, por los Jefes militares de las Bases Aéreas o aeródromos militares».

b) El Real Decreto-Ley n.° 45/1978, de 21 de diciembre, que dice en su artículo 2.°: «Los artículos del Código de Justicia Militar, de la Ley Penal y Procesal de la Navegación Aérea y de la Ley Penal y Disciplinaria de la Marina Mercante en los que se señala pena compuesta por la de muerte y otra u otras de privación de libertad, quedan modificados en el sentido de que la pena máxima a imponer, salvo en tiempo de guerra, es la de treinta años de reclusión».

c) Real Decreto n.° 3.185/1978, de 29 de diciembre, que dice en su artículo 6.°: «Los Comandantes Militares Aéreos ejercerán la competencia atribuida a los Jefes de Aeropuerto o aeródromos en el artículo 76.2 de la Ley Penal y Procesal sobre la Navegación

Aérea de 24 de diciembre de 1964, a cuyo efecto dependerán de la autoridad jurisdiccional correspondiente».

El Auto del Tribunal Supremo de Justicia de fecha 11 de julio de 1983, resolviendo cuestión de competencia en cuanto a unos hechos que pudieran incardinarse en el artículo 65 de la Ley Penal y Procesal sobre la Navegación Aérea, declaró la competencia del Juzgado de Instrucción de la jurisdicción ordinaria entendiendo que esta Ley se remitía al Código de Justicia Militar, reformado en 6 de noviembre de 1980, en el que se establece que la jurisdicción militar es competente para los delitos o faltas que se cometen «en el espacio aéreo sujeto a la soberanía española, en las aeronaves de Estado o privadas cuando se hallan en vuelo sobre dicho espacio, estacionadas en campos o aguas españolas, en las instalaciones de control, ayuda o auxilio a la navegación aérea exclusivamente cuando los hechos realizados atenten a la soberanía española, a la seguridad militar, o causen un perjuicio al tráfico o normas aéreas de las aeronaves militares españolas o los que por compromisos internacionales militares sobrevuelen territorio español. Si tales intereses y servicios no resultan afectados, la Autoridad judicial militar se inhibirá a favor de la ordinaria».

El hecho enjuiciado en la cuestión de competencia referida es muy concreto y preciso —un accidente aéreo de aeronave civil— y el Auto del Tribunal Supremo de Justicia se limita a resolver la cuestión de competencia que le ha sido planteada sin cuestionar la vigencia o no de los preceptos adjetivos y procesales de la Ley Penal y Procesal de la Navegación Aérea. Tales dudas, al fin, han quedado aclaradas mediante la Ley Orgánica 1/1986, de 8 de enero, en la que —dice su preámbulo— a fin de mantener el principio de unidad jurisdiccional se suprime la jurisdicción penal aeronáutica que, con carácter especial, rige en la actualidad. Por ello en esta publicación hemos omitido el Libro Segundo, la disposición transitoria y las disposiciones finales de la Ley Penal y Procesal de la Navegación Aérea, de 24 de diciembre de 1964, que han quedado expresamente derogados.

Según dispone la Ley Orgánica 1/1986, de 8 de enero en el texto de dicha Ley Penal y Procesal las referencias hechas al Ministerio del Aire se entenderán aplicables al Ministerio de Transportes, Turismo y Comunicaciones.

IV

Anteriormente he dejado anotado que una de las características del Derecho Aeronáutico es su internacionalidad. En ello existe concordancia por parte de toda la doctrina especializada. Quienes sustentan la autonomía del Derecho Aeronáutico —entre los que me encuentro— le asignan una serie de sustantivos signos de cuyo conjunto se deduce que, con el transcurso del tiempo y la evolución de sus instituciones, en el presente momento, se configura ya como una rama del Derecho que, aunque nutrida de las otras —Internacional, Civil, Mercantil, Laboral, Administrativo, Penal, etc.— tiene caracteres originales que le asignan propia vida, independiente y sustantiva.

Entre dichas notas se encuentra su internacionalidad. Ya lo he dicho: existen transportes aéreos que se realizan íntegramente dentro de las fronteras de un Estado, sin punto de contacto alguno ni sobrevuelo de otro país. A este transporte no pueden serle aplicadas otras normas que las internas del Estado respectivo. Pero, además de que, en muchos países —salvo los Estados Unidos de América, la Unión de República Socialistas Soviéticas y algunos otros— el volumen de tráfico preponderante es el internacional, lo que hay que considerar es que incluso este tráfico doméstico se encuentra íntimamente conexionado con el tráfico exterior. Ello es aún más destacado en un país de gran afluencia turística como es España. Gran parte de los usuarios de nuestras líneas interiores proceden de países extranjeros desde los que volaran a nuestra Patria hasta un aeropuerto de entrada y, con escala meramente técnica o con otras más prolongadas, continuando luego su desplazamiento en el interior del país utilizando las líneas domésticas respectivas.

Estos fenómenos, entre otros, dan lugar a la internacionalidad de la disciplina y han determinado, en orden a la presente recopilación, a que hayamos incluido en ella los Convenios Internacionales en los que España es parte y que, en virtud de lo dispuesto en el artículo 1.°, punto 5, del Código Civil se encuentran incorporados a nuestro ordenamiento jurídico, formando parte del mismo y siendo sus normas de aplicación directa en España.

Algunas consideraciones aclaratorias conviene hacer en cuanto a dichos textos internacionales. Fácilmente se comprende que, el primero de ellos, aún en vigencia, el Convenio de Varsovia suscrito el 12 de octubre de 1929, ha de resultar anticuado y de difícil adaptación a la realidad presente. Así es en efecto. Sin embargo, su sustitución por otro pacto internacional ha resultado, hasta el presente, inviable ya que los intereses dispares de los países que integran la comunidad internacional, aunque en algunos aspectos ha conseguido ponerse de acuerdo elaborando nuevas normas, cuando ha llegado la hora de transformarlas en derecho positivo mediante las necesarias ratificaciones o adhesiones, ha quedado congelada su evolución y persistiendo, en consecuencia, la vigencia del Convenio de Varsovia de 1929 que se pretendía modernizar y adecuar a la realidad presente que ofrece el transporte aéreo comercial.

En esta recopilación se insertan, pues, tan sólo el texto del Convenio de Varsovia de 12 de octubre de 1929 y el del Protocolo de La Haya de 28 de septiembre de 1955 que lo modifica parcialmente, ya que son los únicos pactos —en la materia de las relaciones de Derecho privado— que han sido suscritos por España y cuyos textos han aparecido publicados en el *Boletín Oficial del Estado*. Se han omitido, por la inversa razón, el Protocolo de Guatemala de 8 de marzo de 1971 y los Protocolos de Montreal, 1, 2, 3 y 4, de 25 de septiembre de 1975.

El Protocolo de La Haya de 1955, generalmente aceptado aunque con la importante exclusión de los Estados Unidos, modificó determinados preceptos del Convenio de Varsovia de 1929 duplicando, en lo que se refiere al transporte de personas, los límites de indemnización. A pesar de ser un aumento considerable, en la actualidad no resulta admitido y, voluntariamente, en determinados países rigen otras sumas por encima de las establecidas en el Protocolo de La Haya citado.

El Protocolo de Guatemala de 1971 afronta decididamente la adecuación económica, y de otros aspectos, a los tiempos presentes del Convenio de Varsovia. Sus modificaciones son de tal índole que bien puede pensarse en que se trata de un nuevo Convenio y no de la simple modificación de otro anterior. Sin embargo se utilizó el procedimiento de Protocolo modificador para facilitar su aceptación por parte de los Estados que ya eran parte en el mismo. El objetivo resultó fallido y el Protocolo de Guatemala de 1971 no ha entrado aún en vigor por falta de las indispensables ratificaciones mínimas y sin que existan grandes esperanzas al respecto.

Los Protocolos de Montreal de 1975, que son cuatro, cada uno de ellos adecuado a la situación del país respectivo en orden a los problemas aludidos, pretenden, fundamentalmente, sustituir el franco oro que definió el Convenio de Varsovia —conocido corrientemente como «franco oro Poincaré»— por los Derechos Especiales de giro. De tal forma que pretende terminar con los problemas que, derivados de la actual política monetaria, se plantean en cuanto a la conversión de dicho franco oro a la divisa correspondiente del país en que se haya de realizar el pago. Es de suponer que estos Protocolos de Montreal tengan mejor suerte y puedan entrar en vigor en un plazo de tiempo no demasiado largo.

En coordinación con el principio de internacionalidad que impregna el Derecho Aeronáutico se encuentra el de uniformidad. Esta uniformidad de normas no se haya, en el momento presente, en situación que pueda calificarse como óptima ni aún siquiera como aceptable. La fragmentación del Convenio de Varsovia de 1929 en diversos Protocolos, cada uno de ellos aceptado por Estados diferentes, divide de manera muy perturbadora el derecho aplicable a un mismo supuesto cuyo acaecimiento, a veces, es de difícil determinación en cuanto a la soberanía aplicable.

En lo que atañe a España esta uniformidad no ofrece mejor panorama ya que se ve erosionada no solo por el problema general que se observa en la legislación internacional sino por la discrepancia que nuestra propia legislación interna ofrece en cuanto a los principios aceptados en esa legislación internacional. En lo que se refiere a la responsabilidad del porteador derivada de su incumplimiento en la ejecución de las obligaciones que se derivan para él del contrato de transporte, ya hemos visto que la Ley de 21 de julio de 1960 sobre Navegación Aéra, se decide por la responsabilidad de carácter objetivo. Recordemos —artículo 120— que el transportista responde en cualquier supuesto, incluso en el de accidente fortuito y aún cuando el transportista, operador o sus empleados justifiquen que obraron con la debida diligencia.

En cambio, el Convenio de Varsovia de 1929 —transporte internacional— en su artículo 20 declara que el porteador no será responsable si prueba que él y sus comisionados han tomado todas las medidas necesarias para evitar el daño o que les fue imposible tomarlas. Este precepto queda modificado en el Protocolo de Guatemala de 1971 —que no ha entrado en vigor ni ha sido ratificado por España— y reduce la irresponsabilidad del porteador en el caso a que se refiera tan sólo cuando se trata de daño ocasionado por retraso. Al modificar este Protocolo de Guatemala el artículo 21 del Convenio establece que si el transportista prueba que la culpa de la persona que pide una indemnización ha causado el daño o ha contribuido a él, quedará exento total o parcialmente de responsabilidad con respecto a tal persona, en la medida en que tal culpa haya causado el daño o contribuido a él. Ello supone una evolución hacia la responsabilidad objetiva que, como ya he indicado, no ha merecido la aceptación requerida para su vigencia por lo que persiste el principio del Convenio de Varsovia según su redacción de 1929 basada en la culpa.

V

Estas muy generalizadas consideraciones deben, no obstante, concluirse manifestando que la Ley de 21 de julio de 1960 sobre Navegación Aérea, a pesar de los reparos que merece y a los que he hecho mención, ha cumplido durante más de veinte años un cometido no solo saludable sino necesario ya que esta actividad se encontraba huérfana por completo de regulación jurídica. Si no se fue capaz, por las causas que fueran, de articular un Código Aéreo en la forma en que fue proyectado, lo que no podía prolongarse en modo alguno y por más tiempo era la situación de carencia de norma legal que regulase una actividad que de manera llamativa aumentaba cada día. Este juicio favorable respecto de la Ley de 21 de julio de 1960 debe complementarse con el requerimiento de que urgentemente se promulgue un nuevo texto que la sustituya íntegramente, sin que ello suponga precipitada improvisación y teniendo en cuenta la notable evolución que la aviación comercial ha experimentado en las últimas décadas y la forma en que sus problemas legales han sido resueltos en los países en que la industria del transporte aéreo se encuentra más desarrollada. La internacionalidad del Derecho Aeronáutico y la uniformidad que el mismo requiere deben ser principios que el legislador español no debe perder de vista en ningún momento. Complemento de ello es el cuerpo reglamentario que debe prepararse y que, adecuado a la nueva Ley o Código que se reclama, recopile, ordenada y sistemáticamente, cuantas disposiciones de este orden han ido promulgándose paulatinamente, de manera inconexa, estanca y atendiendo a necesidades del momento y desde luego sin responder a un sistema armónico.

Prof. Dr. Enrique Mapelli
Secretario General del Instituto Iberoamericano de Derecho Aeronáutico, del Espacio y de la Aviación Comercial.
Vicepresidente de la Asociación Latinoamericana de Derecho Aeronáutico y del Espacio (Buenos Aires).
Vicepresidente de la Internacional Law Association.
Vicepresidente de la Asociación de Juristas y Abogados Expertos en Derecho Aéreo (Roma).

ABREVIATURAS UTILIZADAS

B.O.E.	*Boletín Oficial del Estado*
C.C.	Código Civil.
C.Co.	Código de Comercio.
C.E. 1978	Constitución Española aprobada por las Cortes el 31 de octubre de 1978.
C.L.H. 1970	Convenio para la represión del apoderamiento ilícito de aeronaves de 16 de diciembre de 1970 (*B.O.E.* n.º 13, de 15 de enero de 1973).
C.M. 1970	Convenio de Montreal para la represión de actos ilícitos contra la seguridad de la aviación civil de 23 de septiembre de 1971 (*B.O.E.* n.º 9, de 10 de enero de 1974).
C.R. 1952	Convenio referente a la unificación de ciertas reglas relativas a los daños causados por la aeronave a terceros en la superficie firmado en Roma el 7 de octubre de 1952. El instrumento de Ratificación de España aparece publicado en el *B.O.E.* n.º 117, de 17 de mayo de 1961.
C.T. 1963	Convenio de Tokio sobre las infracciones y ciertos otros actos cometidos a bordo de las aeronaves de 14 de septiembre de 1963 (*B.O.E.* n.º 308, de 25 de octubre de 1969).
C.V. 1929	Convenio de Varsovia de 12 de octubre de 1929 (*Gaceta de Madrid* n.º 233, de 21 de agosto de 1931).
C.V. 1966	Convenio de Viena sobre Relaciones Consulares de 24 de abril de 1963 (*B.O.E.* n.º 56, de 6 de marzo de 1970).
C.CH. 1944	Convenio sobre Aviación Civil internacional suscrito en la Conferencia de Chicago de 7 de diciembre de 1944 (*B.O.E.* n.º 55, de 24 de febrero de 1947).
C.CO.	Código de Comercio.

D.	Decreto.
D.—L.	Decreto-Ley.
L.N.A.-1960	Ley de Navegación Aérea de 21 de julio de 1960.
L.O.	Ley Orgánica.
L.P. y P. de la N.A.-1964	Ley Penal y Procesal de la Navegación Aérea de 24 de diciembre de 1964 (*B.O.E.* n.º 311, de 28 de diciembre).
O.	Orden.
O.M.	Orden Ministerial.
P.L.H.-1955	Protocolo de La Haya de 1955.
R.D.	Real Decreto.
R.D.—L.	Real Decreto-Ley.
V.	Véase.

I

DISPOSICIONES FUNDAMENTALES

1. LEY 48/1960, DE 21 DE JULIO SOBRE NAVEGACION AEREA

(*B.O.E.*, núm. 176, de 23 de julio de 1960)

CAPITULO PRIMERO

DISPOSICIONES GENERALES. DE LA SOBERANÍA SOBRE EL ESPACIO AÉREO, DE LAS LEYES AERONÁUTICAS Y DE LAS REGLAS GENERALES PARA SU APLICACIÓN

Artículo 1.º El espacio aéreo situado sobre el territorio español y su mar territorial está sujeto a la soberanía del Estado español.

Art. 2.º Las aeronaves nacionales podrán hacer uso para la navegación del espacio aéreo español.

El Estado español, por Tratados o Convenios con otros Estados, o mediante permiso especial, podrá autorizar el tránsito inocuo sobre su territorio de las aeronaves extranjeras.

Art. 3.º El Gobierno podrá fijar las zonas en que se prohiba o restrinja el tránsito de aeronaves sobre territorio español,

---

Art. 1.º: V. art. 1.º. C.CH. 1944 (Disp. 3); Ley de 4 de enero de 1977, n.º 10/77 (*B.O.E.*, n.º 7, de 8 de enero), definiendo límites de soberanía nacional; art. 2.º del R.D.-L. 12/1978, de 27 abril (*B.O.E.* n.º 101, de 28 de abril), sobre competencia del Ministerio de Defensa en materia de soberanía; Ley de 20 de febrero de 1978 (*B.O.E.* n.º 46, de 23 de febrero) sobre zona marítima económica exclusiva.

Art. 2.º: V. art. 16 esta misma L.N.A.-1960; art. 17 C.CH. 1944 (Disp. 3); art. 7.º del Reglamento del Registro de Matrícula de aeronaves, redactado por D. de 10 de febrero de 1972 (Disp. 11).

Art. 3.º: V. arts. 7.º y 9.º C.CH. 1944 (Disp. 3); Ley 12 de marzo de 1975 (*B.O.E.* n.º 63, de 14 de marzo) sobre organización de la defensa nacional; art. 1.º D. de 3 de mayo de 1946 sobre Aduanas (Disp. 10).

En relación con las zonas prohibidas y restringidas al vuelo deben consultarse la O. de la Presidencia del Gobierno de 23 de mayo de 1977 (*B.O.E.* n.º 127, de 28 mayo 1977) y la O. de la Presidencia del Gobierno de 22 de septiembre de 1982 (*B.O.E.* n.º 229, de 24 de septiembre) que parcialmente la modifica. La O. de la Presidencia del Gobierno de 13 de enero de 1983 (*B.O.E.* n.º 14 de 17 de enero) amplia el punto 2 del art. 1.º de la O. de 23 de mayo de 1977 en el sentido que en la misma se establece.

Respecto de la facultad de suspender total o parcialmente las actividades aéreas por causas graves establecidas en el segundo párrafo de este art. 3.º de la L.N.A.-1960, deben tenerse en cuenta los arts. 48, 49 y 50 de la misma sobre requisas, incautaciones y movilización.

los canales de entrada y salida en el mismo y los aeropuertos aduaneros.

También podrá suspender total o parcialmente las actividades aéreas en su territorio por causas graves.

Art. 4.º Los dueños de bienes subyacentes soportarán la navegación aérea, con derecho a ser resarcidos de los daños y perjuicios que esta les cause.

Art. 5.º Sin perjuicio de lo estipulado en Tratados o Convenios Internacionales, la presente Ley regulará la navegación aérea nacional en todo caso y la internacional sobre territorios de soberanía española.

A falta de reglas propias en la materia, se estará a las leyes y disposiciones vigentes de carácter común.

Esta Ley se aplicará a la navegación aérea militar cuando se disponga expresamente.

Art. 6.º La aeronave de Estado española se considerará territorio español, cualquiera que sea el lugar o espacio donde se encuentre.

Las demás aeronaves españolas estarán sometidas a las leyes españolas cuando vuelen por espacio libre o se hallen en territorio extranjero, o lo sobrevuelen, si a ello no se opusieran las leyes de Policía y seguridad del país subyacente.

Art. 4.º: V. art. 119 de esta misma L.N.A.-1960, teniendo en cuenta las cifras que en el mismo se establecen han sido modificadas por R.D. 2.333/1983, de 4 de agosto.

V. arts. 1.º y 2.º C.R. 1952 (Disp. 6).

Art. 5.º: El art. 96 C.E. 1978, dice: «1. Los tratados internacionales válidamente celebrados, una vez publicados oficialmente en España, formarán parte del ordenamiento interno. Sus disposiciones solo podrán ser derogadas, modificadas o suspendidas en la forma prevista en los propios tratados o de acuerdo con las normas generales del Derecho internacional. 2. Para la denuncia de los tratados y convenios internacionales se utilizará el mismo procedimiento previsto para su aprobación en el art. 94.»

Ver art. 1.º, punto 5, del C.C., que dice: «Las normas jurídicas contenidas en los tratados internacionales no serán de aplicación directa en España en tanto no hayan pasado a formar parte del ordenamiento interno mediante su publicación íntegra en el *Boletín Oficial del Estado*.»

V. la Disp. Final 5.ª de esta misma L.N.A.-1960, en relación con el párrafo 3.º de este art. 5.º. Declara expresamente de aplicación a la navegación aérea los arts. 8.º, 11, 17, 34, 38, 45, 51 a 58, 61 y 134 y todo otro que así lo disponga.

V. art. 37 y 38 C.CH. 1944 (Disp. 3) y art. 1.º C.V. 1929 (Disp. 4).

Art. 6.º: V. art. 14 de la propia L.N.A.-1960 y art. 3.º C.CH 1944 (Disp. 3).

El art. 5.º C.V. 1966 establece como funciones consulares, las siguientes:

«*k)* Ejercer, de conformidad con las leyes y reglamentos del Estado que envía, los derechos de control e inspección de los buques que tengan la nacionalidad de dicho Estado y de las aeronaves matriculadas en el mismo, y también de sus tripulaciones. *l)* Prestar ayuda a los buques y aeronaves a que se refiere el apartado *k)* de este artículo, y también a sus tripula-

Art. 7.º A las aeronaves extranjeras, mientras se encuentran en territorio de soberanía española, o en espacio aéreo a ellas sujeto, les serán aplicadas las disposiciones de esta Ley, así como las penales, de Policía y Seguridad pública vigentes en España.

---

ciones; recibir declaración sobre el viaje de esos buques, examinar y refrendar los documentos de a bordo y, sin perjuicio de las facultades del Estado receptor, efectuar encuestas sobre los incidentes ocurridos en la travesía y resolver los litigios de todo orden que se planteen entre el Capitán, los Oficiales y los marineros, siempre que lo autoricen las leyes y reglamentos del Estado que envía.»

El art. 69 de la Ley de 29 de abril de 1964, sobre energía nuclear (*B.O.E.* n.º 107 de 4 de mayo), dice: «Quedan sujetos a lo dispuesto en el presente capítulo los buques y aeronaves nucleares, incluso los buques de guerra y aeronaves militares y los que gocen de igual estatuto jurídico; no obstante, para estos últimos no será aplicable lo que se establece en el art. 74».

El art. 10, punto 2. del C.C. dice: «Los buques, las aeronaves y los medios de transporte por ferrocarril, así como todos los derechos que se constituyan sobre ellos, quedarán sometidos a la ley del lugar de su abanderamiento, matrícula o registro. Los automóviles y otros medios de transporte por carretera quedarán sometidos a la ley del lugar donde se hallen».

Según el art. 52 C.C., podrá autorizar el matrimonio del que se halle en peligro de muerte, respecto de los que se celebren a bordo de nave o aeronave, el Capitán o Comandante de la misma. Este matrimonio no requerirá para su autorización la previa formación de expediente, pero sí la presencia, en su celebración, de dos testigos mayores de edad, salvo imposibilidad acreditada.

V. art. 1.º C.T.-1963 (Disp. 7).

Art. 7.º: La regulación penal de la navegación aérea se encuentra establecida en la L.P. y P. de la N.A.-1964 (Disp. 2).

Consultar la L.O. 4/1981, de 1 de junio, sobre estados de alarma, excepción y sitio (*B.O.E.* n.º 134, de 5 de junio).

V. el D. de 14 de julio de 1950, que aprueba el Reglamento de Sanidad exterior de aeronavegación (*B.O.E.* n.º 341, de 7 de diciembre). Especialmente arts. 11 y 27.

V. art. 1.º del D. de 3 de mayo de 1946. (*B.O.E.* n.º 157, de 6 de junio) (Disp. 10).

V. las prescripciones establecidas para aeronaves nucleares en la Ley de 29 de abril de 1964 (*B.O.E.* n.º 107, de 4 de mayo).

La Ley 30 de julio de 1959, de Orden Público (*B.O.E.* n.º 182, de 31 de julio), en su art. 2.º considera como actos contrarios al orden público, entre otros, los que atenten o intenten alterar la seguridad pública, el normal funcionamiento de los servicios públicos y la regularidad de los abastecimientos o de los precios prevaliéndose abusivamente de las circunstancias.

V. art. 23 del C.R.-1952 (Disp. 6).

V. punto 2 del art. 10 C.C., que dice: «Los buques, las aeronaves y los medios de transporte por ferrocarril, así como todos los derechos que se constituyan sobre ellos, quedarán sometidos a la ley del lugar de su abanderamiento, matrícula o registro. Los automóviles y otros medios de transporte por carretera quedarán sometidos a la ley del lugar donde se hallen».

V. art. 3.º C.T.-1963 (Disp. 7).

V. art. 4.º C.L.H.-1970 (Disp. 8).

V. art. 3.º C.M.-1971 (Disp. 9).

Sobre competencia, v. art. 14 y 15 de la Ley de Enjuiciamiento Criminal.

V. L.O. 1/1986, de 8 de enero (*B.O.E.* de 14 de enero de 1986):

Art. 1.º: «En los delitos o faltas cometidos en vuelo, la competencia vendrá determinada por el lugar del primer aterrizaje de la aeronave, sin perjuicio de la

CAPITULO II

DE LA ORGANIZACIÓN ADMINISTRATIVA

Art. 8.º Corresponde al Ministro del Aire entender en todo lo relativo a la navegación aérea.

Art. 9.º El territorio nacional se divide en demarcaciones aéreas, fijadas por el Ministerio del Aire, quien podrá modificarlas conforme lo aconsejen las necesidades de la navegación aérea.

Las funciones gubernativas, administrativas, de seguridad y policía de la circulación aérea de las demarcaciones se determinarán por disposiciones reglamentarias.

Art. 10. En cada demarca-

---

que pueda corresponder a la Audiencia Nacional y a los Juzgados Centrales de Instrucción.»

Art. 8.º: V. D. 4 de julio de 1977, n.º 1.558/1977, de la Presidencia del Gobierno (*B.O.E.* n.º 159, de 5 de julio), cuyo art. 2.º crea el Ministerio de Defensa, como órgano de la Administración Central del Estado encargado de la ordenación y coordinación de la política general del Gobierno en cuanto se refiere a la Defensa Nacional.

V. art. 11 del mismo D. en el que se crea el Ministerio de Transportes y Comunicaciones, integrándose en él la Subsecretaría de Aviación Civil del Ministerio del Aire y todos los centros directivos dependientes de la misma.

V. R.D. n.º 3.185/1978, de 29 de diciembre (*B.O.E.* n.º 18, de 20 de enero de 1979), que coordina el ejercicio del control de los diferentes tipos de circulación aérea.

V. R.D.-L. n.º 22/1982, de 7 de diciembre (*B.O.E.* n.º 294, de 6 de diciembre) que suprime la Subsecretaría de Aviación Civil.

V. R.D. 3.570/1982, de 15 de diciembre (*B.O.E.* n.º 301 de 16 de diciembre), las competencias de las Direcciones Generales de Transporte Aéreo y de Navegación Aérea.

Debe también tenerse en cuenta el R.D.-L. 12/1978, de 27 de abril (*B.O.E.* n.º 101, de 28 de abril), sobre competencias del Ministerio de Transporte y Comunicaciones.

De acuerdo con la Disp. Final 5.ª de la propia L.N.A.-1960, este artículo es de expresa aplicación a la navegación aérea militar.

Art. 9.º: V. O. de 16 de febrero de 1968 (*B.O.E.* n.º 44, de 20 de febrero) y O. de 6 de marzo de de 1970 (*B.O.E.* n.º 61, de 2 de marzo), donde se establecen el número y demarcación de los Sectores aéreos.

V. art. 9.º del R.D.-L. 12/1978 de 27 de abril (*B.O.E.* n.º 101, de 28 de abril), sobre aeropuertos y aeródromos civiles.

V. art. 2.º del R.D. 2.878/1982, de 15 de octubre (*B.O.E.* n.º 269, de 9 de noviembre), sobre el Organismo Autónomo Aeropuertos Nacionales.

V. Disp. Trans. 2.ª de la propia L.N.A.-1960.

V. la O. de 22 de abril de 1980 (*B.O.E.* n.º 116, de 14 de mayo de 1982), sobre inspección de los servicios públicos y de las actividades de aviación civil.

Art. 10.: V. art. 9.º del R.D.-L. 12/1978, de 27 de abril (*B.O.E.* n.º 101, de 28 de abril), sobre aeropuertos y aeródromos públicos civiles.

V. art. 4.º del R.D. n.º 3.185/1978, de 29 de diciembre (*B.O.E.* n.º 18, de 20 de enero de 1979), sobre organización de los aeropuertos y aeródromos públicos civiles.

V. art. 28 C.CH. 1944 (Disp. 3).

V. O. de 1 de septiembre de 1965 (*B.O.E.* n.º 216, de 9 de septiembre), sobre denominación oficial de los distintos aeropuertos españoles.

ción existirá el número de aeropuertos que se juzgue necesarios. Los Jefes de éstos limitarán sus facultades al área total del aeropuerto y a sus respectivas zonas de recalada, o espacio aéreo que se determine.

CAPITULO III

DE LAS AERONAVES. DE SU DEFINICIÓN, CLASIFICACIÓN Y NACIONALIDAD

Art. 11. Se entiende por aeronave toda construcción apta para el transporte de personas o cosas capaz de moverse en la atmósfera merced a las reacciones del aire, sea o no más ligera que éste y tenga o no órganos motopropulsores.

Art. 12. La adquisición, modificación o extinción de los derechos sobre una aeronave deberá constar necesariamente en documento público o privado.

Art. 13. Las aeronaves se clasifican en aeronaves de Estado y privadas.

Art. 11.: V. Resolución de 17 de noviembre de 1977 de la Subsecretaría de Aviación Civil (*B.O.E.* n.º 7, de 9 de enero de 1978), sobre definición de aeronave.

V. art. 8.º del Apéndice II del C.CH. 1944 (Disp. 3).

V. Anexo 7 de la Organización de la Aviación Civil Internacional, publicado con arreglo al C.CH. 1944, en el que se inserta una clasificación de aeronaves. Este documento no aparece publicado en el *B.O.E.*.

V. art. 178 del Reglamento del Registro Mercantil aprobado por D. de 14 de diciembre de 1956 (*B.O.E.* n.º 66, de 7 de marzo de 1977; corrección de erratas en el *B.O.E.* n.º 73, de 14 de marzo), que define aeronave.

V. Convenio de Ginebra de 19 de junio de 1948 de reconocimiento internacional de derechos sobre aeronaves. Este Convenio no ha sido firmado por España y, por consecuencia, no aparece publicado en el *B.O.E.* Su art. 16 dice: «Para los fines del presente Convenio, la expresión «aeronave» comprenderá la célula, los motores, las hélices, los aparatos de radio y cualesquiera otras piezas destinadas al servicio de la aeronave, incorporadas a ella o temporalmente separadas de la misma».

De acuerdo con la Disp. Final 5.ª de la propia L.N.A.-1960, este artículo es de expresa aplicación a la navegación aérea militar.

Art. 12.: Según el art. 1.216 C.C., son documentos públicos los autorizados por un Notario o empleado público competente, con las solemnidades requeridas por la Ley. De acuerdo con el art. 1.225 C.C., el documento privado, reconocido legalmente, tendrá el mismo valor que la escritura pública entre los que lo hubieran suscrito y sus causahabientes.

V. art. 596 de la Ley de Enjuiciamiento Civil sobre documentos públicos y solemnes.

V. arts. 180 y 182 del Reglamento del Registro Mercantil aprobado por D. de 14 de diciembre de 1956 (*B.O.E.* n.º 66, de 7 de marzo de 1977; corrección de erratas en el *B.O.E.* n.º 73, de 14 de marzo), sobre inscripción de las aeronaves.

Art. 13.: V. C.CH. 44 (Disp. 3).

V. art. 1.º del D. de 3 de mayo de 1946 (*B.O.E.* n.º 157, de 6 de junio), sobre servicios de Aduanas en los aeropuertos (Disp. 10).

Art. 14. Se considerarán aeronaves de Estado:

1.º Las aeronaves militares, entendiéndose por tales las que tengan como misión la defensa nacional o estén mandadas por un militar comisionado al efecto. Estas aeronaves quedan sujetas a su regulación peculiar.

2.º Las aeronaves no militares destinadas exclusivamente a servicios estatales no comerciales.

Art. 15. Se reputarán aeronaves privadas las demás no comprendidas en el artículo anterior.

Reglamentariamente se establecerán las categorías de esta clase de aeronaves en razón de su empleo o destino.

Art. 16. La inscripción de la aeronave en el Registro de matrícula determina su nacionalidad.

Ninguna aeronave española puede ser válidamente matriculada en Estado extranjero sin la previa autorización del Ministerio del Aire. Igual autorización será necesaria para su enajenación a extranjeros.

Art. 14.: V. art. 3.º del C.CH. 1944 (Disp. 3).

V. Ley de 28 de enero de 1966 (*B.O.E.* n.º 25, de 29 de enero) sobre régimen financiero de puertos.

V. la Resolución de fecha de 17 de noviembre de 1977, de la Subsecretaría de Aviación Civil (*B.O.E.* n.º 7, de 8 de enero de 1978), aprueba el Reglamento de marcas de nacionalidad y de matrícula de las aeronaves civiles.

El art. 8.º C.E. 1978 dice: «Las Fuerzas Armadas, constituidas por el Ejército de Tierra, la Armada y el Ejército del Aire, tienen como misión garantizar la soberanía e independencia de España, defender su integridad territorial y el ordenamiento constitucional. Una Ley orgánica regulará las bases de la organización militar conforme a los principios de la presente Constitución».

V. art. 4.º del Reglamento del Registro de aeronaves, aprobado por D. de 13 de marzo de 1969 (*B.O.E.* n.º 71, de 24 de marzo) (Disp. 11).

V. R.D. de 12 de agosto de 1982 (*B.O.E.* n.º 210 de 2 de septiembre), por el que se crea la Junta Superior de Coordinación del Servicio de Helicópteros dependiente del Ministerio del Interior.

V. Ley de 28 de diciembre de 1978 aprobando las Reales Ordenanzas de las Fuerzas Armadas (*B.O.E.* n.º 11, de 12 de enero de 1979). Especialemnte arts. 81 y 82.

V. L.O. n.º 6/1980, de 1 de julio (*B.O.E.* n.º 165, de 10 de julio), sobre defensa nacional.

V. art. 13, inciso 1.º, del Código de Justicia Militar (redactado por L.O. 9/1980, de 6 de noviembre; *B.O.E.* n.º 280 de 21 de noviembre), que establece el concepto genérico de «militares»; art. 256 sobre actos de servicio, y art. 312 sobre fuerza armada.

Art. 15.: V. art. 67 de esta misma L.N.A.-1960.

La Resolución de 17 de noviembre de 1977, de la Subsecretaría de Aviación Civil (*B.O.E.* n.º 7, de 8 de enero de 1978), establece la definición de las aeronaves civiles a efectos de sus marcas de nacionalidad y matrícula.

Art. 16.: V. arts. 17, 18, 20 y 21 C.CH. 1944 (Disp. 3).

V. art. 16 de la O. de 31 de mayo de

Art. 17. Las aerovaves extranjeras tendrán la nacionalidad del Estado en que estén matriculadas.

Art. 18. Sólo podrán inscribirse en el registro de Matrícula de aeronaves del Estado español:

1.° Las pertenecientes a personas individuales o jurídicas que disfruten de nacionalidad española.

2.° A instancia del arrendatario, las aeronaves arrendadas a quienes posean esa misma nacionalidad.

Art. 19. La aeronave matriculada en España dejará de ser española si legalmente se enaje-

---

1982 del Ministerio de Transportes, Turismo y Comunicaciones (*B.O.E.* n.° 134, de 5 de junio), que aprueba el Reglamento para la construcción y utilización de aeronaves por aficionados.

V. arts. 4.°, 5.°, 6.° y 7.° del D. de 13 de marzo de 1969 (*B.O.E.* n.° 71, de 24 de marzo), que aprueba el Reglamento del Registro de Matrícula de Aeronaves (Disp. 11).

V. Reglamento del Registro Mercantil aprobado por D. de 14 de diciembre de 1956 (*B.O.E.* n.° 66, de 7 de marzo de 1957). Su art. 179 dice: «Se inscribirán obligatoriamente en el Registro Mercantil las aeronaves de nacionalidad española y de propiedad privada que se destinen o puedan destinarse a fines industriales o mercantiles». Su art. 185 dice: «Las personas jurídicas extranjeras podrán inscribir a su favor las aeronaves de su propiedad con sujeción a los convenios internacionales, al principio de reciprocidad y a las prescripciones legales».

Art. 17: V. art. 17 y 19 del C.CH. 1944 (Disp. 3).

V. art. 7.° del Reglamento del Registro de Matrícula de Aeronaves, redactado por D. de 10 de febrero de 1972 (*B.O.E.* n.° 50, de 28 de febrero) (Disp. 11).

V. art. 185 del Reglamento del Registro Mercantil, aprobado por D. de 14 de diciembre de 1956 (*B.O.E.* n.° 66, de 7 de marzo; corrección de erratas en *B.O.E.* n.° 73 de 14 de marzo), que dice: «Las personas jurídicas extranjeras podrán inscribir a su favor las aeronaves de su propiedad con sujección a los convenios internacionales, al principio de reciprocidad y a las prescripciones legales.»

Art. 18: V. art. 5.° de la Ley de 17 de julio de 1951, de régimen jurídico de las Sociedades Anónimas (*B.O.E.* n.° 199, de 18 de julio ; corrección de erratas en *B.O.E.*n.° 218, de 6 de agosto), que dice: «La sociedad de nacionalidad española tendrá su domicilio dentro del territorio español y en lugar en que se halle establecida su representación legal o en donde radique alguna de sus explotaciones o ejerza las actividades propias de su objeto.»

V. art. 4.° de la Ley de 17 de julio de 1953, sobre régimen jurídico de las Sociedades de Responsabilidad Limitada (*B.O.E.* n.° 199, de 18 de julio; corrección de erratas en *B.O.E.* n.° 227, de 15 de agosto), que dice: «La sociedad de nacionalidad española tendrá necesariamente su domicilio en territorio español. La Sociedad de Responsabilidad Limitada no podrá tener por objeto la representación de intereses colectivos, profesionales o económicos, atribuidos a otras entidades por la ley, con carácter exclusivo.»

Sobre inscripción del arrendamiento, v. Reglamento del Registro de Aeronaves aprobado por D. de 13 de marzo de 1969 (*B.O.E.* n.° 71, de 24 de marzo). Especialmente arts. 7, 18 y 27 (Disp. 11).

Sobre nacionalidad de corporaciones, fundaciones, asociaciones, personas jurídicas y arrendamiento de cosas, v. arts. 17, 28, 35 y 1.543 del C.C.

Art. 19: V. art. 18 C.CH. 1944 (Disp. 3).

V. art. 184 del D. de 14 de diciembre

nara a persona que no disfrute de esta nacionalidad o fuera matriculada válidamente en país extranjero.

CAPITULO IV

DE LOS DOCUMENTOS DE A BORDO

Art. 20. Las aeronaves llevarán a bordo los siguientes documentos:

1.º Certificación de matrícula en la que constará el título de propiedad.

2.º Certificado de aeronavegabilidad.

3.º Licencia de aptitud de cada uno de los tripulantes.

4.º Cualquier otro documento que reglamentariamente pueda exigirse.

Art. 21. La aeronave llevará también licencia y calificación de su estación de radiocomunicación, así como el Diario del servicio radioeléctrico, donde se registren las comunicaciones efectuadas y las incidencias notables habidas en ellas.

Art. 22. El cuaderno de la aeronave, la cartilla de motores y la de hélices, en su caso, se mantendrán al día en lugar seguro y a disposición de las autoridades que puedan requerirlos.

---

de 1956, por el que se aprueba el Reglamento del Registro Mercantil (*B.O.E.* n.º 66, de 7 de marzo de 1957; corrección de erratas en *B.O.E.* n.º 73, de 14 de marzo), que dice: «Los asientos del Registro se cancelarán por las causas siguientes: 1.º Destrucción de la aeronave; 2.º Pérdida de la nacionalidad española; 3.º Resolución judicial firme. Los asientos referentes a gravámenes podrán cancelarse, además, en virtud de escritura o documentos auténticos en que preste su consentimiento la persona a cuyo favor se hubiere practicado el asiento o sus causahabientes o representantes legítimos.»

Art. 20: V. art. 156 de la propia L.N.A.-1960.

V. arts. 29, 30, 31, 32 y 34 C.CH. 1944 (Disp. 3)

V. art. 19 de la O. de 31 de mayo de 1982 (*B.O.E.* n.º 134, de 5 de junio), que aprueba el Reglamento para la Construcción de Aeronaves por Aficionados.

V. art. 183 del Reglamento del Registro Mercantil, aprobado por D. de 14 de diciembre de 1956 (*B.O.E.* n.º 66, de 7 de marzo de 1957; corrección de erratas en *B.O.E.* n.º 73, de 14 de marzo). Dice: «La certificación del Registro Mercantil acreditará la propiedad de la aeronave y será el único medio de justificar la libertad de cargas o los gravámenes que la afecten. En la documentación que deba llevarse a bordo figurará siempre dicha certificación, que deberá presentarse en el Registro cuando se transmita, limite o grave la propiedad de la aeronave para hacer constar en aquella los asientos practicados.»

Art. 21: V. art. 65 y apartado 3.º del art. 153 de la propia L.N.A.-1960.

V. art. 30 C.CH. 1944. (Disp. 3).

V. art. 36 L.P. y P. de la N.A.-1964 (Disp. 2).

Art. 22: V. arts. 34 y 34 L.N.A.-1960 referentes a motores.

V. punto 2. del art. 8.º del D. de 13 de marzo de 1969 (*B.O.E.* n.º 71, de 24 de marzo) que aprueba el Reglamento del Registro de Matrícula de Aeronaves (Disp. 11).

Art. 23. Las aeronaves llevarán visibles al exterior las marcas de nacionalidad y matrícula que se establezcan, y en lugar visible, ya sea en su interior o en el exterior, una placa con indicación del tipo, número de la serie y de matrícula, así como el nombre del propietario.

Art. 24. Los libros de la aeronave se conservarán por el propietario durante dos años, a partir de la fecha del último asiento.

Art. 25. Las autoridades de los aeropuertos y aeródromos donde se encuentren las aeronaves podrán examinar los documentos de éstas.

Art. 26. Si durante el vuelo ocurriesen incidencias que no se reflejasen en la documentación de a bordo, el Comandante de la aeronave dará cuenta suficiente de las mismas al Jefe del aeropuerto en el parte de llegada.

Art. 23: V. el punto 6.° del art. 153 de la propia L.N.A.-1960.

V. arts. 17 y 20 C.CH. 1944 (Disp. 3).

Las normas sobre marcas de nacionalidad, marcas comunes, matrícula, colocación, dimensiones, tipo y caracteres etc., están establecidas en el Anexo 7 al Convenio de Aviación Civil Internacional, denominado «Marcas de nacionalidad y de matrícula de las aeronaves». No se encuentra publicado en el *B.O.E.*

V. Resolución de 17 de noviembre de 1977 de la Subsecretaría de Aviación Civil (*B.O.E.* n.° 7, de 9 de enero de 1978), sobre marcas de nacionalidad y marcas comunes y de matrícula.

V. art. 18 de la O. de 31 de mayo de 1982, que aprueba el Reglamento para la construcción de aeronaves por aficionados (*B.O.E.* n.° 134, de 5 de junio).

V. art. 17 del D. de 13 de marzo de 1969, que aprueba el Reglamento del Registro de Matrícula de Aeronaves (B.O.E. n.° 71, de 24 de marzo)(Disp. 11).

Art. 24: V. art. 183 del Reglamento del Registro Mercantil aprobado por D. de 14 de diciembre de 1956 (*B.O.E.* n.° 66, de 7 de marzo de 1957; corrección de erratas en *B.O.E.* n.° 73, de 14 de marzo), que dice: «La certificación del Registro Mercantil acreditará la propiedad de la aeronave y será el único medio de justificar la libertad de cargas o los gravámenes que la afecten. En la documentación que deba llevarse a bordo figurará siempre dicha certificación, que deberá presentarse en el Registro cuando se transmita, limite o grave la propiedad de la aeronave para hacer constar en aquélla los asientos practicados.»

V. art. 45 C.CO., que dice: «Los comerciantes conservarán los libros, correspondencia, documentos y justificantes concernientes a su negocio, debidamente ordenados, durante cinco años, a partir del último asiento realizado en los libros, salvo lo que se establezca por disposiciones generales o especiales.»

Art. 25: V. art. 16 C.CH. 1944 (Disp. 3).

V. O. de 22 de abril de 1980 (*B.O.E.* n.° 116, de 14 de mayo), sobre la realización por el Estado de la inspección de los servicios públicos y de las actividades de aviación civil.

V. art. 6.° del D. de 3 de mayo de 1946 (*B.O.E.* n.° 157, de 6 de junio), sobre Servicios de Aduanas en los aeropuertos (Disp. 10).

V. art. 8.° del D. de 14 de julio de 1950 (*B.O.E.* n.° 341, de 7 de diciembre), que aprueba el Reglamento de Sanidad Exterior para la aeronavegación.

Art. 26: V. art. 34 C.CH. 1944 (Disp. 3)

V. art. 19 de la Ley Reguladora del Registro Civil, de 8 de junio de 1957 (*B.O.E.*

Art. 27. Los modelos de los documentos referidos en los artículos anteriores se fijarán reglamentariamente.

CAPITULO V

DEL REGISTRO DE MATRICULA DE AERONAVES

Art. 28. Bajo la jurisdicción del Ministerio del Aire se establece un Registro de matrícula de aeronaves, el cual tendrá carácter administrativo.

Art. 29. Las aeronaves habrán de ser matriculadas necesariamente en dicho Registro especial, y en él se harán constar cuantos actos, contratos y vicisitudes en general afecten a la aeronave.

Art. 30. Toda operación que se pretenda inscribir en el Registro deberá constar en documento público o privado, según proceda, y requerirá la presentación simultánea del título de propiedad, a fin de relacionar en éste el asiento practicado.

---

n.° 151, de 10 de junio), sobre inscripción de nacimiento, matrimonio o defunción ocurridos en el curso de un viaje marítimo o aéreo.

V. art. 52 C.C., que dice: «Podrá autorizar el matrimonio del que se halle en peligro de muerte: 1.° El Juez encargado del Registro Civil o el delegado, aunque los contrayentes no residan en su circunscripción, y, en defecto de ambos, el Alcade. 2.° En defecto del Juez, respecto de los militares en campaña, el Oficial o Jefe superior inmediato. 3.° Respecto de los matrimonios que se celebren a bordo de nave o aeronave, el Capitan o Comandante de la misma. Este matrimonio no requerirá para su autorización la previa formación de expediente, pero sí la presencia, en su celebración, de dos testigos mayores de edad, salvo imposibilidad acreditada».

V. art. 9.° del R.D.-L. 12/1978, de 27 de abril, sobre fijación y delimitación de funciones entre los Ministerios de Defensa y de Transportes y Comunicaciones en materia de aviación (*B.O.E.* n.° 101, de 28 de abril).

Art. 27: Las Compañías aéreas tienen editados manuales de uso interno en los que contienen formularios para diversas actuaciones, supliendo así la falta de los que reglamentariamente anuncia este art. 27.

Art. 28: V. D. de 13 de marzo de 1969, que aprueba el Reglamento del Registro de Matrícula de Aeronaves (*B.O.E.* n.° 71, de 24 de marzo) (Disp. 11).

El D. de 10 de febrero de 1972 (*B.O.E.* n.° 50, de 28 de febrero) da nueva redacción a los art. 7.°, 8.°, 16, 18, 19, 24, 25, 27, 36, 37 y 38 del Reglamento anteriormente citado.

V. art. 21 C.CH. 1944 (Disp. 3).

Art. 29: El Anexo VII titulado «Marca de nacionalidad y matrícula de las aeronaves», al C.CH. 1944, no publicado en el *B.O.E.*, establece normas al respecto.

V. art. 17 y 18 del D. de 13 de marzo de 1967 (*B.O.E.* n.° 71, de 24 de marzo), que aprueba el Reglamento de Registro de Matrícula de Aeronaves (Disp. 11).

Art. 30: V. art. 24 y 27 Reglamento del Registro de Matrícula de Aeronaves, aprobado por D. de 13 de marzo de 1969 (*B.O.E.* n.° 71, de 24 de marzo) (Disp. 11).

El art. 182 del Reglamento del Registro Mercantil, aprobado por D. de 14 de diciembre de 1956 (*B.O.E.* n.° 66, de 7

Art. 31. La certificación del Registro de Matrícula sustituye al título de propiedad en caso de extravío o destrucción del mismo y en tanto se expida un duplicado.

Art. 32. El Registro de matricula de aeronaves estará a cargo de personal perteneciente al Cuerpo Jurídico del Aire, auxiliado por el personal especializado que sea necesario.

Disposiciones reglamentarias establecerán normas sobre los actos y documentos inscribibles, requisitos, forma y efectos de la inscripción y modo de llevar el Registro.

---

de marzo; corrección de erratas en *B.O.E.* n.° 73, de 14 de marzo), dice: «La inscripción en el Registro Mercantil de la transmisión de las aeronaves y de los demás actos y contratos de transcendencia real relativos a las mismas se practicarán en virtud de escritura pública o documento auténtico».

V. art. 93 C.Co., que dice: «Los Agentes colegiados tendrán el carácter de Notarios en cuanto se refiera a la contratación de efectos públicos, valores industriales y mercantiles, mercaderías y demás actos de comercio comprendidos en su oficio, en la plaza respectiva. Llevarán un libro-registro con arreglo a lo que determina el artículo 36, asentando en él por su orden, separada y diariamente, todas las operaciones en que hubiesen intervenido, pudiendo, además, llevar otros libros con las mismas solemnidades. Los libros y pólizas de los Agentes colegiados harán fe en juicio».

V. art. 1.280 C.C., que dice: «Deberán constar en documento público: 1.° Los actos y contratos que tengan por objeto la creación, transmisión, modificación o extinción de derechos reales sobre bienes inmuebles. 2.° Los arrendamientos de estos mismos bienes por seis o más años, siempre que deban perjudicar a tercero. 3.° Las capitulaciones matrimoniales y sus modificaciones. 4.° La cesión, repudiación y renuncia de los derechos hereditarios o de los de la sociedad conyugal. 5.° El poder para contraer matrimonio, el general para pleitos y los especiales que deban presentarse en juicio; el poder para administrar bienes, y cualquier otro que tenga por objeto un acto redactado o que deba redactarse en escritura pública, o haya de perjudicar a tercero. 6.° La cesión de acciones o derechos procedentes de un acto consignado en escritura pública. También deberá hacerse constar por escrito, aunque sea privado, los demás contratos en que la cuantía de las prestaciones de uno o de los dos contratantes exceda de mil quinientas pesetas».

Art. 31.: V. art. 183 del Reglamento del Registro Mercantil, aprobado por D. de 14 de diciembre de 1956 (*B.O.E.* n.° 66, de 7 de marzo de 1957; corrección de erratas en *B.O.E.* n.° 73, de 14 de marzo), que dice: «La certificación del Registro Mercantil acreditará la propiedad de la aeronave y será el único medio de justificar la libertad de cargas o los gravámenes que la afecten. En la documentación que deba llevarse a bordo figurará siempre dicha certificación, que deberá presentarse en el Registro cuando se transmita, limite o grave la propiedad de la aeronave para hacer constar en aquella los asientos practicados».

V. arts. 19, 36 y 38 del Reglamento del Registro de Matrícula de Aeronaves, redactado por D. de 10 de febrero de 1972 (*B.O.E.* n.° 50, de 28 de febrero) (Disp. 11).

V. art. 33 C.CH.-1944 (Disp. 3).

Art: 32: V. art. 61 de la propia L.N.A.-1960.

V. art. 3°, 29, 30, 31, 32, 33, 34, 35, 36, 37, 38, 39, 40, 41 y 42 del Reglamento del Registro de Matrícula de Aerona-

Art. 33: La inscripción en el Registro Mercantil de los actos y contratos que afecten a la aeronave se regirá por las leyes y reglamentos vigentes en la materia.

Para el otorgamiento, calificación e inscripción en el Registro Mercantil, los Notarios y Registradores podrán, bajo su responsabilidad, prescindir de la traducción oficial cuando conocieren el idioma en que estén redactados los documentos.

CAPITULO VI

DE LOS PROTOTIPOS Y CERTIFICADOS DE AEREONAVEGABILIDAD

Art. 34. Serán libres el estudio y las iniciativas para la cons-

---

ves aprobado por D. de 13 marzo de 1969 (*B.O.E.* n.º 71, de 24 de marzo) (Disp.).

La O. del Ministerio del Aire de 29 de enero de 1944 (*Boletín Oficial del Ministerio del Aire* n.º 14, de 3 febrero) aprueba el Reglamento Orgánico del Cuerpo Jurídico del Aire. Dice su art. 4.º: «Son funciones del Cuerpo Jurídico: (...) 2.º Desempeñar los cargos propios de su especialidad para que sean nombrados en las Direcciones, Servicios, Centros y Dependencias del Ministerio y Ejército del Aire o en otros Organismos del Estado».

Art. 33: La redacción de este artículo se inserta de acuerdo con lo dispuesto en la Ley 113/1969, de 30 de diciembre (*B.O.E.* n.º 313, de 31 de diciembre). La redacción de la Ley de 21 de julio 1960, era la siguiente: «En los Registros Mercantiles donde existan sección dedicada a la inscripción será voluntaria, salvo en los casos en que las leyes dispongan expresamente lo contrario. Cuando tenga lugar la inscripción de las aeronaves y de los actos referentes a las mismas, la inscripción se estará a lo establecido en las leyes y disposiciones vigentes sobre la materia».

El preámbulo de esta Ley 113/1969, de 30 de diciembre, decía lo siguiente: «El artículo 28 de la Ley 48/1960, de 21 de julio, sobre Navegación Aérea, estableció, bajo la jurisdicción del Ministerio del Aire, un Registro de Matrícula de Aeronaves, el cual tendrá carácter administrativo. No es misión de dicho Registro de Matrícula la constitución y señalamiento de efectos en cuanto a tercero de los actos o contratos de carácter jurídico privado, sino la de reflejar su existencia, una vez constituidos válidamente en su esfera propia, y por ello es aconsejable modificar aquellos artículos de la Ley que ponen de manifiesto aparentes contradicciones en nuestra legislación a la vez que se ordena la concordancia que debe existir entre el Registro Mercantil y el de Matrícula».

V. art. 16 a 32, ambos inclusive, del C.Co.

V. Título VI, «De la inscripción de las aeronaves», arts. 177 a 190, ambos inclusive, del Reglamento del Registro Mercantil, aprobado por D. de 14 de diciembre de 1956 (*B.O.E.* n.º 66, de 7 de marzo de 1957; corrección de erratas en *B.O.E.* n.º 73, de 14 de marzo).

V. art. 28 del Reglamento del Registro de Matrícula de Aeronaves aprobado por D. de 13 de marzo de 1969 (*B.O.E.* n.º 71, de 24 de marzo) (Disp.11).

V. art. 150 del Reglamento del Notariado, aprobado por D. de 2 de junio de 1944 (*B.O.E.* de 7 de julio; rectificaciones en *B.O.E.* de 4 de agosto), sobre extranjeros que no entiendan el idioma español.

Art. 34: V. art. 41 C.CH. 1944 (Disp. 3).

V. O. de 31 de mayo de 1982 (*B.O.E.*

trucción de prototipos de aeronaves y motores, así como de sus accesorios.

Se entiende por prototipo las primeras unidades construidas para comprobar práctimente la eficacia de una concepción técnica. Las demás unidades del mismo tipo se considerarán en serie.

No se calificará ningún prototipo de aeronave, ni será autorizado para el vuelo, sin su previa inspección técnica por el Ministerio del Aire.

Aprobado el prototipo, los derechos sobre el mismo se regirán por la legislación de propiedad industrial.

Art. 35 La construcción de aeronaves y motores en serie, así como la de sus accesorios específicos, necesita la garantía de un técnico legalmente autorizado y, en todo caso, el permiso e inspección del Ministerio del Aire, quien podrá suspender la construcción cuando no se ajuste a las condiciones en que fue autorizada.

---

n.º 134, de 5 de junio), que deroga la O. de 19 de octubre de 1956 y aprueba el Reglamento para la Construcción y Utilización de aeronaves por aficionados.

Sobre Propiedad Industrial, v. Ley 17/1975, de 2 de mayo (*B.O.E.* n.º 107, de 5 de mayo). Su art. 1.º dice: «El Registro de la Propiedad Industrial se constituye como Organismo autónomo adscrito al Ministerio de Industria, teniendo a su cargo, en régimen de descentralización, el cumplimiento de las funciones y ejercicio de las actividades que por esta Ley se le encomiendan».

Esta Ley deroga, en parte, al Estatuto de la Propiedad Industrial, aprobado por D.-L. de 26 de julio de 1929, elevado a ley por la de 16 de septiembre de 1931 (*Gaceta* del día 17). Su art. 1.º dice: «Propiedad Industrial es la que adquiere por sí mismo el inventor o descubridor, con la creación o descubrimiento de cualquier invento relacionado con la industria; y el productor, fabricante o comerciante, con la misma creación de signos especiales con los que aspira a distinguir, de los similares, los resultados de su trabajo. La Ley no crea, por tanto, la propiedad industrial, y su función se limita a reconocer y reglamentar, mediante el cumplimiento de las formalidades que en esta ley se fijan, el derecho que por sí mismo hayan adquirido los interesados por el hecho de la prioridad de la invención, del uso o del registro, según los casos».

De acuerdo con la Disp. Final 5.ª de la propia L.N.A.-1960, este artículo es de expresa aplicación a la navegación aérea militar.

Art. 35: V. párrafo 1 del art. 61 de la propia L.N.A.-1960.

V. art. 187 del Reglamento del Registro Mercantil, aprobado por D. de 14 de diciembre de 1956 (*B.O.E.* n.º 66, de 7 de marzo; corrección de erratas en *B.O.E.* n.º 73, de 14 de marzo), que dice: «Sólo podrá ser objeto de hipoteca mobiliaria las aeronaves inscritas en el Registro Mercantil. Podrá hipotecarse la aeronave en construcción, siempre que se haya invertido en ella un tercio de su valor y se hubiere inscrito previamente en dicho Registro. La inscripción previa, a efectos de la hipoteca de la aeronave en construcción, se considerará provisional, y una vez concluida aquélla, se practicará la inscripción definitiva».

V. O. de 22 de abril de 1980 (*B.O.E.* n.º 116, de 14 de mayo), sobre inspección del Estado.

V. Ley de 6 de noviembre de 1942 (*B.O.E.* de 11 de diciembre), sobre com-

Art. 36. Ninguna aeronave será autorizada para el vuelo sin la previa expedición de un certificado de aereonavegabilidad. Se entiende por certificado de aereonavegabilidad el documento que sirva para indentificar técnicamente la aeronave, definir sus características y expresar la calificación que merece para su utilización, deducida de su inspección en tierra y de las correspondientes pruebas en vuelo.

Compete exclusivamente al Ministerio del Aire extender el certificado de aeronavegabilidad y determinar e inspeccionar para su aprobación las expresadas pruebas, tanto respecto de la aeronave en su conjunto como de cada uno de sus elementos. El propio Ministerio expedirá también el certificado de aereonavegabilidad de todas las aeronaves militares.

Art. 37. Podrán ser convalidados en España los certificados extranjeros de aeronavegabilidad que cumplan las condiciones mínimas aceptadas internacionalmente.

Art. 38. Se establecerán en los reglamentos requisitos y pruebas para la obtención del certificado o su renovación, así como el plazo de vigencia.

CAPITULO VII

DE LOS AEROPUERTOS Y AERÓDROMOS

Art. 39. Las superficies dispuestas para la llegada y partida de aeronaves se clasifican en

---

pentencias del Cuerpo de Ingenieros Aeronaúticos.

V. D. de 1 de febrero de 1946 (*Boletín Oficial del Ministerio del Aire* de 14 de febrero), definiendo las funciones atribuidas al título de Ingeniero Aeronaútico.

Art. 36: V. art. 153 (punto 6.°) de la propia L.N.A.-1960. V. art. 55 L.P.yP. de la N.A.-1964 (Disp. 2).

V. art. 31, 37, 39 y 40 C.CH. 1944 (Disp. 3).

V. art. 78 de la Ley de 29 de abril de 1964, sobre energía nuclear (*B.O.E.* n.° 107, de 4 de mayo).

V. D. de 2 de julio de 1966 (*B.O.E.* n.° 146, de 20 de junio), que adapta la Ley de Procedimiento Administrativo de 17 de julio de 1958 a los Ministerios del Ejército, Marina y Aire. En su Disp. Final 2.ª establece, a efectos de lo dispuesto en el art. 1.° de dicha Ley de Procedimiento Administrativo, que se considera como procedimiento administrativo especial, entre otros, la expedición de certificados de navegabilidad.

Art. 37: V. Acuerdo Multilateral de 22 de abril de 1960, ratificado por Instrumento de 28 de junio de 1961 sobre Certificados de aeronavegabilidad de aeronaves importadas (*B.O.E.* n.° 293, de 8 de diciembre).

Art. 38: V. Acuerdo Multilateral de 22 de abril de 1960, ratificado por España mediante Instrumento de 28 de junio de 1961 sobre Certificados de aeronavegabilidad de aeronaves importadas (*B.O.E.* n.° 293, de 8 de diciembre).

De acuerdo con la Disp. Final 5.ª de la propia L.N.A.-1960, este artículo es de expresa aplicación a la navegación aérea militar.

Art. 39: V. art. 37 C.CH. 1944 (Disp. 3).

V. Ley de 2 de de noviembre de 1940

aeródromos y aereopuertos. Los primeros pueden ser permanentes y eventuales.

Se entiende por aeródromo la superficie de límites definidos, con inclusión en su caso de edificios e instalaciones, apta normalmente para la salida y llegada de aeronaves. El aeródromo será eventual cuando su establecimiento obedezca a necesidades transitorias o sea designado para una utilización particular en circunstancias especiales.

Los aeródromos, por la naturaleza de sus servicios, pueden ser militares o civiles y estos últimos, así como los aereopuertos, públicos o privados.

Se considera aereopuerto todo aeródromo en el que existan de modo permanente instalaciones y servicios con carácter público para asistir de modo regular al tráfico aéreo, permitir el aparcamiento y reparaciones del material aéreo y recibir o despachar pasajeros o carga.

Art. 40. Reglamentariamente se clasificarán los aereopuertos y aeródromos según las dimensiones y la índole de sus instalaciones y de las aeronaves que hayan de utilizarlos y el carácter de los servicios que presten.

Normas especiales determinarán los aereopuertos abiertos al tráfico internacional por disponer permanentemente de los servicios necesarios para recibir aeronaves procedentes del extranjero o despacharlas con el mismo destino.

(*B.O.E.* n.º 321, de 16 de noviembre), sobre Régimen y características de aeródromos y aereopuertos.

V. O. de 8 de abril de 1941 (*B.O.E.* n.º 116, de 26 de abril), que aprueba el Reglamento para la red nacional de aereopuertos.

V. art. 9.º del R.D.-L. 12/1979, de 27 de abril (*B.O.E.* n.º 101, de 28 de abril de 1978), sobre organización de aeropuertos.

Art. 40: V. arts. 28, 64 y 70 C.CH. 1944 (Disp. 3).

V. R.D. n.º 2878/1982 de 15 de octubre (*B.O.E.* n.º 269, de 8 de noviembre), sobre clasificación de aereopuertos.

V. art. 2.º de la O. de 26 de junio de 1978 (*B.O.E.* n.º 155, de 30 de junio), disponiendo que la clasificación de aereopuertos se revisará y actualizará en su conjunto cada dos años.

V. art. 4.º del D. de 17 de marzo de 1960 (*B.O.E.* n.º 71, de 23 de marzo), sobre convalidación de tasas de derechos de aereopuertos.

V. O. de 21 de febrero de 1975 (*B.O.E.* n.º 51, de 28 de febrero), en la que se clasifican administrativamente los aereopuertos a efectos de los derechos de aterrizaje y estacionamiento en los mismos.

V. Acuerdo relativo al tránsito de los servicios aéreos internacionales (*B.O.E.* n.º 73, de 14 de marzo de 1947).

V. art. 2.º del D. de 3 de mayo de 1946 (*B.O.E.* n.º 157, de 6 de junio) (Disp. 10).

V. art. 2.º del D. de 14 de julio de 1950 (*B.O.E.* n.º 341, de 7 de diciembre), sobre nomenclatura de aereopuertos.

V. la Recomendación de 8 de junio de 1971, del Consejo de Cooperación Aduanera sobre un procedimiento simplificado de control aduanero de los pasajeros

Art. 41. Los aereódromos exclusivamente destinados de una manera permanente o eventual a servicios militares tomarán esta denominación y se regirán por su reglamentación especial. Los aereódromos militares podrán ser declarados abiertos al tráfico civil.

Art. 42. Corresponde al Ministerio del Aire la construcción, calificación, inspección y explotación de los aeródromos militares y de los aeropuertos y aeródromos públicos, así como la determinación de los requisitos exigibles para otorgar concesiones dentro de ellos.

Art. 43. Las Corporaciones locales podrán construir o participar en la construcción de los aeropuertos públicos, sometiéndose a las condiciones que previamente fije el Ministerio del Aire. En su caso, podrán conservar la propiedad de los mismos y participar en los resultados de su explotación en la forma que reglamentariamente se establezca.

---

que lleguen por vía aérea, basado en el sistema de doble circuito (*B.O.E.* n.º 158, de 3 julio de 1975).

V. O.M. de 16 de noviembre de 1971 (*B.O.E.* n.º 282, de 25 de noviembre), sobre implantación doble circuito para control aduanero de viajeros y equipajes.

Art. 41: V. art. 1.º del Acuerdo relativo al tránsito de los servicios aéreos internacionales (*B.O.E.* n.º 73, de 14 de marzo de 1947).

V. art. 2.º de la O. de 8 de abril de 1941 (*B.O.E.* n.º 116, de 26 de abril), sobre aereopuertos militares.

V. art. 10 del R.D.-L. 12/1978 de 27 de abril (*B.O.E.* n.º 101, de 28 de abril), sobre competencia de los Comandantes de una base aérea.

Art. 42: V. O. de 23 de noviembre de 1973 (*B.O.E.* n.º 289, de 3 diciembre), sobre solicitudes de concesión de terrenos.

La Disp. Final 2.ª del D. de 2 de julio de 1966 (*B.O.E.* n.º 146, de junio) dice: «A los efectos de lo dispuesto en el artículo 1 de la Ley de Procedimiento Administrativo de 17 de julio de 1958 y en el artículo 1 de este Decreto, se consideran como procedimientos administrativos especiales aplicables por los Ministerios Militares los establecidos en las normas reguladoras de las siguientes materias: Expedición de certificados de navegabilidad, otorgamiento de concesiones de aeródromos militares y en aeropuertos y aeródromos civiles, títulos aeronaves, autorizaciones de servicios aéreos, registro de matrículas de aeronáuticos, autorizaciones de servicios aéreos, registro de matrículas de aeronaves y demás previstos en la Ley de Navegación Aérea de 21 de julio de 1960.»

V. art. 1.º de la O. de 18 de octubre de 1973 (*B.O.E.* n.º 126, de 20 de octubre) sobre régimen jurídico básico del Servicio de asistencia en tierra («handling») a las aeronaves, viajeros y mercancías en los aeropuertos nacionales.

V. D. de 9 de agosto de 1974 (*B.O.E.* n.º 218, de 11 de septiembre), sobre instalación de tiendas dedicadas a la venta de artículos libres de derechos e impuestos, en los aeropuertos nacionales.

V. D. de 9 de agosto de 1974 (*B.O.E.* n.º 219, de 9 de agosto de 1974), creando la Empresa Nacional Almacenes, Depósitos y Estaciones Aduaneras (ALDEASA).

V. R.D. de 15 de octubre de 1982 (*B.O.E.* n.º 269, de 9 de noviembre), sobre el Organismo autónomo Aeropuertos Nacionales.

Art. 43: V. art. 148 C.E. 1978, que dice: «Las Comunidades Autónomas podrán asumir competencias en las siguien-

Art. 44. Sólo podrá autorizarse a Corporaciones, Entidades o particulares que tengan la nacionalidad española la instalación de aeropuertos o aeródromos privados, que habrán de reunir los requisitos que previamente determine en cada caso el Ministerio del Aire. Todos ellos se someterán a las servidumbres que se establezcan y, a efectos de movilización, dependerán de la Jefatura Militar Aérea en cuya demarcación se encuentren.

Art. 45. Los aeródromos y aeropuertos que hayan de utilizar superficies de agua dependientes de distintos Ministerios, serán establecidos previo acuerdo de todos ellos. Las zonas que no sean de utilización indispensable a los servicios de Marina serán atribuidas con carácter exclusivo a la navegación aérea, rigiéndose la disciplina y el servicio de embarcaciones por las disposiciones del Ministerio del Aire, en tanto no contraríen la legislación marítima vigente.

Art. 46. Serán susceptibles de expropiación, de acuerdo con la legislación vigente, los bienes y derechos necesarios para el establecimiento e instalación de servicios de aeropuertos y aeródromos, así como de ayudas a la navegación aérea.

---

tes materias: [...] 6.°. Los puertos de refugio, los puertos y aeropuertos deportivos y, en general, los que no desarrollen actividades comerciales.»

V. su art. 149, que dice: «El Estado tiene competencia exclusiva sobre las siguientes materias: [...] 20.°. Marina mercante y abanderamiento de buques; iluminación de costas y señales marítimas; puertos de interés general; aeropuertos de interés general; control del espacio aéreo, tránsito y transporte aéreo, servicio metereológico y matriculación de aeronaves.»

V. art. 101 del texto refundido de la Ley de Régimen Local, aprobado por D. de 24 de junio de 1955 (*B.O.E.* de 10 de julio).

Art. 44: V. O. de 26 de octubre de 1966 (*Boletín Oficial del Ministerio del Aire* n.° 130, de 29 de octubre) sobre concesión de establecimiento de aeródromos privados.

V. art. 5.° de la Ley de 2 de noviembre de 1940 (*B.O.E.* n.° 321, de 16 de noviembre) sobre establecimiento de aeródromos y aeropuertos privados.

Art. 45: V. art. 7.° de la Ley de 2 de noviembre de 1940 (*B.O.E.* n.° 321, de 16 de noviembre), sobre aeropuertos militares o comerciales que hayan de utilizar superficies de agua en el litoral.

V. art. 30 de la O. de 8 de abril de 1941 (*B.O.E.* n.° 116, de 26 de abril) referente a los aeropuertos marítimos.

V. art. 8.° del D. de 19 de enero de 1928 (*Gaceta* de 21 de enero; corrección de erratas en *Gaceta* de 26 de enero), sobre competencia de las autoridades de Marina.

V. Ley de 27/1968, de 20 de junio, sobre Juntas de Puertos y Estatuto de Autonomía (*B.O.E.* n.° 149, de 21 de junio).

De acuerdo con la Disp. Final 5.° de la propia L.N.A.-1960, este artículo es de expresa aplicación a la navegación aérea militar.

Art. 46: V. arts 12, 13, 14 y 15 de la Ley de 2 de noviembre de 1940 (*B.O.E.* n.° 321, de 16 de noviembre), todos ellos

Art.47. Corresponde al Ministerio del Aire fijar las tarifas de aterrizaje, salida y estacionamiento de aeronaves, ayudas a la navegación, comunicaciones específicamente aeronaúticas y demás servicios de los aeropuertos y aeródromos de carácter público.

La dirección técnica y administrativa de los aeropuertos y aeródromos públicos incumbe a la Dirección General de Aviación Civil, que establecerá al efecto las correspondientes Jefaturas de aeropuertos, con la organización adecuada a las necesidades que hayan de ser atendidas. Los servicios que, dependientes de otros Ministerios, se hallen instalados en los aeropuertos, habrán de ser coordinados por la Jefatura de los mismos.

---

nuevamente redactados por la Ley de 17 de julio de 1945 (*B.O.E.* n.º 202, de 21 de julio), también todos ellos sobre los aeropuertos y sus zonas.

V. art. 33 C.E. 1978, que dice: «Se reconoce el derecho a la propiedad privada. La función social de estos derechos delimitará su contenido, de acuerdo con las leyes. Nadie podrá ser privado de sus bienes y derechos sino por causa justificada de utilidad pública o interés social, mediante la correspondiente indemnización y de conformidad con lo dispuesto en las leyes.»

V. Ley de Expropiación Forzosa de 16 de diciembre de 1954 (*B.O.E.* n.º 351, de 17 de diciembre) y su Reglamento, aprobado por D. de 26 de abril de 1957 (*B.O.E.* n.º 160, de 20 de junio).

De acuerdo con la Disp. Final 5.º de la propia L.N.A.-1960, este artículo es de expresa aplicación a la navegación aérea militar.

Art.47: V. art. 15 C.CH.-1944 (Disp.3).

V. O. de 21 de febrero de 1975 (*B.O.E.* nº.51, de 28 de febrero), que clasifica los aeropuertos a efectos impositivos.

V. D. de 17 de marzo de 1960 (*B.O.E.* nº.71, de 23 de marzo), por el que se convalidan las Tasas de Derechos Aeroportuarios.

V. D. de 3 de diciembre de 1964 (*B.O.E.* nº. 304, de 19 de diciembre), por el que se exime de la tasa de salida a los miembros del Cuerpo Diplomático y Consular acreditados en España.

V. Ley de 2 de marzo de 1963 (*B.O.E.* nº. 55, de 5 de marzo), por la que se establece la Tasa de salida de los Aeropuertos Nacionales en tráfico internacional.

V. O. nº. 882/1977, de 16 de marzo del Ministerio del Aire (*B.O.E.* nº. 70, de 23 de marzo) por la que se aprueban las tarifas, fórmulas y precios unitarios por el uso de la red de ayudas a la navegación aérea y tarifas transatlánticas aplicables a las aeronaves cuyo coeficiente de peso es igual a la unidad (cincuenta toneladas métricas).

V. O. de 30 de marzo de 1982 (*B.O.E.* nº. 78, de 1 de abril), por la que se aprueban las tarifas, fórmulas y precios unitarios por el uso de la red de ayudas a la navegación aérea y tarifas para las aeronaves cuyo coeficiente de peso sea igual a la unidad (cincuenta toneladas métricas).

V. art. 32 de la O. de 8 de abril de 1941 (*B.O.E.* nº. 116, de 26 de abril), sobre autoridad de los Comandantes de Aeropuerto.

V. L. O. de 13 de julio de 1982 (*B.O.E.* nº. 181, de 30 de julio), sobre delitos e infracciones administrativas de contrabando. Normas sobre competencia.

V. R. D. de 16 de febrero de 1983 (*B.O.E.* nº. 97, de 23 de abril), que desarrolla el Título II de la mencionada L. O.

CAPITULO VIII

REQUISAS, INCAUTACIONES Y MOVILIZACIÓN

Art. 48. El Estado podrá requisar las aeronaves que se encuentren en territorio nacional o incautarse de las mismas, por acuerdo del Consejo de Ministros, siempre que concurran graves motivos de interés público, y mediante indemnización.

El acuerdo será ejecutado por el Ministerio del Aire.

Art. 49. En los mismos casos y de igual forma que se establece en el artículo anterior, el Estado podrá incautarse de los servicios aéreos de las empresas aéreas extranjeras instaladas en

---

sobre infracciones administrativas. Normas sobre competencia.

V. O. de 11 de junio de 1971 (*B.O.E.* nº. 150, de 24 de junio), mediante la que se crean los Consejos Asesores de Accesos y Aparcamientos de Aeropuertos.

V. art. 11 del R.D.-L. 12/1978, de 27 de abril (*B.O.E.* nº. 101, de 28 de abril), sobre mantenimiento de la seguridad y orden público en los aeropuertos y aeródromos públicos civiles y demás instalaciones de la aviación civil.

V. O. de 5 de diciembre de 1979 (*B.O.E.* nº. 293, de 7 de diciembre), sobre mantenimiento del orden público y de la seguridad ciudadana en los aeropuertos y aeródromos públicos civiles y demás instalaciones de la aviación.

CAPITULO VIIII: El título de este Capítulo VIII se inserta de acuerdo con la redacción dada al mismo por Ley 53/1968, de 27 de julio (*B.O.E.* nº. 181, de 29 de julio). La redacción del epígrafe dada por la Ley de 1960 era la siguiente: «Requisas e incautaciones».

Art. 48: V. art. 34 C.E.1978, que dice: «Se reconoce el derecho a la propiedad privada y a la herencia. La función social de estos derechos delimitará su contenido, de acuerdo con las leyes. Nadie podrá ser privado de sus bienes y derechos sino por causa justificada de utilidad pública o interés social, mediante la correspondiente indemnización y de conformidad con lo dispuesto en las leyes.»

V. art. 5° del Convenio referente a la unificación de ciertas reglas relativas a los daños causados por la aeronave a terceros en la superficie, firmado en Roma el 7 de octubre de 1952 (*B.O.E.* nº. 117, de 17 de mayo de 1961) (Disp. 6).

V. arts. 101, 102, 103, 104, 105 y 106 de la ley de Expropiación forzosa de 16 de diciembre de 1954 (*B.O.E.* nº. 351, de 17 de diciembre).

V. art. 2.° de la Ley de 27 de diciembre de 1956, reguladora de la jurisdicción contencioso-administrativa (*B.O.E.* nº. 363, de 28 de diciembre), que dice: «No corresponderán a la jusrisdicción contencioso-administrativa: *a)* Las cuestiones de índole civil o penal atribuidas a la jurisdicción ordinaria, y aquellas otras que, aunque relacionadas con actos de la Administración pública, se atribuyan por una Ley a la jurisdicción social o a otras jurisdicciones. *b)* Las cuestiones que se susciten en relación con los actos políticos del Gobierno, como son los que afectan a la defensa del territorio nacional, relaciones internacionales, seguridad interior del Estado y mando y organización militar, sin perjuicio de las indemnizaciones que fueren procedentes, cuya determinación sí corresponde a la jurisdicción contencioso-administrativa. *c)* Las decisiones de cuestiones de competencia entre la Administración y las jurisdicciones oridinarias o especiales y las de conflictos de atribuciones.»

Art.49: V. art. 7° del D. de 23 de enero de 1941 (*B.O.E.* de 2 de febrero), so-

España y de los pertenecientes a españoles dentro o fuera del territorio nacional.

Art. 50. Corresponde al Ministerio del Aire la ejecución de la movilización total o parcial acordada por el Gobierno conforme a la legislación vigente, de Empresas españolas de transporte aéreo, así como la consiguiente militarización del personal y consideración del mismo a las categorías militares pertinentes.

Las aeronaves de las Empresas movilizadas que se empleen para el transporte público no se considerarán aeronaves de Estado.

Cuando lo aconsejen motivos de defensa nacional, orden público o sanitario, el Gobierno podrá limitar la actuación de las Empresas o intervenir la estancia y vuelo de las aeronaves.

También podrán adoptarse medidas restrictivas respecto al personal y a la presencia a bordo de determinados técnicos o especialistas durante el vuelo.

CAPITULO IX

SERVIDUMBRES AERONÁUTICAS

Art. 51. Los terrenos, construcciones e instalaciones que

---

bre utilización de plazas de avión para autoridades.

V. D. de 16 de febrero de 1943 (*B.O.E.* de 18 de febrero), sobre restricciones en reserva de plazas en los aviones de líneas aéreas.

V. D. de 23 de enero de 1941 (*B.O.E.* de 2 de febrero) y D. de 21 de mayo de 1948 (*B.O.E.* de 2 de junio), sobre el uso del pase de libre circulación.

V. arts. 7º y 50 del D. de 10 de octubre de 1958 (*B.O.E.* nº. 269, de 10 de noviembre), sobre atribuciones y deberes de los Gobernadores Civiles y Delegados del Gobierno.

V. art. 23 del D. de 17 de julio de 1975 (*B.O.E.* nº. 211, de 3 de septiembre), sobre Reglamento Orgánico de la Policía Gubernativa.

V. art. 6 del R. D. 1961/1980, de 13 de junio (*B.O.E.* nº. 238, de 3 de octubre), por el que se establece un régimen de indemnizaciones optativas para los pasajeros de los servicios aéreos regulares a quienes se niege el embarque en el vuelo contratado (Disp.13).

V. R. D. 2102/1983, de 4 de agosto (*B.O.E.* nº. 188, de 8 de agosto), por lo que se establece el Estatuto para los ex Presidentes del Gobierno.

Art. 50: Se inserta según texto de la Ley 53/1968, de 27 de julio (*B.O.E.* nº. 181, de 29 de julio). El texto de la Ley de 21 de julio de 1960 era el siguiente: «Cuando lo aconsejen motivos de defensa nacional, orden público o sanitario, el Gobierno podrá limitar la actuación de empresas e intervenir la estancia y vuelo de aeronaves. También podrán adoptarse medidas restrictivas respecto al personal y a la presencia a bordo de determinados técnicos o especialistas durante el vuelo.»

V. art. 14 de la L. O. nº. 6/1980, del 1 de julio, sobre la Defensa Nacional y Organización Militar (*B.O.E.* nº. 165 de 10 de julio).

V. Ley de 26 de abril de 1969, básica de Movilización Nacional (*B.O.E.* nº. 101, de 28 de abril).

V. art. 1.º de la Ley 45/1959, de 30 de julio, sobre orden público (*B.O.E.* nº. 182, de 31 de julio).

Art. 51: V. arts. 12, 13, 14 y 15 de la Ley de 2 de noviembre de 1940 (*B.O.E.*

circunden los aeropuertos, aeródromos y ayudas a la navegación estarán sujetos a las servidumbres ya establecidas o que se establezcan en disposiciones especiales referentes al área de maniobra y al espacio aéreo de aproximación.

La naturaleza y extensión de dichos gravámenes se determinará mediante Decreto acordado en Consejo de Ministros, conforme a las disposiciones vigentes en cada momento sobre tales servidumbres.

En caso de urgencia, las servidumbres podrán ser establecidas por el Ministerio del Aire, quedando sin efecto si en el plazo de un año no son confirmadas por el Consejo de Ministros.

Art. 52. Corresponde al Ministerio del Aire el cumplimiento de aquellas disposiciones y hacer efectivas dichas servidumbres por sus propios medios, y si éstos fuesen insuficientes, podrá recabar la cooperación y auxilio de otros departamentos ministeriales y autoridades, incluso, si fuese necesario, para la inmediata demolición o desaparición de lo edificado, instalado o plantado contraviniendo la servidumbre de que se trate.

Art. 53. Los propietarios o poseedores de inmuebles no podrán oponerse a la entrada en sus fincas o paso por ellas para las operaciones de salvamento o auxilio a aeronaves accidentadas.

---

nº. 321, de 16 de noviembre) sobre zonas periféricas de aeropuertos y Ley de 17 de julio de 1945 (*B.O.E.* nº 202, de 21 de julio).

V. art. 4.º del R. D.-L de 27 de abril de 1978 (*B.O.E.* nº. 101, de 28 de abril), sobre funciones del Ministerio de Transportes y Comunicaciones.

V. D. de 24 de febrero de 1972 (*B.O.E.* nº. 69, de 21 de marzo), regulando las servidumbres aeronaúticas en territorio nacional y aguas jurisdiccionales.

V. D. de 10 de julio de 1975 (*B.O.E.* nº. 191, de 11 de agosto), sobre servidumbre aeronaúticas en helipuertos.

De acuerdo con la Disp. Final 5ª de la propia L.N.A.-1960, este artículo es de expresa aplicación a la navegación aérea militar.

Art. 52: V. art. 4º del R. D.-L. de 27 de abril de 1978 (*B.O.E.* nº. 101, de 28 de abril), sobre funciones del Ministerio de Transportes y Comunicaciones.

V. art. 15 de la Ley de 2 de noviembre de 1940 (*B.O.E.* nº. 321, de 16 de noviembre), redactado de nuevo por Ley de 17 de julio de 1945 (*B.O.E.* nº. 202, de 21 de julio), referente a servidumbres.

V. art. 31 del D. de 24 de febrero de 1972 (*B.O.E.* nº. 69, de 21 de marzo), sobre demolición de edificaciones.

V. art. 66 de la L.P. y P. de la N.A.-1964 (Disp. 2)

De acuedo con la Disp. Final 5ª de la propia L.N.A.-1960, este artículo es de expresa aplicación a la navegación aérea militar.

Art. 53: V. arts. 5º y 10 del D. de 28 de marzo de a 1974 (*B.O.E.* nº. 86, de 10 de abril), sobre investigación e informe de accidentes de aviación.

El art. 11, punto 5º, de la Ley de Orden Público, de 30 de julio de 1959 (*B.O.E.* nº. 182, de 31 de julio), permite a las Autoridades gubernativas y sus Agentes entrar en el domicilio de una per-

Art. 54. Los daños y perjuicios que se causen en los bienes afectados por las servidumbres a que se refieren los artículos 51 y 53 serán indemnizables, si a ello hubiere lugar, aplicando las disposiciones sobre expropiación forzosa.

CAPITULO X

DEL PERSONAL AERONÁUTICO

Art. 55. El personal afecto a la navegación aérea puede ser de vuelo y de tierra.

Art. 56. El personal de vuelo es el destinado al mando, pilotaje o servicio de a bordo de la aeronave y que constituye su tripulación.

La expedición de sus títulos aeronaúticos corresponde privativamente al Ministerio del Aire, en las condiciones que reglamentariamente determine.

Art. 57. El personal de tierra comprende a los directivos, técnicos y auxiliares de aeropuerto, aeródromo e instalacio-

---

sona sin su consentimiento o mandamiento judicial cuando fuere necesario para evacuar a las personas o evitar daños inminentes y graves en las casas.

De acuerdo con la Disp. Final 5ª de la propia L.N.A.-1960, este artículo es de expresa aplicación a la navegación aérea militar.

Art. 54: V. art. 31 del D. de 24 de febrero de 1972 (*B.O.E.* nº. 69, de 21 de marzo), sobre demolición de edificaciones.

V.arts. 120,121,122,y 123 de la Ley de Expropiación Forzosa, de 16 de diciembre de 1954 (*B.O.E.* nº. 351, de 17 de diciembre).

De acuerdo con la Disp. Final 5ª de la propia L.N.A.-1960, este artículo es de expresa aplicación a la navegación aérea militar.

Art. 55: V. art. 41 de la ley General del Servicio Militar, de 27 de julio de 1968 (*B.O.E.* nº. 181, de 29 de julio).

V. art. 21 del D. de 6 de noviembre de 1969 (*B.O.E.* nº. 303, de 19 de diciembre), que aprueba el Reglamento del Servicio Militar.

De acuerdo con la Disp. Final 5ª de la propia L.N.A.-1960, este artículo es de expresa aplicación a la navegación aérea militar.

Art. 56: V. D. de 9 de septiembre de 1954 (*B.O.E.* nº. 255, de 12 de septiembre), sobre competencia de Empresas concesionarias en designación de personal de vuelo.

V. art. 37 C.CH. 1944 (Disp. 3).

V. O. de 31 de mayo de 1974 (*B.O.E.* nº. 134, de 5 de junio), sobre Comisión Asesora para la aptitud del personal aeronáutico civil.

V. D. de 24 de mayo de 1974 (*B.O.E.* nº. 133, de 4 de junio), por el que se crea la Escuela Nacional de Aeronaútica.

V. art. 33 C.CH. 1944 (Disp. 3).

Según el D. de 30 de marzo 1978 (*B.O.E.* nº. 79, de 3 de abril), dependerá directamente del Subsecretario de Aviación Civil la Escuela Nacional de Aeronaútica.

V. O. del Ministerio de Trabajo de 1 de diciembre de 1948 (*B.O.E.* nº. 345, de 11 de diciembre), que modifica la Reglamentación Nacional de Trabajo de la Compañía Iberia.

De acuerdo con la Disp. Final 5ª de la propia L.N.A.-1960, este artículo es de aplicación a la navegación aérea militar.

Art. 57: V. art. 1º del R. D. nº.3185/1978 de 29 de diciembre (*B.O.E.*

nes que apoyen directamente a la navegación aérea.

Art. 58. Para el ejercicio de cualquier función técnica propia de la navegación aérea, tanto civil como militar, será necesario el título que faculte específicamente para dicha función y el cumplimiento de las condiciones que por el Ministerio del Aire reglamentariamente se determinen.

Art. 59. El Comandante de la aeronave es la persona designada por el empresario para ejercer el mando.

Habrá de ser de nacionalidad española, hallarse en pleno disfrute de sus derechos civiles y en posesión del título de piloto y licencia de aptitud correspondiente al tipo de aeronave utilizada.

En las aeronaves de transporte la edad mínima para el desempeño de tal cometido sera la de veintiocho años.

---

nº. 18, de 20 de enero de 1979), sobre coordinación del control aéreo.

V. art. 1º del R. D. nº. 2878/1982, de 15 de octubre (*B.O.E.* nº. 269, de 9 de noviembre), sobre funciones del Organismo Autónomo Aeropuertos Nacionales.

V. art. 9º del R. D.-L. 12/1978, de 27 de abril (*B.O.E.* nº. 101, de 20 abril), referente a los Directores de Aeropuerto.

De acuerdo con la Disp. Final 5ª de la propia L.N.A.-1960, este artículo es de expresa aplicación a la navegación aérea militar.

Art. 58: V.D. de 13 de mayo de 1955 (*B.O.E.* nº. 143, de 23 de mayo), sobre títulos aeronáuticos.

V. O. de 24 de mayo de 1955 (*Boletín Oficial del Ministerio del Aire* nº. 62, de 2 de junio), desarrollando el Decreto anteriormente citado.

V. O. del Ministerio de Transportes, Turismo y Comunicaciones de 8 de noviembre de 1982 (*B.O.E.* nº. 275, de 16 de noviembre), adicionando un apartado *f*) al art. 3.4.1.1. de la O. de 24 de mayo de 1955, anteriormente mencionada.

V. arts. 30, 32, 33, 39, 40 y 42 C.CH. 1944 (Disp.3).

De acuerdo con la Disp. Final 5ª de la propia L.N.A.-1960, este artículo es de expresa aplicación a la navegación aérea militar.

Art. 59: V. art. 32 C.CH. 1944 (Disp. 3).

La nacionalidad española se exige en el art. 80 de la propia L.N.A. (punto 4º) para todo el personal directivo y de vuelo de las empresas cuando se trate de tráfico no regular.

V. art. 17 C.C., que dice: «Son españoles: 1º Los hijos de padre español. 2º Los hijos de madre española, aunque el padre sea extranjero, cuando no sigan la nacionalidad del padre. 3º Los nacidos en España de padres extranjeros, si éstos hubieran nacido en España y en ella estuvieran domiciliados al tiempo del nacimiento. Exceptuánse los hijos de extranjeros adscritos al servicio diplomático. 4º Los nacidos en España de padres desconocidos; sin perjuicio de que, conocida su verdadera filiación, ésta surta los efectos que procedan». (Redactado conforme Ley de 15 de julio de 1954.)

V. art. 11 C.E. 1978, que dice: «La nacionalidad española se adquiere, se conserva y se pierde de acuerdo con lo establecido por la ley. 2. Ningún español de origen podrá ser privado de su nacionalidad. 3. El Estado podrá concertar tratados de doble nacionalidad con los paises iberoamericanos o con aquellos que hayan tenido o tengan una particular vinculación con España. En estos mismos paises, aun cuando no reconozcan a sus ciudadanos un derecho recíproco, podrán naturalizarse los españoles sin perder su nacionalidad de origen.»

Art. 60. El Comandante tendrá la condición de autoridad en el ejercicio de su mando y será responsable de la aeronave y su tripulación, de los viajeros y equipajes, de la carga y del correo desde que se haga cargo de aquella para emprender el vuelo, aunque no asuma su pilotaje material.

Cesará esta responsabilidad cuando, finalizado el vuelo, haga entrega de la aeronave, pasajeros, correo y carga a cualquier autoridad competente o al representante de la Empresa.

Art. 61. Las funciones de ingeniería propias de la navegación aérea y las de meteorología en organismos y servicios del Estado o en cualquier Empresa concesionaria de tráfico aéreo, serán desempeñadas, respectivamente, por quienes posean el título de Ingeniero Aeronaútico o de Meteorólogo.

Las de naturaleza jurídica en organismos y servicios del Estado concernientes a la expresada navegación serán desempeñadas por personal del Cuerpo Jurídico del Aire, dándose preferencia

---

V. el Libro 6° del Reglamento de la Circulación Aérea, actualizado por O. M. 3157/1971, de 18 de octubre (*Boletín Oficial del Ministerio del Aire* n°. 149, de 14 de diciembre), que regula las obligaciones del Comandante de Aeronave, disponiendo que para serlo será condición indispensable estar en posesión del título de Piloto y de la correspondiente Licencia que le califique para el manejo de aquélla, en las condiciones meteorológicas en que se haya de efectuar el vuelo.

V. D. de 9 de septiembre de 1954, declarando puestos de confianza dentro de las Empresas de navegación aérea todos aquellos destinos del personal de vuelo de las dotaciones de sus aviones, *(B.O.E.* n.° 255, de 12 de septiembre).

Art. 60: V. art. 27 del Convenio de Viena sobre Relaciones Diplomáticas de 18 de abril de 1961 (*B.O.E.* n°. 21, de 24 de enero de 1968).

V. art. 35 del Convenio de Viena sobre Relaciones Consulares de 24 de abril de 1963 (*B.O.E.* n°. 56, de 6 de marzo de 1970).

V. arts: 6°, 7°, 8°, 9° y 10 C.T. 1963 (Disp. 7).

V. arts: 28, 31, 33, 48, 49, 52 y 54 L.P. y P. de la N.A.-1964 (Disp. 2).

V. art. 52 C.C., en virtud del cual se faculta al Comandante de la aeronave para autorizar el matrimonio del que se halle en peligro de muerte y a bordo de la aeronave.

Art. 61: V. Ley 26/1974, de 24 de julio (*B.O.E.* n°. 178, de 26 de julio), referente al Cuerpo Especial de Observadores de Meteorología.

V. D. de 17 de septiembre de 1971 (*B.O.E.* n°. 239, de 6 de octubre), aprobando el Reglamento del Servicio Meteorológico.

V. art. 32 de la propia L.N.A.-1962.

V. O. del Ministerio del Aire de 29 de enero de 1944 (*Boletín Oficial del Ministerio del Aire* n°. 14, de 3 de febrero), que aprueba el Reglamento Orgánico del Cuerpo Jurídico del Aire.

V. art. 7°. del R. D. 2878/1982, de 15 de octubre (*B.O.E.* n°. 269, de 9 de noviembre), sobre el organismo «Aeropuertos Nacionales».

De acuerdo con la Disp. Final 5ª de la propia L.N.A.-1960, este artículo es de expresa aplicación a la navegación aérea militar.

a los que ostenten el diploma de estudios superiores de Derecho Internacional Aéreo e Industrial.

Art. 62. Los Jefes de Aeropuertos serán designados por el Ministerio del Aire, quien establecerá las condiciones que hayan de reunir. Tendrán carácter de autoridad en el ejercicio de sus funciones.

Compete al Jefe del Aeropuerto, dentro de su jurisdicción, la coordinación e inspección de todos los servicios del mismo, y dependerá de dicho Jefe el personal afecto a ellos, con arreglo a esta Ley y sus Reglamentos, sin perjuicio de la organización y dependencia técnica y administrativa propia de los servicios pertenecientes a otros Ministerios.

Art. 63. Los contratos del personal se regirán por las reglamentaciones especiales, convenios colectivos sindicales o, en su defecto, por las normas comunes de Derecho Laboral Español.

En caso de accidentes de trabajo, se estará a lo dispuesto en la legislación sobre la materia.

Art. 62: V. art. 9° del R. D.-L n°. 12/1978, de 27 de abril (*B.O.E.* n° 101, de 28 de abril), sobre Directores de Aeropuertos.

V. art. 11 del mismo R. D.-L, sobre mantenimiento de la seguridad y orden público en los aeropuertos y aeródromos públicos civiles y demás instalaciones de la aviación civil.

V. Ley n°. 92/1966, de 28 de diciembre (*B.O.E.* n° 311 de 29 diciembre), creando el Cuerpo Especial de Oficiales de Aeropuertos.

V. art. 4° del D. de 3 de mayo de 1946 (*B.O.E.* n°. 157 de 6 de junio), sobre Oficinas aduaneras de los aeropuertos (Disp. 10).

V. D. de 14 de julio de 1950 (*B.O.E.* n.° 341, de 7 de diciembre), sobre organización de la sanidad exterior en los aeropuertos.

V. art. 152 de la propia L.N.A.-1960, concediendo a los Jefes de Aeropuerto facultad para correcciones en materia de aviación civil.

V. arts: 20, 24, 25 y 70 L.P. y P. de la N.A.-1964 (Disp. 2).

V. R. D. n°. 1148/1982, de 28 de mayo (*B.O.E.* n°. 133, de 4 de junio). Art. 1°: «Las situaciones de huelga que afecten al personal laboral de la Subsecretaría de Aviación Civil, Organismo Autónomo Aeropuertos Nacionales, otros Organismos dependientes del Ministerio de Transportes, Turismo y Comunicaciones y de otras Empresas directamente implicados en la prestación de los servicios públicos esenciales aeroportuarios y de tránsito aéreo [...].

V. R. D. 2998/1978, de 15 de diciembre (*B.O.E.* n° 305, de 22 de diciembre), sobre situaciones de huelga que afectan al personal laboral de la Compañía «Iberia, Líneas Aéreas de España, S.A.»

Art. 63: V. Ley 8/1980, de 10 de marzo, del Estatuto de los Trabajadores (*B.O.E.* n°. 64, de 14 marzo).

V. R. D. 2001/1983, de 28 de julio, sobre regulación de la jornada de trabajo, jornadas especiales y descansos (*B.O.E.* n°. 180, de 29 de julio). Especialmente la Sección 8ª.

V. Reglamentación Nacional de Trabajo de la Compañía Iberia, aprobada por O. de 4 de julio de 1947 (*B.O.E.* n°. 215, de 3 agosto), aplicable a las demás empresas de transporte aéreo nacional y extranjeras que operen en España (art. 7°

Art. 64. Los menores de dieciocho años no podrán ser contratados como personal volante.

Los mayores de dieciocho años y menores de veintiuno, para ser contratados necesitarán acreditar la concesión de licencia por parte del padre, la madre o tutor, otorgada ante la autoridad competente.

No podrán desempeñar el puesto de piloto de aeronave destinada al servicio público y transporte de pasajeros los que hubieren cumplido la edad que reglamentariamente se determine.

Art. 65. Las licencias del personal técnico aeronaútico expedidas en el extranjero serán revalidadas o reconocidas en España con arreglo a lo dispuesto en Tratados y Convenios internacionales. En su defecto, dicho reconocimiento podrá otorgarse siempre que estén expedidas por autoridades competentes que cumplan los requisitos y condiciones mínimas exigidas en España y, en todo caso, a título de reciprocidad.

Podrá también autorizarse el empleo circunstancial de técnicos extranjeros como instructores o asesores del mismo personal español cuando así lo aconseje el mejoramiento o modernización de los servicios y por el tiempo indispensable.

---

de la O. de 26 de octubre de 1956; *B.O.E.* nº. 344, de 9 de diciembre).

V. Ordenanza laboral para el personal de Compañías de vuelos «charter» (O. de 26 de noviembre de 1974; *B.O.E.* nº. 291, de 5 de diciembre).

V. Ordenanza laboral para el personal de las Compañías de trabajos aéreos (O. de 30 de julio de 1975; *B.O.E.* nº 198, de 19 agosto).

V. O. de 9 de agosto de 1960 (*B.O.E.* nº. 199, de 19 de agosto), modificando el art. 36 de la Reglamentación Laboral de 4 de julio de 1947, modificada a su vez por O. de 18 de junio de 1973; *B.O.E.* nº. 156, de 30 de junio), estableciendo un período máximo de prueba respecto de los Pilotos en prácticas.

V. O. de 25 de agosto de 1970 *(B.O.E.* n.º 214, de 7 de septiembre), por la que se crea la Mutualidad Laboral de Aviación Civil como entidad gestora del Régimen General de la Seguridad Social.

V. R. D.-L. nº. 49/1978, de 26 de diciembre *(B.O.E.* n.º 309, de 27 de diciembre), sobre política de rentas y empleo.

V. R. D. nº. 572/1982, de 5 de marzo (*B.O.E.* nº. 68, de 30 de marzo), sobre extensión de los Convenios colectivos de trabajo a Empresas, en determinadas circunstancias.

Art. 64: V. art. 12 C.E. 1978, que dice: «Los españoles son mayores de edad a los 18 años.»

V. arts. 315 y 322 C.C., sobre mayoría de edad.

V. art. 7º de la Ley 8/1980, de 10 de marzo, del Estatuto de los Trabajadores (*B.O.E.* nº. 64, de 14 de marzo), sobre capacidad para contratar.

V. O. de 9 de mayo de 1966 (*Boletín Oficial del Ministerio del Aire* nº. 56, de 10 de mayo), sobre edad de retiro de los pilotos de aeronave destinada a servicio público y transporte de pasajeros.

Art. 65: V. arts: 32, 33, 39, 40 y 42 C.CH. 1944 (Disp. 3).

V. D. nº. 1874/1978, de 2 de junio

Art. 66. El Ministerio del Aire podrá asumir el conocimiento y resolución de los conflictos de trabajo que afecten a la disciplina de vuelo, a la seguridad del tráfico aéreo o a los intereses de la defensa nacional.

Disposiciones especiales regularán la forma de proceder en estos casos.

CAPITULO XI

DEL TRÁFICO AÉREO

Art. 67 Se considera tráfico aéreo regular el prestado para transporte comercial de pasajeros, correo o carga y con arreglo a tarifas, itinerarios y horarios fijos de conocimiento general.

Será tráfico aéreo eventual o no regular cualquier otro de carácter comercial no comprendido en el párrafo anterior.

Art. 68 Será tráfico interior el que se efectúa sobre territorio de soberanía del Estado nacional de la aeronave, y tráfico aéreo exterior el que se realice en todo o en parte sobre territorio de soberanía de otro Estado. Este tráfico se considera internacional cuando tenga escala en territorio extranjero.

El tráfico de cabotaje comprende todo transporte de pasajeros, carga o correo que se realice entre lugares de soberanía española, aunque para ello sobrevuele territorio o aguas jurisdiccionales de otro Estado.

(*B.O.E.* nº. 190, de 10 de agosto), sobre extranjeros que pretendan realizar en España una actividad lucrativa por cuenta propia o ajena.

El D. nº. 1870/1968, de 27 de julio (*B.O.E.* nº. 195, de 14 de agosto), regula el empleo, régimen de trabajo y establecimiento en España de los trabajadores extranjeros.

Art. 66: V. arts. 56 y 57 del Texto Refundido de la Ley de Procedimiento Laboral, aprobado por R. D. legislativo nº. 1.568/1980, de 13 de junio (*B.O.E.* nº. 182, de 30 de julio).

Las disposiciones anteriormente citadas han de entenderse que sustituyen y derogan las siguientes: *a)* O. de 10 de febrero de 1942 (*B.O.E.* de 23 de febrero), sobre reclamaciones de los trabajadores de Iberia contra su empresa; *b)* Art. 57 del D. nº. 909/1966, de 21 de abril, aprobando el texto articulado II de la Ley 193/1963, de 28 de diciembre, por el que se da nueva redacción al Texto Refundido de Procedimiento Laboral (*B.O.E.* nº. 97, de 23 de abril); *c)* Art. 57 del D. nº. 2381/1973, de 17 de agosto, que aprueba el Texto articulado II de la Ley 24/1972, de 21 de junio, de Financiación y Perfeccionamiento de la Acción Protectora del Régimen General de la Seguridad Social, por el que se da nueva redacción al vigente Texto Refundido de Procedimiento Laboral.

Art. 67: V. arts. 5º, 6º y 96 C.CH. 1944 (Disp. 3).

V. Acuerdo de París sobre derechos comerciales de servicios aéreos no regulares europeos, de 30 de abril de 1956 (España depositó el Instrumento de ratificación en la OACI, de Montreal, el 30 de mayo de 1957).

Art. 68.: V. art. 1.º, párr. 2, del C.V. 1929 (Disp. 4), modificado por el P.L.H.-1955 (Disp. 5).

V. art. 7.º C.CH. 1944 (Disp. 3).

Art. 69. Al Ministerio del Aire correponde conceder o autorizar la implantación e iniciación de servicios aéreo, así como ejercer la inspección necesaria para garantizar el cumplimiento de las condiciones de la concesión o autorización.

Art. 70. Los servicios regulares de tráfico aéreo podrán ser prestados por organismos o personas, previa concesión por un tiempo no superior a quince años, plazo que podrá ser prorrogado.

Art. 71. Los servicios de cabotaje serán reservados a Empresas nacionales.

Art. 72. Los servicios de líneas regulares sólo podrán volar sobre las rutas establecidas en la concesión. Para efectuar servicios extraordinarios se requerirá autorización expresa de la Dirección General de Aviación Civil.

Art. 73. Las concesiones de servicios regulares por líneas determinadas o por redes de rutas se otorgarán a Empresas de nacionalidad española y mediante concurso público, salvo que razones de interés nacional o de la propia explotación del transporte, apreciadas en Consejo de Ministros, aconsejen otra cosa.

Art. 69: V. art. 153 de la propia L.N.A.-1960.

V. art. 5° del Convenio de Viena sobre Relaciones Consulares de 24 de abril de 1963 (*B.O.E.* n°. 56, de 6 de marzo).

V. O. de 22 de abril de 1980 (*B.O.E.* n.° 116, de 14 de mayo), sobre inspección de los servicios públicos y de las actividades de aviación civil, tanto en las operaciones de vuelo como en tierra.

V. D. de 2 de julio de 1966 (*B.O.E.* n°. 146, de 20 de junio), que adapta la Ley de Procedimiento Administrativo, de 17 de julio de 1958, a los Ministerios del Ejercito, Marina y Aire. Dice su Disp. Final 2.ª «A los efectos de lo dispuesto en el artículo 1° de la Ley de Procedimiento Administrativo de 17 de julio de 1958 y en el artículo 1° de este Decreto, se consideran como procedimientos administrativos especiales aplicables por los Ministerios militares los establecidos en las normas reguladoras de las siguientes materias: Expedición de certificados de navegabilidad, otorgamiento de concesiones en aeródromos militares y en aeropuertos civiles, títulos aeronáuticos, autorizaciones de servicios aéreos, registro de matrícula de aeronaves y demás previstos en la Ley de Navegación Aérea de 21 de julio de 1960.»

Art. 70: V. Disp. Transitoria 1.ª y arts. 152 y 155 de la propia L.N.A.-1960.

V. arts. 62 y 63 de la Ley de Contratos del Estado. Texto aprobado por D. 923/1965, de 8 de abril (*B.O.E.* n.° 97, de 23 de abril).

Art. 71: V. el párr. 2.° del art. 68 art: 154 de la propia L.N.A.-1960.

V. art. 7.° C.CH. 1944 (Disp. 3).

Art. 72: V. art. 153 de la propia L.N.A.-1960.

V. art. 6.° C.CH 1944, (Disp. 3).

Art. 73: V. art. 5.° de la Ley de 17 de julio de 1951, de régimen jurídico de las Sociedades Anónimas (*B.O.E.* n.° 199, de 18 de julio; corrección de errores en *B.O.E.* n.° 218, de 6 de agosto).

V. art. 4.° de la Ley de 17 de julio de 1953, sobre régimen jurídico de las Sociedades de Responsabilidad Limitada (*B.O.E.* n.° 199, de 18 de julio; corrección de errores en *B.O.E.* n.° 227, de 15 de agosto).

Art. 74. Los concesionarios habrán de ser españoles, poseer medios económicos y técnicos suficientes y asegurar con garantía bastante el pago de las responsabilidades que se originen con ocasión de los servicios durante el tiempo de la concesión.

Cuando el concesionario de un servicio regular sea una persona jurídica, deberán ser igualmente españoles, al menos las tres cuartas partes de su capital y de sus administradores.

Art. 75. Si el capital de una Empresa concesionaria estuviese representado por acciones, los títulos serán nominativos.

Art. 76. El Ministerio del Aire intervendrá en las Empresas concesionarias en la forma y condiciones que determine la propia concesión, con el fin de ejercer la inspección a que se refiere el artículo 69.

Art. 77. La explotación de los servicios regulares podrá ser subvencionada por el Estado, que determinará las condiciones de la subvención.

Art. 78. La tramitación de las concesiones corresponde al

V. arts. 69 y 70 de la Ley de Contratos del Estado. Texto articulado aprobado por D. 923/1965, de 8 de abril *(B.O.E.* n.º 97, de 23 de abril).

V. O. de 19 de agosto de 1955 de la Presidencia (*B.O.E.* n.º 235, de 23 de agosto), sobre viajes de funcionarios públicos al extranjero en líneas aéreas de empresas españolas.

Art. 74: V. arts. 17 y 35 C.C., sobre nacionalidad y personalidades jurídicas.

V. art. 91 de la propia L.N.A.-1960.

V. art. 71 de la Ley de 17 de julio de 1951, el régimen jurídico de las Sociedades Anónimas (*B.O.E.* n.º 199, de 18 de julio; corrección de errores en *B.O.E.* n.º 218, de 6 de agosto).

V. art. 169 C.C., que dice: «No estarán sujetos a represalias en caso de guerra los fondos que de la pertenencia de los extranjeros existieren en las sociedades anónimas.»

V. Sección 5.ª del Acuerdo relativo al tránsito de los servicios aéreos internacionales (*B.O.E.* n.º 73, de 14 de marzo de 1947).

Art. 75: V. arts. 33 y 34 de la Ley de 17 de julio de 1951, de régimen jurídico de las Sociedades Anónimas (*B.O.E.* n.º 199, de 18 de julio; corrección de errores en *B.O.E.* n.º 218, de 6 de agosto).

V. art. 102 del D. de 14 de diciembre de 1956, por el que se aprueba el Reglamento del Registro Mercantil, (*B.O.E.* n.º 66, de 7 de marzo de 1957; corrección de errores en *B.O.E.* n.º 73, de 14 de marzo).

Art. 76: V. arts. 69 y 153 de la propia L.N.A.-1960.

V. apartado *K)* del art. 5.º del Convenio de Viena sobre Relaciones Consulares, de 24 de abril de 1963 (*B.O.E.* n.º 56, de 6 de marzo de 1970).

V. art. 2.º de la O. de 22 de abril de 1980 *(B.O.E.* n.º 116, de 14 de mayo).

Art. 77: V. D.-L. 22/1962, de 14 de junio (*B.O.E.* n.º 143, de 15 de junio), sobre tarifas en líneas que enlazan Canarias con la Península.

V. Ley n.º 46/1981 de 29 de diciembre, *(B.O.E.* n.º 312, de 30 de diciembre), sobre tarifas de residentes en Baleares.

V. R. D. n.º 3.269/1982, de 12 de noviembre (*B.O.E.* n.º 287, de 30 de noviembre), sobre tarifas para Canarias y Baleares.

Art. 78: V. inciso 17 del art. 10 de la

Ministerio del Aire, y su aprobación al Consejo de Ministros.

Art. 79. El tráfico no regular podrá ser ejercido por Empresas individuales o colectivas, sean o no concesionarias de otro tráfico, previa autorización del Ministerio del Aire y bajo su inspección.

Las autorizaciones tendrán un plazo de vigencia no inferior a un año ni mayor de diez, pudiendo ser prorrogadas.

Art. 80. Para que el Ministerio del Aire otorgue la autorización a que se refiere el artículo anterior será necesario que la Empresa solicitante cumpla las condiciones siguientes:

1.ª Que el solicitante sea español, y si se trata de Empresa colectiva, que su capital sea íntegramente nacional, o que la participación de capital extranjero no exceda del 25 por 100 de aquél. Las Sociedades Anónimas emitirán nominativamente todos sus títulos.

2.ª Acreditar que se dispone del material que en cada caso se fije para la prestación del servicio.

3.ª Depositar una fianza cuya cuantía se determinará en cada caso por la Dirección General de Aviación Civil.

4.ª Que el personal directivo y de vuelo de la empresa sea español y reúna las condiciones exigidas en esta ley.

Ley de Régimen Jurídico de la Administración del Estado. Texto refundido de 26 de julio de 1957 (*B.O.E.* n.° 195, de 31 de julio).

V. art. 126 del Reglamento Notarial, redactado por D. de 22 de julio de 1967 (*B.O.E.* n.° 229, de 25 de septiembre).

V. art. 66 de la Ley de Contratos del Estado. Texto articulado aprobado por D. 923/1965, de 8 de abril (*B.O.E.* n.° 97, de 23 de abril).

Art. 79: V. art. 67 de la propia L.N.A.-1960.

V. Disp. final 2.ª del D. de 2 de julio de 1966 (*B.O.E.* n.° 146, de 20 de junio), que adapta la Ley de Procedimiento Administrativo, de 17 de julio de 1958, a los Ministerios del Ejército, Marina y Aire.

V. D. de 14 de junio de 1946 (*B.O.E.* n.° 174, de 23 de junio), sobre tráfico irregular.

V. D. de 12 de julio de 1946 (*B.O.E.* n.° 209, de 28 de julio).

V. O. de 9 de agosto de 1946 (*B.O.E.* n.° 229, de 17 de agosto). Esta O. M. desarrolla el D. de 14 de junio de 1946, sobre tráfico irregular.

V. O. de 26 de octubre de 1946 (*B.O.E.* n.° 306, de 2 de noviembre), aclarando la O. de 9 de agosto de 1946, sobre tráfico irregular.

Art. 80: Sobre acciones nominativas, v. art. 75 de la misma L.N.A.-1960 y nota al pie del mismo.

V. art. 59 de la propia L.N.A.-1960, que exige la condición de nacionalidad al Comandante de aeronave.

V. art. 74 de la propia L.N.A.-1960, que exige las condicions técnicas y de nacionalidad para los concesionarios de líneas regulares.

El punto 3.° del art. 153 L.N.A.-1960 sanciona por irregularidad en el cuidado de las aeronaves, equipos o instalaciones que menoscaben la seguridad y eficiencia del servicio.

V. sobre fianzas los arts. 112 y ss. de la Ley de Contratos del Estado. Texto articulado aprobado por D. 923/1965, de

Art. 81. La autorización prevista en los artículos anteriores permitirá realizar el tráfico de carácter interior, con base de partida y llegada dentro del territorio de soberanía española, previa obtención de los permisos técnicos reglamentarios. Para el tráfico exterior será necesaria, en cada caso, autorización especial de la Dirección General de Aviación Civil.

Entre poblaciones enlazadas por líneas regulares de navegación aérea sólo se autorizará el servicio no regular a la Empresa o Empresas concesionarias de dichas líneas. Podrá, no obstante, autorizarse este servicio a Empresa distinta cuando la demanda de pasaje y carga lo aconseje, a juicio de la autoridad aeronáutica, y no sea atendida suficientemente por la Empresa de servicio regular. Fuera de este caso excepcional, las Empresas de tráfico no regular únicamente podrán servir las rutas de la línea regular entre puntos en que ésta no tenga escala.

Art. 82. El Ministerio del Aire fijará anualmente las tarifas máximas que podrán aplicarse al tráfico no regular, que no podrán ser inferiores a las autorizadas para el servicio regular.

Art. 83. Las aeronaves extranjeras no podrán efectuar transporte de cabotaje.

Art. 84. El Ministerio del Aire podrá conceder permiso para vuelos especiales o de ensayo de carácter comercial por plazo máximo de tres meses.

---

8 de abril (*B.O.E.* n.° 97, de 23 de abril). Especialmente art. 115.

El art. 91 L.N.A.-1960 establece que, cuando lo aconsejen circunstancias especiales, el Gobierno podrá modificar el porcentaje de participación extranjera de las Empresas de tráfico aéreo.

V. D. 3021/1974, de 31 de octubre (*B.O.E.* n.° 266, de 6 de noviembre de 1974): art. 2.° y Disp. Final 1.ª sobre capital extranjero en empresas de transporte aéreo.

Art. 81: V. art. 5.° C.CH. 1944, (Disp. 3).

Art. 82: V. O. de 28 de mayo de 1980 (*B.O.E.* 139, de 10 de junio), sobre régimen de precios.

Art. 83: V. párr. 2.° del art. 68 y art. 71 de la propia L.N.A.-1960.

Los números 1 y 2 del art. 153 de la misma L.N.A.-1960 sancionan por incumplimiento de las obligaciones impuestas en la concesión o permiso y por infracción de lo dispuesto sobre tarifas, itinerarios, utilización de aeropuertos, frecuencias de vuelo y horarios aprobados, salvo casos de fuerza mayor.

V. art. 7.° C.CH. 1944 (Disp. 3).

Art. 84: El inciso 8.° del art. 156 de la propia L.N.A.-1960 sanciona el realizar vuelos de prueba o demostración sin el debido permiso.

V. art. 16 P.L.H.-1955, que modifica el art. 34 C.V. 1929 (Disp. 5).

V. art. 5.° C.CH. 1944 (Disp.3).

V. O. de 31 de mayo de 1982 (*B.O.E.* n.° 134, de 5 junio), que aprueba el Reglamento para la construcción de aeronaves por aficionados. Especialmente su art. 13.

El art. 156, punto 8.°, de la propia L.N.A.-1960 sanciona al Comandante de aeronave que realice vuelos de prueba o demostración sin el debido permiso.

Art. 85. El Estado español tendrá preferencia para adquirir, al término de la concesión, los bienes y derechos afectos al servicio público de transporte aéreo que pertenecieran a Empresas concesionarias.

Art. 86. El transporte aéreo internacional, tanto español como extranjero, puede ser regular, no regular y de turismo.

Art. 87. Toda aeronave que efectúe tráfico internacional habrá de realizar su entrada y salida de territorio español por un puerto aduanero.

Sin embargo, las aeronaves de turismo podrán utilizar, previa autorización de la Dirección General de Aviación Civil, todos los aeropuertos abiertos a ese tráfico, siempre que no alteren su pasaje o carga.

Art. 88. Los servicios aéreos españoles para el tráfico internacional de carácter regular se establecerán mediante convenios con los Estados interesados. Los permisos o concesiones a Empresas extranjeras para efectuar ese mismo tráfico se otorgarán normalmente bajo el principio de reciprocidad y sin perjuicio para los servicios nacionales.

Los aeronaves extranjeras de tráfico no regular necesitarán autorización para cada servicio o viaje.

Art. 85: V. arts. 76, 77, 78 y 79 de la Ley de Contratos del Estado. Texto articulado aprobado por D. n.° 923/1965, de 8 de abril (*B.O.E.* n.° 97, de 23 de abril).

Art. 86: V. art. 1.° P.L.H.-1955, que modifica el art. 1.°. párr. 2.°, del C.V. 1929, (Disp. 5).

V. art. 6.° C.CH. 1944, (Disp. 3).

V. arts. 67 y 150, de la propia L.N.A.-1960.

Art. 87: V. arts. 10, 16, 23, 24 y 68, C.CH, 1944 (Disp. 3).

V. D. de 12 de julio de 1946 (*B.O.E.* n.° 209, de 28 de julio).

V. arts. 1.°, 2.°, 8.°, 20 y 21 del D. de 3 de mayo de 1946 (*B.O.E.* n.° 157, de 6 de junio), sobre servicios de aduanas en los aeropuertos, (Disp. 10).

V. Recomendación de 8 de junio del 1971, del Consejo de Cooperación Aduanera, sobre un procedimiento simplificado de control aduanero de los pasajeros que lleguen por vía aérea, basado en el sistema de doble circuito, (*B.O.E.* n.° 158, de 3 de julio de 1975).

V. O. de 16 de noviembre de 1971 (*B.O.E.* n.° 282, de 25 de noviembre), sobre implantación de doble circuito para control aduanero de viajeros y equipajes.

V. art. 2.° de la O. de 4 de agosto de 1980 (*B.O.E.* n.° 198, de 18 de agosto), sobre control aduanero de los pasajeros, sus equipajes de mano y equipajes facturados procedentes de un aeropuerto de origen situado en el extranjero o en territorio aduanero exento nacional.

El art. 153, punto 2.°, de la propia L.N.A.-1960 sanciona a las empresas nacionales o extranjeras de transporte aéreo por infracción de lo dispuesto sobre itinerarios, utilización de aeropuertos y frecuencia de vuelo, salvo casos de fuerza mayor.

Art. 88: V. art. 5.° C.CH. 1944. (Disp. 3).

V. los diversos Convenios o acuerdos bilaterales suscritos por España con cada uno de los países con los que mantiene relaciones aeronáuticas comerciales y que, sucesivamente, han sido publicados en el *B.O.E.*.

V. O. de 1 de marzo de 1974 (*B.O.E.*

Art. 89. Las aeronaves del Estado extranjeras no podrán volar sobre territorio de soberanía nacional sin previa autorización o invitación, salvo las destinadas al servicio de búsqueda y salvamento, con arreglo a los Convenios especiales.

Los mismos requisitos se exigirán a las aeronaves sin piloto o sin motor, cuando se trate de cualquier vuelo para el ensayo o aplicación de innovaciones no aceptadas aún internacionalmente.

Art. 90. Ninguna aeronave extranjera será autorizada para volar sobre territorio español sin tener garantizadas suficientemente las responsabilidades que pueda contraer por el sobrevuelo o por los contratos de transporte, con sujeción a la Ley española.

Art. 91. Cuando lo aconsejen circunstancias especiales, el Gobierno podrá modificar el porcentaje de participación extranjera en las Empresas de tráfico aéreo a que se refiere este capítulo.

CAPITULO XII

Del contrato de transporte

SECCION PRIMERA

Del transporte de viajeros

Art. 92. En el contrato del transporte de viajeros el trans-

---

n.° 53, de 2 de marzo), sobre suministro por CAMPSA de keroseno y gasolinas a las empresas extranjeras de navegación.

V. D. n.° 801/1972, de 24 de marzo (*B.O.E.* n.° 85, de 8 de abril), sobre ordenación de la actividad administrativa del Estado en materia de tratados internacionales.

V. Convenio de Viena de 23 de mayo de 1969 sobre el derecho de los tratados (Instrumento de adhesión por España de fechas 2 de mayo de 1972; *B.O.E.* n.° 142, de 13 de junio de 1980).

Art. 89: V. arts. 14, 53 y 150 de la propia L.N.A.-1960.

V. arts. 3.°, 8.° y 25 C.CH. 1944, (Disp. 3).

V. Convenio de 14 de julio de 1959 (*B.O.E.* n.° 81, de 4 abril de 1960), sobre asistencia mutua entre servicios contra incendios y socorro franceses y españoles.

V. Acuerdo de 8 de febrero de 1973 (*B.O.E.* n.° 94, de 19 de abril), completando las disposiciones sobre asistencia mutua entre servicios contra incendios y de socorro franceses y españoles.

V. art. 14 del D. de 12 de marzo de 1948 (*B.O.E.* n.° 93, de 2 de abril), declarado vigente por D. de 29 de marzo de 1974 (*B.O.E.* n.° 86, de 10 de abril).

Art. 90: V. art. 11 C.CH. 1944 (Disp. 3).

V. art. 128 de la propia L.N.A.-1960.

V. Cap. III del C.R. 1952, especialmente art. 15 (Disp. 6).

Art. 91: V. párr. 2.° del art. 74 y art. 80 de la propia L.N.A.-1960.

Art. 92: V. art. 2.° P.L.H.-1955, que modifica el art. 3.° C.V. 1929 (Disp. 5).

V. O. de 25 de noviembre de 1959 (*B.O.E.* n.° 289, de 3 de diciembre), sobre cobro en pesetas del importe de los billetes que expidan, cualesquiera que sea

portista extenderá inexcusablemente el billete de pasaje, que contendrá los siguientes requisitos:

1.º Lugar y fecha de emisión.

2.º Nombre y dirección del transportista.

3.º Punto de salida y destino.

4.º Nombre del pasajero.

5.º Clase y precio del transporte.

6.º Fecha y hora del viaje.

7.º Indicación sumaria de la vía a seguir, así como de las escalas previstas.

Art. 93. El billete de pasaje es un documento nominativo e intransferible y únicamente podrá ser utilizado en el viaje para el que fue expedido y en el lugar del avión que, en su caso, determine.

Art. 94. Cuando el viaje se suspenda o retrase por causa de fuerza mayor o razones meteorológicas que afecten a la seguridad del mismo, el transportista quedará liberado de responsabilidad, devolviendo el precio del billete.

Si una vez comenzado el viaje se interrumpiera por cualquiera de las causas señaladas en el párrafo anterior, el transportista viene obligado a efectuar el transporte de viajeros y equipajes por su cuenta, utilizando el medio más rápido posible, hasta dejarlos en su destino, salvo que los pasajeros optasen por el reembolso de la parte proporcional al trayecto no recorrido.

También sufragará el transportista los gastos de manutención y hospedaje que se deriven de la expresada interrupción.

---

la nacionalidad o residencia habituales de los viajeros, siempre que correspondan a trayectos que tengan su iniciación en territorio español, incluso si se trata de viajes de ida y vuelta.

V. art. 16 P.L.H.-1955, que modifica el art. 34 C.V. 1929 (Disp. 5).

V. art. 5.º de la Ley de 17 de julio de 1951, del régimen jurídico de las Sociedades Anónimas (*B.O.E.* n.º 199, de 18 de julio; corrección de errores en *B.O.E.* n.º 218, de 6 de agosto).

V. art. 53 de la Ley de 8 de junio de 1957, reguladora del Registro Civil (*B.O.E.* nº. 151, de 10 de junio).

Art. 93: V. art. 64 L.P. y P. de la N.A.-1964 (Disp. 2).

V. art. 4.º del D. n.º 3.269/1982, de 12 de noviembre (*B.O.E.* n.º 287, de 30 de noviembre), sobre subvenciones a los servicios aéreos insulares de Canarias y Baleares.

Art. 94: V. C.V. 1929, art. 18, punto 3.º (Disp. 4).

V. R. D. 2.047/1981, de 20 de agosto, por el que se establecen normas a seguir en caso de anulación de plazas y reembolso de billetes en el transporte aéreo. Especialmebte art. 6.º.

V. R. D. n.º 1961/1980, de 13 de junio (*B.O.E.* n.º 238, de 3 de octubre), sobre régimen de indemnizaciones optativas para pasajeros de servicios regulares a quienes se niegue el embarque en el vuelo contratado. Especialmente punto *c)* del art. 3.º (Disp. 13).

V. O. de 12 de marzo de 1984 (*B.O.E.* n.º 69, de 21 de marzo), sobre cambio del límite de indemnización previsto en el R. D. 1.691/1980, de 13 de junio, para los

Art. 95. El pasajero puede renunciar a su derecho a efectuar el viaje, obteniendo la devolución del precio del pasaje en la parte que se determine, siempre que aquella renuncia se haga dentro del plazo que reglamentariamente se fije.

Art. 96. El transportista queda facultado para excluir del transporte a los pasajeros que, por causas de enfermedad u otras circunstancias determinadas en los reglamentos, puedan constituir un peligro o perturbación para el buen régimen de la aeronave.

Art. 97. El transportista estará obligado a transportar, juntamente con los viajeros y dentro del precio del billete, el equipaje, con los límites de peso y volumen que fijen los reglamentos. El exceso será objeto de estipulación especial.

No se considerarán equipaje a este efecto los objetos y bultos de mano que el viajero lleve consigo.

Art. 98. El transportista responderá únicamente de la pérdida, sustración o deterioro del equipaje que se le haya entregado para su custodia.

---

pasajeros a los que se niegue el embarque en un vuelo regular.

Art. 95: V. R. D. 2.047/1981, de 20 de agosto, por el que se establecen normas a seguir en caso de anulación de plazas y reembolso de billetes en el transporte aéreo (Disp. 14).

Art. 96: V. art. 33 C.V. 1929 (Disp. 4).

V. apartado 4.° del art. 153 de la propia L.N.A.-1960.

V. C.T. 1963, especialmente su art. 8.° (Disp. 7).

V. art. 52 L.P. y P. de la N.A.-1964 (Disp. 2).

V. art. 6.° del R. D. 1961/1980, de 13 de junio (*B.O.E.* n.° 238, de 3 de octubre), sobre régimen de indemnizaciones optativas para pasajeros de servicios regulares a quienes se niegue el embarque en el vuelo contratado (Disp. 13).

Art. 97: V. D. de 14 de marzo de 1974 (*B.O.E* n.° 74, de 27 de marzo), sobre control de facturaciones en empresas de transporte.

V. O. de 23 de febrero de 1962 (*B.O.E.* n.° 67, de 19 de marzo) sobre derecho al transporte gratuito. Este precepto está expresamente declarado en vigor en virtud del art. 4.° de la O. de 24 de febrero de 1976 (*B.O.E.* n.° 59, de 9 de marzo).

V. O. M. de 27 de mayo de 1947 (*Boletín Oficial del Ministerio del Aire* n.° 68, de 12 de junio) sobre el derecho al transporte gratuito de equipaje.

V. R. D. n.° 2.535/1983, de 28 de julio (*B.O.E.* n.° 231, de 27 de septiembre), por el que se modifica el tratamiento arancelario aplicable a las importaciones de efectos o artículos en régimen de viajeros.

V. R. D. n.° 3.250/1983, de 7 de diciembre (*B.O.E.* n.° 1, de 2 de enero de 1984), sobre perros guías.

Art. 98: V. párr. 3 del art. 22 C.V. 1929, no modificado por el art. 11 P.L.H.-1955 (Disp. 5).

Según el art. 118 L.N.A.-1960, cuyas cifras se modifican por R. D. n.° 2.333/1983, de 4 de agosto (*B.O.E.* n.° 215, de 8 de septiembre) las indemnizaciones por pérdida o avería de equipajes facturados o de mano quedarán limitadas hasta cincuenta y cuatro mil pesetas por unidad.

V. arts. 1.601, 1.783 y 1784 C.C.

Art. 99. Cuando el equipaje admitido no sea anotado en el billete se registrará en talón anexo, que deberá contener las indicaciones que reglamentariamente se fijen.

La entrega de los equipajes se hará contra presentación del billete o talón, en su caso, cualquiera que sea la persona que lo exhiba. La falta de dicha presentación dará derecho al transportista a cerciorarse de la personalidad de quién reclame el equipaje, pudiendo diferir la entrega hasta que la justificación resulte suficiente.

Art. 100. El recibo del equipaje sin protesta del tenedor del talón o billete implica la renuncia a toda reclamación. Los reglamentos determinarán los plazos y forma en que los transportistas podrán enajenar en pública subasta el equipaje abandonado por los pasajeros.

Art. 101. Las tarifas del transporte de viajeros y sus equipajes serán previamente aprobadas por el Ministerio del Aire.

SECCION SEGUNDA

Del transporte de mercancías

Art. 102. El contrato de transporte de cosas se perfecciona con la entrega de las que sean objeto del mismo al transportista. Este, sobre la base de la de-

---

Art. 99: V. art. 4.° P.L.-1955, que modifica el art. 4.° C.V. 1929 (Disp. 5).

Art. 100: V. art. 26 C.V. 1929, modificado en su párr. 2 por el P.L.H.-1955 (Disp. 5).

O. de 25 de noviembre de 1942 (*B.O.E.* n.° 347, de 13 de diciembre) sobre enajenación de objetos y mercancías abandonadas o no recogidas en las líneas aéreas por viajeros, expedidores o consignatarios.

O. de 7 de agosto de 1974 (*B.O.E.* n.° 196, de 16 de agosto) sobre enajenación de equipajes y objetos personales abandonados a bordo de las aeronaves (Disp. 12).

Art. 101: V. art. 21 de la Ley de 19 de junio de 1971 (*B.O.E.* n.° 150, de 24 de junio), sobre familias numerosas.

V. art. 6.° del D. de 20 de diciembre de 1974 (*B.O.E.* n.° 313, de 31 de diciembre), sobre régimen de precios autorizados.

V. D. de 23 de enero de 1941 (*B.O.E.* de 2 de febrero), sobre billetes gratuitos.

V. O. de 26 de mayo de 1973 (*B.O.E.* n.° 136, de 7 de junio), sobre precios para el transporte de emigrantes.

Sobre transportes militares por vía aérea, v: 1) O. de 6 de abril de 1948 (*B.O.E.* n.° 102, de 11 de abril); 2) O. de 5 de septiembre de 1967 (*Diario Oficial de la Marina*, n.° 207, de 9 de septiembre); 3) O. de 21 de diciembre de 1967 (*Boletín Oficial del Ministerio del Aire*) n.° 153, de 23 de diciembre).

V. R. D. n.° 3.260/1983, de 7 de diciembre (*B.O.E.* n.° 1, de 2 de enero de 1984), sobre perros guías.

V. art. 1.° del R. D. 2.102/1983, de 4 de agosto (*B.O.E.* n.° 188, de 8 de agosto), por el que se aprueba el Estatuto de los ex Presidentes del Gobierno.

Art. 102: V. arts. 5.°, 6.°, 7.°, 8.°, 9.°, 10 y 11 C.V. 1929, modificados por el P.L.H.-1955 (Disp. 5).

V. D. de 14 de marzo de 1974 (*B.O.E.* n.° 74, de 27 de marzo), sobre facturación en empresas terrestres, marítimas o aéreas.

claración suscrita por el expedidor, extenderá el talón de transporte, en el que obligatoriamente habrán de figurar los requisitos que reglamentariamente se determinen.

Art. 103. El talón constituye prueba plena sobre la existencia del contrato, según los términos contenidos en aquél, y, a su presentación por cualquier persona, el transportista entregará la mercancía previo el cumplimiento de los requisitos aduaneros, sanitario u otros administrativos exigibles.

En caso de pérdida, extravío o sustracción del talón, el transportista viene obligado a facilitar una copia literal del mismo al remitente o consignatario, previa acreditación de la personalidad. También podrá el transportista entregar la mercancía al consignatorio si ofreciese garantías suficientes al efecto.

Art. 104. Las tarifas del transporte de mercancías serán previamente aprobadas por el Ministerio del Aire.

Art. 105. Si por fuerza mayor las mercancías no pueden seguir el itinerario previsto en el talón, el transportista entregará por su cuenta los bultos a otra Empresa de transportes para su más rápida conducción, de acuerdo con las instrucciones dadas o que se pidan al expedidor o destinatario.

Art. 106. El transportista no responderá, si el transporte no se efectúa en la fecha y hora previstas, cuando la suspensión o

---

Art. 103: V. O. de 28 de noviembre de 1975 (*B.O.E.* n.° 294, de 8 de diciembre), en la que se establece que la salida definitiva de España de las mercancías despachadas de exportación en una determinada Oficina de Aduanas podrá efectuarse por otra distinta, con sujeción a las normas que en la propia O. se regulan.

V. O. de 26 de julio de 1946 (*B.O.E.* n.° 216, de 4 de agosto), sobre régimen aduanero en aeropuertos (Disp. 10).

V.O. de 20 de junio de 1975 (*B.O.E.* n.° 158, de 3 de julio), sobre consolidación de cargas o agrupamientos de ellas en la exportación aérea.

La mencionada O. M. se desarrolla mediante Circular de la Dirección General de Aduanas de 4 de diciembre de 1975 (*B.O.E.* n.° 303, de 18 de diciembre).

V. art. 11 y 12 C.V. 1929 (Disp. 4).

Art. 104: V. O. de 28 de mayo de 1980 (*B.O.E.* n.° 139, de 10 de junio), sobre régimen de precios en el transporte nacional de mercancías.

En todo cuanto no se oponga a la disposición anterior, deben tenerse en cuenta la O. de 27 de mayo de 1947 (*B.O.E.* n.° 165, de 14 de junio) y la O. de 23 de febrero de 1962 (*B.O.E.* n.° 67, de 19 de marzo).

El art. 153 de la propia L.N.A.-1960 establece sanciones a las empresas nacionales o extranjeras de transporte aéreo por (punto 2.°) infracción de lo dispuesto sobre tarifas.

Art. 105: A efectos de transporte aéreo internacional, v. párr. 3 del art. 1.° y art. 31 C.V.-1929 (Disp. 4).

Art. 107: V. art. 118 de la propia L.N.A.-1960, punto 3.°.

V. art. 20 C.V.-1929 (Disp. 4).

El art. 10 P.L.H.-1955 (Disp. 5) ha suprimido el párr. 2.° del mencionado art. 20 C.V.-1929.

retraso obedezcan a fuerza mayor o razones metereológicas que afecten a la seguridad de vuelo. Tampoco vendrá obligado a indemnizar respecto de la carga comercial que haya de reducir por alguna de esas circunstancias.

Art. 107. El transportista está obligado a entregar la cosa transportada inmediatamente después de la llegada de ésta a su destino, previo cumplimiento, en su caso, de los requisitos que exijan los reglamentos. Se considerará perdida la mercancía cuando transcurran los plazos que reglamentariamente se fijen sin efectuar la entrega.

Art. 108. El transportista queda obligado a la custodia de los objetos que se le entreguen para el transporte y responde de su pérdida, avería o retraso en la entrega por motivo del viaje que no sea consecuencia exclusiva de la naturaleza o vicio propio de las mismas.

El transportista responderá también de la pérdida sufrida en caso de echazón necesaria para lograr la seguridad de la navegación.

Art. 109. Cuando no pueda efectuarse la entrega de los objetos transportados porque no se encuentre al destinatario, o porque éste se niegue a recibir las mercancías sin consignar protesta por el deterioro que puedan tener las mismas, o porque el destinatario no quiera pagar los gastos de reembolso, transporte u otros que le correspondiesen, el transportista lo comunicará al expedidor. En este caso, el transportista se constituirá en depositario remunerado de las mercancías durante el período de un mes, transcurrido el cual, si el expedidor no hubiese dispuesto de ellas, aquél las podrá enajenar en pública subasta, con las formalidades que el Reglamento señale, resarciéndose de los gastos y quedando el resto a dis-

---

Art. 107: V. art. 13, 14 y 15 C.V.-1929 (Disp. 4), aplicables al transporte aéreo internacional. El art. 15 ha sido modificado por el P.L.-1955 (Disp. 5)

V. art. 4.° del D. de 14 de marzo de 1974 (*B.O.E.* n.° 74 de 27 de marzo), sobre recogida de facturaciones.

Art. 108: El art. 156, n.° 11, de la propia L.N.A.-1960 sanciona por arrojar o permitir que se lancen objetos o lastre desde la aeronave en vuelo sin causa justificada.

El art. 73 L.P. y P. de la N.A.-1964 (Disp. 2), sanciona al que desde una aeronave arroje objetos no clasificados como lastre reglamentario.

V. art. 18 C.V.-1929 (Disp. 4).

V. art. 1.601, 1.783 y 1.784 C.C.

V. art. 306 C.Co.

Art. 109: V. art. 1.781 y ss. del C.C.

V. O. de 25 de noviembre de 1942 (*B.O.E.* n.° 347, de 13 de diciembre) sobre enajenación de viajeros o mercancías abandonadas o no recogidas en las líneas aéreas por viajeros, expedidores o consignatarios.

V. O. de 7 de agosto de 1974 (*B.O.E.* n.° 196, de 16 de agosto) (Disp. 12).

posición de los que resulten con derecho a él.

Si el objeto del transporte fuese de naturaleza perecedera, el plazo fijado en el párrafo anterior podrá ser reducido en beneficio del valor en venta de la cosa transportada.

El depósito de las cosas a que aluden los párrafos anteriores puede ser hecho por el transportista, bajo su responsabilidad, fuera de su domicilio.

Art. 110. El transporte combinado entre varias Empresas de navegación aérea las constituye en responsables solidarias, pudiendo elegir el expedidor o destinatario para la reclamación correspondiente cualquiera de las que han tomado parte en el transporte.

Art. 111. La recepción de las cosas transportadas sin protesta por el destinatario constituye presunción de que las mercancías han sido entregadas en buen estado, de acuerdo con el contrato de transporte. En caso de protesta por el destinatario, se hará constar así en el talón de transporte o documento que lo sustituya, debiendo proceder a formalizar en el plazo de ocho días la correspondiente reclamación ante el propio transportista. Si ésta no se verifica en el término dicho, la responsabilidad de aquél se entenderá extinguida.

Art. 112. El expedidor tiene derecho de disposición sobre las cosas objeto del transporte, pudiendo después de haber suscrito el contrato, de acuerdo con el transportista, retirarlas del aeropuerto de salida o destino, detenerlas en el curso del viaje a un aeropuerto, cambiar el lugar de destino o la persona del destinatario o pedir su retorno al aeropuerto de salida. Los gastos que ocasione el ejercicio de este derecho serán de cuenta del expedidor.

Art. 113. El transportista podrá excluir del contrato de transportes aquellas mercancías

---

Art. 110: La propia L.N.A.-1960, en el párrafo 2.° de su art. 115, dispone: «El daño acaecido con motivo del empleo de otro medio de transporte para el servicio de los viajeros de la aeronave fuera del aeropuerto, aunque dicho medio sea de la misma Empresa, queda excluido de las disposiciones de este capítulo.»

A efectos del transporte aéreo internacional, v. párr. 3.° del art. 1.° C.V.-1929, modificado por el P.L.H.-1955 (Disp. 5).

V. también art. 30 y 31 C.V.-1929 (Disp. 4).

Art. 111: V. art. 124 de la propia L.N.A.-1960.

A efectos del tráfico aéreo internacional, v. art. 11 y 35 C.V.-1929 (Disp. 4).

Art. 112: V. art. 12, 13 y 14 C.V.-1929 (Disp. 4).

V. art. 15 C.V.-1929, modificado por el P.L.H.-1955 (Disp. 5).

Art. 113: V. art. 153 de la propia L.N.A.-1960, inciso 4.°, que sanciona a las empresas nacionales o extranjeras de transporte aéreo que negaren, sin funda-

que por su mal estado, acondicionamiento o por otras circunstancias graves que los reglamentos señalen, puedan constituir un peligro evidente para la navegación.

Art. 114. Las disposiciones de este capítulo se entenderán sin perjuicio de lo establecido en el siguiente sobre responsabilidad en caso de accidente.

CAPITULO XIII

DE LA RESPONSABILIDAD EN CASO DE ACCIDENTE

Art. 115. A los efectos del presente capítulo, se entenderá por daño en el transporte de viajeros el que sufran éstos a bordo de la aeronave y por acción de la misma, o como consecuencia de las operaciones de embarque y desembarque.

El daño acaecido con motivo del empleo de otro medio de transporte para el servicio de los viajeros de la aeronave fuera del aeropuerto, aunque dicho medio sea de la misma empresa, queda excluido de las disposiciones de este capítulo.

En el transporte de mercancías y equipajes se estimará como daño el que experimenten dichos efectos desde su entrega a la empresa hasta que por ésta sean puestos a disposición del destinatario, excepto el tiempo durante el cual permanezcan en poder de los Servicios Aduaneros. Lo dispuesto en este párrafo se entiende sin perjuicio de la responsabilidad que como depositario le corresponde, conforme a lo prevenido en el artículo 109 de esta Ley.

Art. 116. El transportista es responsable del daño o perjuicio causado durante el transporte:

---

mento, el libre acceso del público a la utilización de sus servicios.

V. art. 3.° de D. de 14 de marzo de 1974 (*B.O.E.* n.° 74, de 27 de marzo), sobre control de facturaciones en empresas de transporte.

V. art. 11 y 13 C.V.-1929 (Disp. 4).

V. Convención Europea sobre Protección de Animales en Transportes Internacional, de 13 de diciembre de 1968 (*B.O.E.* n.° 266, de 6 de noviembre).

V. art. 35 C.CH.-1944 (Disp. 3).

Art. 114: V. definición de accidente en el punto 2 del art. 1.° del D. de 28 de marzo de 1974 (*B.O.E.* n.° 86, de 10 de abril).

Art. 115: V. la definición de accidente que se menciona en nota al pie del artículo anterior.

V. arts. 17 y 18 C.V.-1929, aplicables al tráfico aéreo internacional (Disp. 4).

V. arts. 1.783 y 1.784 C.C., sobre depósito necesario.

V. D. de 3 de mayo de 1946 (*B.O.E.* n.° 157, de 6 de junio), sobre Servicios de Aduana en los aeropuertos (Disp. 10).

V. O. de 26 de julio de 1946 (*B.O.E.* n.° 216, de 4 de agosto), sobre régimen aduanero en aeropuertos.

Art. 116: V. entre otros, los arts. 17, 18 y 19 C.V.-1929, que, son aplicables al transporte aéreo internacional (Disp. 4).

1.º Por muerte, lesiones o cualquier otro daño corporal sufrido por el viajero.

2.º Por destrucción, pérdida, avería o retraso de las mercancías y de los equipajes, facturados o de mano.

Art. 117. Las indemnizaciones en favor del viajero serán las siguientes:

Art. 117: Las cifras anteriormente expresadas se establecen de conformidad con el R. D. 2.333/1983, de 4 de agosto (*B.O.E.* n.º 215, de 8 de septiembre), cuyo texto íntegro es el siguiente:

«El capítulo XIII de la Ley 48/1980, de 21 de julio, sobre navegación aérea, regula las responsabilidades por daño en el transporte de viajeros y en el de sus equipajes y mercancías. Las cuantías de las indemnizaciones reguladas en dicho capítulo han quedado totalmente desfasadas en función con el índice de coste de vida, ya que el aumento acumulativo de los precios al consumo duplica actualmente los costes de la época de aprobación de la Ley. Por otro lado, las indemnizaciones debidas en caso de accidente en vuelos internacionales vienen regulados por Convenios internacionales que, de acuerdo con lo previsto en el artículo 125 de la Ley, obligan a España, provocándose con ello una desigualdad entre viajeros de líneas nacionales y los de líneas internacionales, con clara desventaja para los primeros.

Por consiguiente, de conformidad con la autorización contenida en la disposición final segunda de la Ley de Navegación Aérea, a propuesta del Ministro de Transportes, Turismo y Comunicaciones, previa deliberación del Consejo de Ministros en su reunión del día 3 de agosto de 1983.

DISPONGO

Artículo 1.º A los efectos previstos en el artículo 117 de la Ley de Navegación Aérea las indemnizaciones en favor del viajero serán las siguientes:

1.ª Por muerte o incapacidad total permanente: Tres millones quinientas mil (3.500.000) pesetas.

2.ª Por incapacidad parcial permanente, hasta el límite de dos millones (2.000.000) de pesetas.

3.ª Por incapacidad parcial temporal, hasta el límite de un millón (1.000.000) de pesetas.

Art. 2.º A los efectos previstos en el artículo 118 de la Ley de Navegación Aérea, las indemnizaciones, respecto a la carga o equipaje facturado, o de mano, serán las siguientes:

1.ª Por pérdida o avería en la carga, hasta el límite de dos mil setecientas (2.700) pesetas por kilogramo de peso bruto.

2.ª Por pérdida o avería de equipajes, facturados o de mano, hasta el límite de cincuenta y cuatro mil (54.000) pesetas por unidad.

3.ª Por retraso en la entrega de la carga o equipaje facturado, hasta el límite de una cantidad equivalente al precio del transporte.

Si la carga o equipaje facturado o de mano se transporta bajo manifestación de valor declarado, aceptado por el transportista, el límite de la responsabilidad corresponde a ese valor.

Art. 3.º Son indemnizables los daños que se causen a las personas o a las cosas que se encuentren en la superficie terrestre por acción de la aeronave, en vuelo o en tierra, o por cuanto de ella se desprenda o arroje.

A los efectos previstos en el artículo 119 de la Ley de Navegación Aérea, las indemnizaciones debidas, por aeronaves y accidente, tendrán las limitaciones siguientes:

1.ª Para aeronaves hasta de 1.000 kilogramos de peso bruto, cinco millones cuatrocientas mil (5.400.000) pesetas.

2.ª Cinco millones cuatrocientas mil

1.° Por muerte o incapacidad total permanente, tres millones quinientas mil (3.500.000) pesetas.

2.° Por incapacidad parcial permanente, hasta el límite de dos millones (2.000.000) de pesetas.

3.° Por incapacidad parcial permanente, hasta el límite de un millón (1.000.000) de pesetas.

Art. 118. Las indemnizaciones respecto a la carga o equipaje facturado o de mano, serán las siguientes:

1.° Por pérdidas o avería en la carga, hasta el límite de dos mil setecientas (2.700) pesetas por kilogramo de peso bruto.

2.° Por pérdida o avería de equipajes, facturados o de mano, hasta el límite de cincuenta y cuatro mil (54.000) pesetas por unidad.

3.° Por retraso en la entrega de la carga o equipaje facturado, hasta el límite de una cantidad equivalente al precio del transporte.

Si la carga o equipaje factu-

(5.400.000) pesetas más cuatro mil trescientas veinte (4.320) pesetas por kilogramo que exceda de los 1.000, para aerovanes que pesen más de 1.000 y no excedan de 6.000 kilogramos.

3.ª Ventiún millones seiscientas mil (21.600.000) pesetas más dos mil setecientas (2.700) pesetas por kilogramo que exceda de los 6.000, para aeronaves que pesen más de 6.000 y no excedan de 20.000 kilogramos.

4.ª Sesenta y cuatro millones ochocientas mil (64.800.000) pesetas más mil seiscientas veinte (1.620) pesetas por kilogramo que exceda de 20.000, para aeronaves que pesen más de 20.000 y no excedan de 50.000 kilogramos.

5.ª Ciento ocho millones (108.000.000) de pesetas más mil ochenta (1.080) pesetas por kilogramo que exceda de los 50.000, para aeronaves que pesen más de 50.000 kilogramos.

Se entiende como peso de la aeronave, a los efectos de este artículo, el máximo autorizado para el despegue en el certificado de aeronavegabilidad de la aeronave de que se trate.

Las indemnizaciones por muerte o lesiones de persona se ajustarán a lo dispuesto en el artículo 1.° del presente Real Decreto, incrementadas en un 20 por 100. Si fuesen varios los perjudicados y la suma global de los daños causados excediera de los límites antes citados, se reducirá proporcionalmente la cantidad que haya de percibir cada uno.

No obstante, las indemnizaciones debidas por daños a las personas gozarán de preferencia para el cobro con respecto a cualquier otra exigible por el siniestro si el responsable no alcanza a cubrirlas todas.

Art. 4.° Se autoriza al Ministerio de Transportes, Turismo y Comunicaciones a dictar las disposiciones necesarias para el desarrollo de este Real Decreto en los diferentes casos de daños originados en ocasión del transporte aéreo.»

V. art. 22 C.V.-1929, reformado por el art. 11 P.L.H.-1955, aplicable al tráfico aéreo internacional (Disp. 5).

Art. 118: Las cifras anteriormente expresadas se establecen de conformidad con el R. D. 2.333/1983, de 4 de agosto, cuyo texto literal se ha consignado al pie del artículo anterior.

Para el tráfico aéreo internacional, v. art. 22 C.V.-1929, reformado por el art. 11 P.L.H.955 (Disp. 5).

rado o de mano se transporta bajo manifestación de valor declarado, aceptado por el transportista, el límite de la responsabilidad corresponde a ese valor.

Art. 119. Son indemnizables los daños que se causen a las personas o a las cosas que se encuentren en la superficie terrestre por acción de la aeronave, en vuelo o en tierra, o por cuanto de ella se desprenda o arroje.

Las indemnizaciones debidas, por aeronave y accidente, tendrán las limitaciones siguientes:

1.º Para aeronaves de hasta 1.000 kilogramos de peso bruto, cinco millones cuatrocientas mil (5.400.000) pesetas.

2.º Cinco millones cuatrocientas mil (5.400.000) pesetas más cuatro mil trescientas veinte (4.320) pesetas por kilogramo que exceda de los 1.000, para aeronaves que pesen más de 1.000 y no excedan de 6.000 kilogramos.

3.º Veintiún millones seiscientas mil (21.600.000) pesetas más dos mil setecientas (2.700) pesetas por kilogramo que exceda de los 6.000, para aeronaves que pesen más de 6.000 y no excedan de 20.000 kilogramos.

4.º Sesenta y cuatro millones ochocientas mil (64.800.000) pesetas más mil seiscientas veinte (1.620) pesetas por kilogramo que exceda de 20.000 para aeronaves que pesen más de 20.000 y no excedan de 50.000 kilogramos.

5.º Ciento ocho millones (108.000.000) pesetas más mil ochenta (1.080) pesetas por kilogramo que exceda de los 50.000, para aeronaves que pesen más de 50.000 kilogramos.

Se entiende como peso de la aeronave, a los efectos de este artículo, el máximo autorizado para el despegue en el certificado de aeronavegabilidad de la aeronave de que se trate.

Las indemnizaciones por muerte o lesiones de personas se ajustarán a lo dispuesto en el artículo 117, incrementadas en un 20 por 100. Si fuesen varios los perjuicios y la suma global de los daños causados excediera de los límites antes citados, se reducirá proporcionalmente la cantidad que haya de percibir cada uno.

No obstante, las indemnizaciones debidas por daños a las personas gozarán de preferencia para el cobro con respecto a

Art. 119: Las cifras anteriormente expresadas se establecen de conformidad con el R. D. 2333/1983, de 4 de agosto, cuyo texto ha quedado literalmente copiado al pie del art. 117.

V. arts. 11, 12, 13, 14 y 23 C.R.1952 (Disp. 6).

cualquier otra exigible por el siniestro, si el responsable no alcanza a cubrirlas todas.

Art. 120. La razón de indemnizar tiene su base objetiva en el accidente o daño y procederá, hasta los límites de responsabilidad que en este capítulo se establecen, en cualquier supuesto, incluso en el de accidente fortuito y aun cuando el transportista, operador o sus empleados justifiquen que obraron con la debida diligencia.

Art. 121. No obstante lo dispuesto en el artículo anterior, el transportista u operador responderán de sus propios actos y de los de sus empleados, y no podrán ampararse en los límites de responsabilidad que en este capítulo se establecen si se prueba que el daño es el resultado de una acción u omisión suya o de sus dependientes en la que exista dolo o culpa grave. En el caso de los empleados habrá de probarse, además, que éstos obraban en el ejercicio de sus funciones.

Art. 122. Si la persona que utiliza la aeronave lo hiciese sin consentimiento del transportista o propietario, responderá aquélla ilimitadamente de los daños, y éste subsidiariamente, con los límites establecidos en este capítulo, si no demuestra que le fue imposible impedir el uso ilícito.

Art. 123. En caso de colisión entre aeronaves, los empresarios de ellas serán solidariamente responsables de los daños causados a tercero.

Si la colisión ocurre por culpa de la tripulación de una de ellas, será de cargo del empresario los daños y pérdidas, y si la culpa fuese común o indeterminada, o por caso fortuito, cada uno de los empresarios responderá en proporción al peso de la aeronave.

Art. 120: V. art. 1.105 C.U.

V. art. 1.105 C.C.

V. art. 6.° C.R.-1952, aplicable al tráfico aéreo internacional (Disp. 6).

V. arts. 20 y 21 C.V.-1929, aplicables al tráfico aéreo internacional (Disp. 4). El primero de ellos según el texto modificado por el P.L.H.-1955 (Disp. 5).

V. arts. 47 y 50 de la Ley de 29 de abril de 1964 (*B.O.E.* n.° 107, de 4 de mayo), sobre energía nuclear.

Art. 121: V. art. 12 del art. C.R.-1959, aplicable al tráfico aéreo internacional (Disp. 6).

V. art. 25 C.V.-1929, modificado por el P.L.H.-1955, aplicable al tráfico aéreo internacional (Disp. 5).

Art. 122: V. arts. 39 y 60 L.P. y P. de la N.A.-1964 (Disp. 2).

V. art. 11 C.T.-1963 (Disp. 7).

V. art. 4.° C.R.-1952 (Disp. 6).

V. art. 20 C.V.-1929 modificado por el P.L.H.-1955, aplicable al tráfico aéreo internacional (Disp. 5).

Art. 123: V. arts. 7.° y 13 C.R.-1952, aplicables al tráfico aéreo internacional (Disp. 6).

Art. 124. La acción para exigir el pago de las indemnizaciones a que se refiere este capítulo prescribirá a los seis meses, a contar desde la fecha en que se produjo el daño.

Las reclamaciones por avería o retraso de la carga o equipaje facturado deberán formalizarse por escrito ante el transportista obligado dentro de los diez días siguientes al de la entrega o a la fecha en que debió entregarse, conforme a lo dispuesto en esta Ley sobre el contrato de transporte. La falta de esta reclamación previa impedirá el ejercicio de las acciones correspondientes.

Art. 125. En defecto de Tratado internacional obligatorio para España, la responsabilidad en materia de transporte aéreo internacional se regirá por la presente Ley, aplicada con el principio de reciprocidad.

CAPITULO XIV

DE LOS SEGUROS AÉREOS

Art. 126. Los seguros aéreos tienen por objeto garantizar los riesgos propios de la navegación que afecten a la aeronave, mercancías, pasajeros y flete, así como las responsabilidades derivadas de los daños causados a terceros por la aeronave en tierra, agua o vuelo.

Art. 124: V. arts. 1.961, 1.969 y 1.973 C.C.

V. art. 419 de la Ley de Enjuiciamiento Civil.

V. arts. 19 y 21 C.R.-1952 (Disp. 6), aplicables al tráfico aéreo internacional.

V. art. 29 C.V.-1929, aplicable al tráfico aéreo internacional (Disp. 4).

V. art. 26 C.V.-1929, reformado por el P.L.H.-1955 (Disp. 5), aplicable al tráfico aéreo internacional.

Art. 125: V. párr. 5 del art. 1.º C.C.

V. art. 96 C.E.-1978.

Los tratados obligatorios para España sobre responsabilidad en materia de transporte aéreo son los siguientes:

a) Convención para la unificación de ciertas reglas relativas al transporte aéreo internacional, firmado en Varsovia el 12 de octubre de 1929. Texto publicado en la *Gaceta de Madrid* del día 21 de agosto de 1931. En esta obra se menciona con la abreviatura C.V.-1929.

b) Protocolo de La Haya de 22 de diciembre de 1955. Texto publicado en el *B.O.E.* n.º 133, de 4 de junio de 1973. En esta obra se menciona con la abreviatura P.L.H.-1955.

c) Convenio referente a la unificación de ciertas reglas relativas a los daños causados por las aeronaves a terceros en la superficie, firmado en Roma el 7 de octubre de 1952. Texto publicado en el *B.O.E.* n.º 117, de 17 de mayo de 1961. En esta obra se menciona con la abreviatura C.R.-1952.

Art. 126: V. Ley n.º 50/1980 de 8 de octubre (*B.O.E.* n.º 250, de 17 de octubre), sobre regulación del contrato de seguro.

V. art. 15 de la Ley de 16 de diciembre de 1954 (*B.O.E.* n.º 353, de 19 diciembre), sobre Ordenación de los Seguros Privados.

V. art. 9.º del D. de 13 de abril de 1956 (*B.O.E.* n.º 164, de 12 de junio).

Art. 127. Serán obligatorios el seguro de pasajeros, el de daños causados a tercero, el de aeronaves destinadas al servicio de líneas aéreas y el de las que sean objeto de hipoteca.

Art. 128. No se autorizará la circulación por el espacio aéreo nacional de ninguna aeronave extranjera que no justifique tener asegurados los daños que pueda producir a las personas o cosas transportadas o a terceros en la superficie.

Estos seguros podrán sustituirse por una garantía constituida mediante depósito de cantidades o valores, o por una de las fianzas admitidas por el Estado.

Art. 129. La indemnización por el seguro de la aeronave en caso de siniestro o pérdida de la misma será consignada judicialmente, para su entrega a quién corresponda en caso de que aparecieren terceras personas con posible derecho a la expresada indemnización o se hubiese promovido reclamación judicial de preferencia sobre la misma.

Para facilitar al acreedor hipotecario el ejercicio de sus derechos, el Juez ante quién se consigne la indemnización le notificará dicho siniestro, si fuere conocido, según el Registro de aeronaves, y en todo caso se publicarán edictos en el *Boletín Oficial del Estado* en tres fechas distintas durante los tres meses siguientes al día en que tuvo lugar dicho siniestro.

CAPITULO XV

DE LOS GRAVÁMENES Y DE LOS CRÉDITOS PRIVILEGIADOS

Art. 130. En su condición de bienes muebles de naturaleza especial las aeronaves pueden ser

---

Art. 127: V. arts 47, 55 y 56 de la Ley de 29 de abril de 1964 (*B.O.E.*, n.° 107, de 4 de mayo), sobre Energía Nuclear.

V. Disp. Final de la propia L.N.A.-960.

Art. 128: V. art. 90 de la propia L.N.A-1960.

V. art. 15 C.R.-1952 (Disp. 6).

V. art. 55 de la Ley n.° 50/1980, de 8 de octubre (*B.O.E.* n.° 250, de 17 de octubre), sobre aplicación de normas en materia de seguros.

Art. 129: V. arts. 1.921, 1.922, 1.923 y 1.924 C.C.

Sobre los depósitos judiciales, v. D. n.° 2.472/1971, de 14 de octubre (*B.O.E.* n.° 247, de 15 octubre).

Art. 130: El texto precedente transcrito está de acuerdo con la redacción dada al art. 130 por la Ley 113/1969, de 30 de diciembre (*B.O.E.* n.° 313, de 31 de diciembre). La exposición de motivos de dicha Ley dice lo siguiente: «El artículo 28 de la Ley 48/1960, de 21 de julio, sobre Navegación Aérea, estableció, bajo la jurisdicción del Ministerio de Aire, un Registro de Matrícula de aeronaves, el cual tendrá carácter administrativo. No es misión de dicho Registro de Matrícula la constitución y señalamiento de efectos en cuanto a tercero de los actos o contratos de carácter jurídico privado, sino la de reflejar su existencia, una vez constituidos objeto de hipoteca, usufructo, arrendamiento y demás derechos que las leyes autoricen.

Para la plena eficacia administrativa de las transferencias de propiedad de la aeronave, así como los actos a que se refiere el párrafo anterior, será necesario que se haga asiento de los mismos en el Registro de Matrícula, lo que se efectuará mediante certificación o comunicación del Registro Mercantil correspondiente.

Art. 131. Sólo podrán ser objeto de hipoteca las aeronaves matriculadas en España.

Art. 132. El embargo de aeronaves pertenecientes a empresas de tráfico aéreo no producirá la interrupción del servicio público a que estén destinadas. Las autoridades que lo decreten pondrán el hecho en conocimiento del Ministerio del Aire.

---

válidamente en su esfera propia, y por ello es aconsejable modificar aquellos artículos de la Ley que ponen de manifiesto aparentes contradicciones en nuestra legislación, a la vez que se ordena la concordancia que debe existir entre el Registro Mercantil y el de Matrícula.»

El texto de este art. 130, según la Ley de 21 de julio de 1960, era el siguiente: «En su condición de bienes muebles de naturaleza especial, las aeronaves serán susceptibles de hipoteca. También podrán ser objeto de arrendamiento, usufructo y demás derechos que las leyes autoricen. Para la validez de dichos actos será necesario que se haga asiento de ellos en el Registro de matrícula de aeronaves y que, además, se inscriban en el Registro Mercantil cuando lo exija la ley reguladora del acto de que se trate.»

V. puntos 1 y 2 del art. 10 C.C.

V. n.º 3 del art. 13 y arts. 38, 39 y 40 de la Ley de 16 de diciembre de 1954 (*B.O.E.* n.º 352, de 18 de diciembre), sobre hipoteca mobiliaria y prenda sin desplazamiento.

V. D. de 17 de junio de 1955 (*B.O.E.* n.º 118, de 17 de julio), aprobando el Reglamento de la Ley de Hipoteca Mobiliaria y prenda sin desplazamiento de posesión.

V. D. de 13 de marzo de 1969 (*B.O.E.* n.º 71, de 24 de marzo), aprobatorio del Reglamento del Registro de Matrícula de Aeronaves (Disp. 11).

V. D. de 14 de diciembre de 1956 (*B.O.E.* n.º 7 de marzo de 1957; corrección de erratas en *B.O.E.* n.º 73, de 14 de marzo), por el que se aprueba el Reglamento del Registro Mercantil. Especialmente consultar los art. 177 y ss. sobre inscripción de aeronaves.

Art. 131: V. arts. 187 y 188 del Reglamento del Registro Mercantil aprobado por D. de 14 de diciembre de 1956 (*B.O.E.* n.º 66, de 7 de marzo de 1957; corrección de erratas en *B.O.E.* n.º 73, de 14 de marzo).

V. art. 38, 39, 40 y 41 de la Ley de 16 de diciembre de 1954 (*B.O.E.* n.º 353, de 18 de diciembre), sobre hipoteca mobiliaria y la prenda sin desplazamiento.

Art. 132: V. art. 27 C. CH.-1944 (Disp. 3).

V. D. de 24 de julio de 1969 (*B.O.E.* n.º 241, de 8 de octubre), Instrucción General de Recaudación y Contabilidad, especialmente el punto 6 de la Regla 62.

V. art. 189 del Reglamento del Registro Mercantil aprobado por D. de 14 de diciembre de 1956 (*B.O.E.* n.º 66, de 7 de marzo de 1957; corrección de erratas en *B.O.E.* n.º 73, de 14 de marzo).

V. art. 919 y ss. y 1.422 y ss. de la Ley de Enjuiciamiento Civil.

Art. 133. Se considerarán créditos preferentemente privilegiados sobre la aeronave o sobre la indemnización que corresponda en caso de seguro, y por el orden que se relacionan, los siguientes:

1.° Los créditos por impuestos, derechos y arbitrios del Estado, por la última anulidad y la parte vencida de la corriente.

2.° Los salarios debidos a la tripulación por el último mes.

3.° Los créditos de los aseguradores por las dos últimas anualidades o dividendos que se les adeuden.

4.° Las indemnizaciones que esta Ley establece en concepto de reparación de daños causados a personas o cosas, sin perjuicio de lo dispuesto en el artículo 119 de esta Ley, párrafo último.

5.° Los gastos de auxilio o salvamento de la propia aeronave accidentada o en peligro.

Para la prelación de los demás créditos se estará a lo dispuesto en la legislación común.

CAPITULO XVI

DE LOS ACCIDENTES, DE LA ASISTENCIA Y SALVAMENTO Y DE LOS HALLAZGOS

Art. 134. La asistencia y sal-

Art. 133: V. último párrafo del art. 119 de la propia L.N.A.-1960.

V. art. 1.921 y 1.922 C.C.

V. arts. 14 y 18 C.R.-1952 (Disp. 6).

V. art. 41 de la Ley de 16 de diciembre de 1954 (*B.O.E.* n.° 352, de 18 de diciembre), sobre hipoteca mobiliaria y prenda sin desplazamiento.

V. art. 32 de la Ley 8/1980, de 10 de marzo, del Estatuto de los Trabajadores (*B.O.E.* de 14 de marzo), sobre garantías del salario.

Art. 134: Este artículo está declarado expresamente de aplicación a la navegación aérea militar con arreglo a la Disp. Final 5.ª de la propia L.N.A.-1960.

V. art. 25 y 26 C.CH.-1944 (Disp. 3).

V. Acuerdo Técnico Hispano-franco-italiano, de 27 de octubre de 1972 (*B.O.E.* n.° 115, de 14 de mayo de 1974), sobre Organización de búsqueda y salvamento en el Mediterráneo Occidental y zonas terrestres contiguas.

V. arts. 12 y 13 del D. de 12 de marzo de 1948 (*B.O.E.* n.° 93, de 2 de abril), sobre Investigación de accidentes y auxilio de aeronaves, en parte derogado por D. de 28 de marzo de 1974.

V. Ley de 24 de diciembre de 1962 (*B.O.E.* n.° 310, de 27 de diciembre), sobre auxilios, salvamentos, hallazgos y extracciones en el mar.

V. D. de 17 de junio de 1955 (*B.O.E.* n.° 178, de 27 de junio), sobre Servicio de Búsqueda y Salvamento Aéreo.

V. también: *a)* O. de 16 de enero de 1956 (*Boletín Oficial del Ministerio del Aire,* n.° 7, de 17 de enero), por la que se organiza el Servicio de Búsqueda y Salvamento; *b)* O. de 17 de junio de 1960 (*Boletín Oficial del Ministerio del Aire* n.° 73, de 18 de junio), por la que se reorganizan las unidades de salvamento de superficie; *c)* O. de 16 de diciembre de 1963 (*B.O.E.* n.° 152, de 19 de diciembre), por la que se dispone que la Subsecretaría de Aviación Civil se hace cargo de las misiones asignadas al Servicio de Búsqueda y Salvamento.

V. arts. 33 y 34 L. P. y P. de la N.A.-1964 (Disp. 2).

vamento de las aeronaves accidentadas o en peligro son de interés público. Se efectuarán bajo la dirección de las autoridades aeronáuticas, a quienes corresponderá también la investigación y determinación de responsabilidades en los casos de accidentes.

Art. 135. Las indemnizaciones debidas por trabajos para el salvamento de personas no podrán exceder, por cada una, de la cuarta parte de las cantidades fijadas en esta Ley para caso de muerte.

Art. 136. En el caso de asistencia o salvamento de aeronaves o mercancías la indemnización no podrá exceder del valor de las mismas o del capital de su seguro.

Art. 137. El hallazgo de una aeronave abandonada o de sus restos se notificará al propietario, si fuese conocido, y serán devueltos a éste, previo abono de los gastos legítimos, más un premio de la tercera parte de su valor al descubridor.

Se considerará abandonada la aeronave o sus restos cuando estuviese sin tripulación y no sea posible determinar su legítima pertenencia por los documentos de a bordo, marcas de matrícula que ostente u otro medio de identificación, o bien cuando el propietario manifieste de modo expreso su deseo de abandonarla.

Art. 138. Para facilitar al propietario el ejercicio de su derecho, se le notificará el hallazgo, si fuese conocido, y en todo caso se publicarán edictos en el Boletín Oficial del Estado, en tres fechas distintas, durante los tres meses siguientes al día en que tuvo lugar. Transcurrido el plazo de un año desde la fecha de hallazgo sin que concurra re-

---

Art. 135: De acuerdo con el art. 117 de la propia L.N.A.-1960, las indemnizaciones en favor del viajero por muerte serán de 3.500.000 pesetas, según los valores establecidos en el R. D. 2333/1983, de 4 de agosto.

V. Ley de 24 de diciembre de 1962 (*B.O.E.* n.º 310, de 27 de diciembre), sobre auxilios, salvamentos, hallazgos y extracciones en el mar.

V. art. 41 de la Ley de 16 de diciembre de 1954 (*B.O.E.* n.º 352, de 18 de diciembre), sobre hipoteca mobiliaria y prenda sin desplazamiento.

Art 136: V. Ley de 24 de diciembre de 1962 (*B.O.E.* n.º 310, de 27 de diciembre), sobre auxilios, salvamentos, hallazgos y extracciones en el mar.

V. art. 41 de la Ley de 16 de diciembre de 1954 (*B.O.E.* n.º 353, de 18 de diciembre), sobre hipoteca mobiliaria y prenda sin desplazamiento.

Art. 137: V. art. 37 del Convenio de Viena sobre Relaciones Consulares, de 24 de abril de 1963 (*B.O.E.* n.º 56, de 6 de marzo de 1970).

V. arts. 460, 461, 615 y 616 C.C.

Art. 138: V. art. 6.º del D. de 28 de marzo de 1974 (*B.O.E.* n.º 86, de 10 de abril), sobre investigación e informe de accidentes de aviación.

V. arts. 5.º, 1.249, 1.250 y 1.251 C.C.

clamación del propietario, se estimará la presunción legal de abandono.

Art. 139. Si la aeronave o sus restos no pudieran conservarse, o hubieren transcurrido los plazos a que se refiere el artículo anterior, serán vendidos en pública subasta y su importe quedará en beneficio del Estado, deducidos los gastos y el premio, en su caso.

Art. 140. Disposiciones especiales regularán las obligaciones y funciones sobre esta materia de autoridades y particulares, el procedimiento a que haya de someterse la investigación y las colaboraciones de carácter internacional que deban admitirse.

Art. 141. Las acciones derivadas de las asistencia y salvamentos prescribirán a los dos años de terminadas las operaciones.

CAPITULO XVII

DE LA POLICÍA DE LA CIRCULACIÓN AÉREA

Art. 142. La policía de la circulación aérea abarcará el cumplimiento de cuantos reglamentos, disposiciones y normas permanentes o eventuales tiendan a conseguir una rápida, ordenada y segura circulación de las aeronaves, tanto en vuelo como en tierra.

Art. 139: V. O. de 25 de noviembre de 1942 (*B.O.E.* n.° 347, de 13 de diciembre), sobre enajenación de objetos y mercancías abandonados o no recogidos en las líneas aéreas por viajeros, expedidores o consignatorios.

V. O. de 7 de agosto de 1974 (*B.O.E.* n.° 196 , de 16 de agosto) (Disp. 12).

V. art. 2.048 y ss. de la Ley de Enjuiciamiento Civil.

Art. 140: V. arts. 26 y 37 C.CH. 1944 (Disp. 3).

V. arts. 37 y 43 del Convenio de Viena sobre Relaciones Consulares, de 24 de abril de 1963 (*B.O.E.* n.° 56, de 6 marzo de 1970).

V. Acuerdo Técnico Hispano-franco-italiano, de 27 de octubre de 1972 (*B.O.E.* n.° 115, de 14 de mayo de 1974), sobre organización de búsqueda y salvamento en el Mediterráneo Occidental y zonas terrestres contiguas.

V. D. de 12 de marzo de 1948 (*B.O.E.* n.° 93, de 2 de abril), sobre investigación de accidentes y auxilio de aeronaves.

Complementa el anterior y en parte lo deroga el D. de 28 de marzo de 1974 (*B.O.E.* n.° 86, de 10 de abril), sobre investigación e informe de accidentes de aviación.

El D. de 2 de julio de 1966 (*B.O.E.* n.° 146, de 20 de junio) declara, a los efectos de lo dispuesto en el art. 1.° de la Ley de Procedimiento Administrativo, de 17 de julio de 1958, procedimiento administrativo especial aplicable por los Ministerios militares, entre otros el aplicable a los accidentes de vuelo de aviones militares españoles y de aviones civiles españoles y extranjeros o militares extranjeros.

Art. 141: V. arts. 5.°, 1.968 y 1.973 C.C.

Art. 142: V. art. 37 C.CH. 1944 (Disp. 3).

V. D. de 22 agosto de 1970 (*B.O.E.* n.°

Art. 143. Las funciones a que se refiere el precedente artículo serán ejercidas, según los casos, por los Jefes de Demarcación aérea, por los Jefes de aeropuerto y por los Comandantes de Aeronaves.

Art. 144. Las disposiciones sobre policía de la circulación aérea y disciplina de vuelo obligan a todas las aeronaves civiles y militares, sin distinción de categoría o clase.

Art. 145. Para que una aeronave pueda volar dentro del espacio aéreo español deberá ser debidamente autorizada, previa presentación de su plan de vuelo, ostentar las marcas de nacionalidad, matrícula o número y llevar la documentación exigida por esta Ley, sus reglamentos o los Convenios o Tratados internacionales.

223, de 17 de septiembre), sobre reestructuración del espacio aéreo español.

V. O. de 1 de marzo de 1971 (*B.O.E.* n.° 55, de 5 de marzo), estableciendo normas complementarias sobre reestructuración del espacio aéreo español.

V. D. de 29 de diciembre de 1960 (*B.O.E.* n.° 14, de 17 de enero de 1961), sobre Servicio Nacional de Control de Circulación Aérea.

V. Reglamento de Circulación Aérea, aprobado por D. n.° 3.063/1965, de 16 de junio (*B.O.E.* de 25 de octubre y ss.). V. OO.MM. de 18 de octubre de 1971 (*B.O.E.* del 7 al 11 de diciembre) y de 26 de marzo de 1976 (*B.O.E.* n.° 80, de 2 de abril).

Art. 143: V. art. 3.° del R. D. 12/1978, de 27 de abril (*B.O.E.* de 28 de abril), sobre fijación y delimitación de facultades entre los Ministerios de Defensa y de Transportes y Comunicaciones en materia de aviación.

V. O. de 5 de diciembre de 1979 (*B.O.E.* de 7 de diciembre), sobre seguridad pública en los aeropuertos y aeródromos públicos civiles.

V. O. de 22 de abril de 1980 (*B.O.E.* de 14 de abril), por la que se regula la Inspección del Estado en la aviación civil.

Art. 144: El art. 156 de la propia L.N.A.-1960, en su apartado 6.°, sanciona con multa de hasta cien mil pesetas, suspensión o pérdida del título aeronáutico al Comandante de la aeronave por «incumplir las órdenes que reciba emanadas de los organismos de policía de la circulación aérea».

V. art. 68 L.P. y P. de la N.A.-1964 (Disp. 2).

V. art. 11 C.CH.-1944 (Disp. 3).

V. art. 117 de las Reales Ordenanzas del Ejército del Aire, aprobadas por R. D. 494/1984, de 22 de febrero (*B.O.E.* n.° 61, de 12 de marzo).

Art. 145: El art. 153 de la propia L.N.A.-1960 sanciona a las empresas nacionales o extranjeras de transporte aéreo que utilicen aeronaves sin las marcas de nacionalidad o matrícula, o sin las instalaciones, documentación o licencias reglamentarias, o alterar unas y otras sin la debida autorización.

El art. 156 de la misma L.N.A.-1960 sanciona con multa de hasta cien mil pesetas, suspensión o pérdida del título aeronáutico, al Comandante de aeronave que (apartado 13) emprenda el vuelo sin la presentación y autorización del plan correspondiente, o variarlo después sin justificación.

V. art. 68 L.P. y P. de la N.A.-1964 (Disp. 3).

V. arts. 20, 29, 31, 32, 34, C.CH. 1944 (Disp. 3).

Art. 146. Toda aeronave seguirá en su vuelo los canales o zonas de navegación que le sean impuestos y respetará las zonas.

Art. 147. Cualquier aeronave en vuelo dentro del espacio aéreo queda abligada a aterrizar en el aeropuerto que se le indique por la autoridad que vigile la circulación aérea, así como a variar la ruta primitivamente elegida a requerimiento de dicha autoridad.

Art. 148. La operaciones de partida y llegada de las aeronaves no podrán efectuarse más que en aeropuertos y aeródromos oficialmente autorizados.

Art. 149. El Ministro del Aire, por sí o mediante concesiones, asumirá la organización de los servicios de telecomunicaciones específicamente aeronáuticas, meteorológicas y de ayuda a la navegación aérea.

La utilización de dichos servicios, igual que la de los aeropuertos, será obligatoria y se

---

Art. 146: El art. 156, apartado 7.° de la propia L.N.A.-1960 sanciona con multa de hasta diez mil pesetas, suspensión o pérdida del título aeronáutico, al Comandante de aeronave por «volar sobre zonas prohibidas, realizar vuelos acrobáticos, rasantes u otros que contravengan lo dispuesto en los reglamentos».

V. art. 17 L.P. y P. de la N.A.-1964 (Disp. 2).

V. art. 9.° C.CH.-1944 (Disp. 3).

V. art. 3.° de la misma L.N.A.-1960.

Art. 147: V. apartado 16 del art. 156 de la propia L.N.A.-1960, que sanciona con multa de hasta cien mil pesetas, suspensión o pérdida del título aeronáutico al Comandante de aeronave que no aterrice cuando se le ordene, o verifique sus entradas o salidas del territorio nacional por aeropuerto no aduanero.

V. art. 15 L.P. y P. de la N.A.-1964 (Disp. 2).

V. art. 9.° C.CH. 1944 (Disp. 3).

Art. 148: V. art. 10, 11 y 68 C.CH. 1944 (Disp. 3).

V. art. 2.° del D. de 3 de mayo de 1946 (*B.O.E.* n.° 157, de 6 de junio), sobre Servicios de Aduanas en los Aeropuertos (Disp. 10).

Art. 149: V. art. 15, 28, 37, 69 y 70 C.CH. 1944 (Disp. 3).

V. Acuerdo de 17 de diciembre de 1971 (*B.O.E.* n.° 154, de 28 de junio de 1972) entre España y la Organización Europea para la Seguridad de la Navegación Aérea, (Eurocontrol), relativo a la percepción de tarifas por utilización de instalaciones y servicio de ayuda a españoles.

V. D. de 28 de junio de 1972 (*B.O.E.* n.° 158, de 3 de julio), sobre tarifas a aplicar para el uso de la Red de Ayudas a la Navegación Aérea (Eurocontrol).

V. O. de 15 de diciembre de 1983 (*B.O.E.* n.° 306, de 23 de diciembre), por la que se modifican los anexos 1 y 2 del D. 1.675/1972, de 28 de junio, sobre tarifas de (Eurocontrol).

V. D. de 17 de septiembre de 1971 (*B.O.E.* n.° 239, de 6 de octubre), sobre Reglamento del Servicio Meteorológico Nacional.

V. O. de 2 de septiembre de 1982 (*B.O.E.* n.° 219, de 13 de septiembre), aprobando las tarifas, fórmulas y precios unitarios por el uso de la Red de Ayudas a la Navegación Aérea.

V. Ley 15/1979, de 2 de octubre (*B.O.E.* de 6 de diciembre), sobre derechos aeropuertarios en los aeropuertos nacionales.

ajustará a las condiciones y tarifas que los reglamentos determinen.

CAPITULO XVIII

DEL TRANSPORTE PRIVADO, DE LA NAVEGACIÓN DE TURISMO Y DE LAS ESCUELAS DE AVIACIÓN

Art. 150. Las aeronaves de transporte privado de Empresas, las de Escuelas de Aviación, las dedicadas a trabajos técnicos o científicos y las de turismo y las deportivas quedarán sujetas a las disposiciones de esta Ley, en cuanto les sean aplicables, con las excepciones que a continuación se expresan:

1.° No podrán realizar ningún servicio público de transporte aéreo de personas o de cosas, con o sin remuneración.

2.° Podrán utilizar terrenos diferentes de los aerodromos oficialmente abiertos al tráfico, previa autorización de la Dirección General de Aviación Civil.

Art. 151. La utilización de las aeronaves a los fines del artículo anterior, excepto el de turismo y deportivo, requerirá autorización previa del Ministerio del Aire, a cuya inspección estarán sometidas, en los términos que figuren en la propia autorización o en disposiciones especiales.

CAPITULO XIX

DE LAS SANCIONES

Art. 152. Las sanciones que podrán imponerse en vía guber-

Art. 150: V. art. 155 de la propia L.N.A.-1960.

V. D. de 13 de agosto de 1948 (*B.O.E.* n.° 281, de 7 de octubre), regulando la propaganda comercial aérea.

V. O. de 20 de diciembre de 1966 (*B.O.E.* n.° 307, de 22 de diciembre) que aprueba el Reglamento sobre la propaganda comercial aérea.

V. D. de 22 de julio de 1948 (*B.O.E.* n.° 209, de 27 de julio), sobre constitución de aero-clubs.

V. D. de 15 de diciembre de 1939 (*B.O.E.* de 17 de diciembre), sobre Escuelas de Vuelo sin Motor.

V. O. de 20 de marzo de 1954 (*B.O.E.* n.° 84, de 25 de marzo), sobre subvenciones para adquirir aviones de turismo.

V. art. 20 del D. de 30 de junio de 1964 (*B.O.E.* n.° 157, de 1 de julio), regulando la importación de automóviles en régimen temporal.

V. D. de 27 de abril de 1956 (*B.O.E.* n.° 133, de 12 de mayo), regulando el tráfico aéreo privado.

V. O. de 5 de abril de 1978 (*B.O.E.* de 9 de mayo), por la que se regula, con carácter provisional, la práctica de la aerostación en el espacio aéreo español.

Art. 151: V. art. 155 de la propia L.N.A.-1960.

V. art. 8.° del D. de 27 de abril de 1956 (*B.O.E.* n.° 133, de 12 de mayo), sobre tráfico aéreo privado.

Art. 152: V. párr. 3.° del art. 25 C.E. 1978, que dice: «La Administración civil no podrá imponer sanciones que, directa

nativa por las infracciones de esta Ley y de sus reglamentos en la navegación aérea civil serán las siguientes:

1.° Apercibimiento.

2.° Suspensión de título profesional o aeronáutico hasta seis meses.

3.° Multa hasta cien mil pesetas o por un importe igual a la tarifa aplicable a cada documento de transporte o de vuelo en que se haya cometido infracción.

4.° Suspensión de título profesional o aeronáutico y de profesión u oficio no titulados, de seis meses a un año.

5.° Multa de cien mil a un millón de pesetas.

6.° Suspensión hasta seis meses de los derechos de tráfico otorgados a Empresas de transporte.

7.° Privación de título profesional o aeronáutico.

8.° Revocación de los derechos de tráfico otorgados a Empresas de transporte.

Las sanciones de apercibimiento y multa hasta quinientas pesetas podrá imponerlas el Jefe del aeropuerto y el Comandante de la aeronave, y contra su resolución se dará recurso de alzada ante la Dirección General de Aviación Civil.

Las sanciones que señalan los números 1.°, 2.° y 3.° podrán imponerlas al Jefe de Demarcación Aérea y el Director General de Aviación Civil, y contra sus decisiones se dará recurso de alzada ante el Ministro del Aire.

Las sanciones comprendidas en los números 4.° a 7.°, ambos inclusive, sólo podrán ser impuestas por el Ministro del Aire.

La imposición de la comprendida en el número 8.° corresponderá a la misma autoridad u organismo que hubiere otorgado el derecho, previo expediente con iguales requisitos del párrafo anterior.

Contra las resoluciones del Ministro del Aire imponiendo las sanciones 5.ª y 8.ª ambas inclusive, que sean de su compe-

---

o subsidiariamente, impliquen privación de libertad.»

V. D. de 4 de marzo de 1949 (*B.O.E.* n.° 77, de 18 de marzo), respecto de aquellos aspectos que no han de entenderse derogados por la L.N.A-1960.

V. Ley de Procedimiento Administrativo, de 17 de julio de 1958 (*B.O.E.* n.° 171, de 18 de julio).

La facultad concedida a los Comandantes de aeronave está acorde con la condición de autoridad que a los mismos otorga el art. 60 de la propia L.N.A.-1960.

Las mismas sanciones de pérdida del título profesional o aeronáutico, suspensión del mismo, multas y amonestación están recogidas en el art. 4.° L.P. y P. de la N.A.-1964 (Disp. 2) para supuestos de delitos y faltas aeronáuticas comprendidos en dicha Ley. Las sanciones determinadas en los incisos 3.° y 5.° de este artículo han sido modificados por Ley Orgánica 1/1986, de 8 de enero *(B.O.E.* n.° 12, de 14 de enero de 1986).

tencia, se dará recurso de alzada ante el Consejo de Ministros. Cuando la referida sanción hubiere sido impuesta por el Consejo de Ministros, por ser de su competencia, se dará el recurso de súplica contra el acuerdo del propio Consejo.

El procedimiento sancionador será el establecido en la Ley de Procedimiento Administrativo, con la salvedad de que las sanciones enumeradas en los apartados 1.º y 3.º podrán imponerse, desde luego, sin necesidad de formación de expediente.

Art. 153. Podrán imponerse cualquiera de las sanciones 1.ª, 3.ª, 5.ª, 6.ª y 8.ª del artículo anterior a las Empresas nacionales o extranjeras de transporte aéreo en los casos siguientes:

1.º Incumplimiento de las obligaciones impuestas en la concesión o permiso.

2.º Infracción de lo dispuesto sobre tarifas, itinerarios, utilización de aeropuertos, frecuencias de vuelo y horarios aprobados, salvo casos de fuerza mayor.

3.º Irregularidades en el cuidado de las aeronaves, equipos o instalaciones que menoscaben la seguridad y eficiencia del servicio.

4.º Negar, sin fundamento, el libre acceso del público a la utilización de sus servicios.

5.º Expedir billetes con infracción de las disposiciones dictadas sobre moneda extranjera o de otras de obligatoria observancia.

6.º Utilizar aeronaves sin las marcas de nacionalidad o matrícula, o sin las instalaciones, documentación o licencias reglamentarias, o alterar unas y otras sin la debida autorización.

7.º No dar conocimiento inmediato de los accidentes ocurridos a sus aeronaves a la autoridad aeronáutica.

8.º No poner la diligencia debida en las operaciones de búsqueda y salvamento.

Art. 154. Incurrirán en mul-

Art. 153: En cuanto a la infracción 1.ª, consultar el art. 69 de la propia L.N.A.-1960 y concordantes.

En cuanto a la infracción 2.ª, consultar art. 82 de la propia L.N.A-1960 y concordantes sobre fijación de tarifas.

En cuanto a la infracción 3.ª, consultar n.º 2 del art. 80 y concordantes de la L.N.A.-1960 sobre material de vuelo.

En cuanto a la infracción 4.ª, consultar art. 96 de la propia L.N.A.-1960 sobre facultad del transportista para excluir del transporte a determinadas personas.

En cuanto a la infracción 5.º, consultar art. 92 sobre las condiciones que han de reunir los billetes de pasaje.

Sobre la infracción 6.ª, consultar Cap. II, arts. 11 y 19, de la propia L.N.A-1960.

En relación con las infracciones 7.ª y 8.ª, consultar Cap. XVI, arts. 134 a 141 de la propia L.N.A.-1960.

ta de cien mil a un millón de pesetas, o revocación de los derechos de tráfico, las Empresas extranjeras de servicio público de transporte internacional que embarquen o desembarquen carga o correo en vuelos no comerciales, efectúen servicio de cabotaje en territorio español o verifiquen su entrada o salida de dicho territorio sin utilizar un aeropuerto aduanero.

Art. 155. Incurrirán en multa hasta de un millón de pesetas, suspensión o revocación de los derechos de tráfico, los propietarios de aeronaves de transporte privado de Empresas, o destinadas a trabajos técnicos o científicos, que los efectúen sin el permiso correspondiente o con infracción de las condiciones señaladas.

Art. 156. Incurrirán en multa de cien mil pesetas, suspensión o pérdida del título aeronáutico, el Comandante de aeronave que incurra en alguno de los casos siguientes:

1.° Tripular la aeronave sin llevar las licencias de personal en forma reglamentaria.

2.° Permitir a sus subordinados que presten servicio hallándose en estado de embriaguez alcohólica o estupefaciente.

3.° Permitir la intervención en operaciones de vuelo a persona ajena a la tripulación.

4.° Abandonar la aeronave, su carga o pasaje, antes de la terminación del viaje.

5.° Prescindir de los servicios o instalaciones de ayuda a la navegación que sean de utilización obligatoria o necesaria.

6.° Incumplir las órdenes que reciba emanadas de los or-

Art. 154: V. arts. 5.°, 6.°, 7.°, 10 y 96 del C.CH.-1944 (Disp. 3).

V. arts. 71 y 148 de la propia L.N.A.-1960.

V. párr. 4.° del art. 2.° del D. de 3 de mayo de 1946 (*B.O.E.* n.° 157, de 6 de junio) (Disp. 10)

El importe de las sanciones ha sido establecido en la Ley Orgánica 1/1986, de 8 de enero *(B.O.E.* n.° 12, de 14 de enero de 1986).

Art. 155: V. art. 150 de la propia L.N.A.-1960.

En cuanto al importe de la multa v. nota al art. anterior.

Art. 156: En cuanto a la infracción 1.ª, v. art. 29 C.CH.-1944 (Disp. 3).

V. art. 20 de la propia L.N.A.-1960.

V. art. 68 de la L.P. y P. de la N.A.-1964 (Disp. 2).

En cuanto a la infracción 2.ª, v. arts. 31 y 32 L.P. y P. de la N.A.-1964 (Disp. 2).

En cuanto a la infracción 3.ª, v. art. 38 L.P. y P. de la N.A.-1964 (Disp. 2).

En cuanto a la infracción 4.ª, v. art. 28 L.P. y P. de la N.A.-1964 (Disp. 2).

En cuanto a la infracción 5.ª, v. art. 149 de la propia L.N.A.-1960.

En cuanto a la infracción 6.ª, v. art. 12 C.CH. 1944 (Disp. 3) y art. 144 L.N.A.-1960.

V. art. 68 de la L.P. y P. de la N.A.-1964 (Disp. 2).

En cuanto a la infracción 7.ª, v. art. 9.° C.CH. 1944 (Disp. 3), art. 146 de la propia L.N.A.-1960, y art. 17 y 68 L.P. y P. de la N.A.-1964 (Disp.2).

En cuanto a la infracción 8.ª, v. art. 17 L.P. y P. de la N.A.-1964 (Dips. 2).

ganismos de policía de la circulación aérea.

7.° Volar sobre zonas prohibidas, realizar vuelos acrobáticos, rasantes u otros que contravengan los dispuesto en los reglamentos.

8.° Realizar vuelos de prueba o demostración sin el debido permiso.

9.° Transportar cadáveres o enfermos mentales o contagiosos sin la debida autorización.

10. Permitir el uso de aparatos de fotografía aérea a bordo de la aeronave en vuelo sin la debida autorización.

11. Arrojar o permitir que se lancen objetos o lastre desde la aeronave en vuelo sin causa justificada.

12. No poner la debida diligencia en las operaciones de búsqueda y salvamento.

13. Emprender el vuelo sin la presentación y autorización del plan correspondiente, o variarlo después sin justificación.

14. Iniciar el vuelo con exceso de carga o con mala distribución de la misma, sin riesgo para la seguridad de la aeronave.

15. Realizar el vuelo sin cumplir las disposiciones reglamentarias sobre Aduana, Policía y Sanidad.

16. No aterrizar cuando se le ordene, o verificar sus entradas o salidas de territorio nacional por aeropuerto no aduanero.

17. No presentar después de aterrizar la documentación reglamentaria a las autoridades del aeropuerto.

Art. 157. Incurrirá en multa hasta cien mil pesetas, suspensión o privación del título aero-

---

En cuanto a la infracción 9.ª, v. D. de 20 de julio de 1974 (*B.O.E.* n.° 197, de 17 de agosto), aprobando el Reglamento de Policía Sanitaria Mortuaria.

En cuanto a la infracción 10, v. art. 36 C.CH.-1944 (Disp. 3).

En cuanto a la infracción 11, v. Convenio para la prevención de la contaminación marina provocada por vertidos desde buques y aeronaves, firmado en Oslo el 15 de febrero de 1972 y ratificado por España el 19 de febrero de 1972 (*B.O.E.* n.° 39, de 25 de abril de 1974). V. art. 73 L.P. y P. de la N.A.-1964 (Disp. 2).

En cuanto a la infracción 12, v. art. 25 C.CH. 1944-(Disp. 3), art. 134 L.N.A.-1960 y art. 44 L.P. y P. de la N.A.-1964 (Disp. 2).

En cuanto a la infracción 13, v. art. 69 L.P. y P. de la N.A.-1964 (Disp. 2).

En cuanto a la infracción 14, v. art. 18 L.P. y P. de la N.A.-1964 (Disp. 2).

En cuanto a la infracción 15, v. art. 12 C.CH.-1944 (Disp. 3), y art. 148 de la propia L.N.A.-1960.

En cuanto a la infracción 16, v. art. 10 y 13 C.CH.-1944 (Disp. 3).

V. D. de 3 de mayo de 1946 (*B.O.E.* n.° 157, de 6 de junio), especialmente el párr. 4.° del art. 2.° (Disp. 10).

V. arts. 68 y 69 L.P. y P. de la N.A.-1964 (Disp. 2).

En cuanto a la infracción 17, v. arts. 55, 58, 68 y 70 L.P. y P. de la N.A.-1964 (Disp. 2).

En cuanto al importe de la multa v. nota al art. 154.

Art. 157: V. arts. 14, 65 y 70 L.P. y P. de la N.A.-1964 (Disp. 2).

náutico, según los casos, el personal técnico aeronáutico de los servicios de tierra por todo acto u omisión relacionado con sus funciones que, sin constituir delito ponga en peligro la seguridad de las aeronaves, de las instalaciones, de los aeródromos o de las ayudas a la navegación, conforme a las disposiciones de los reglamentos.

Art. 158. Cualquier otra infracción de las disposiciones de esta Ley o de sus reglamentos serán sancionada según el prudente arbitrio de las autoridades aeronáuticas.

Art. 159. Lo dispuesto en este capítulo se entiende sin perjuicio de las posibles responsabilidades penales, de las que puedan exigirse también disciplinariamente a los funcionarios por sus Jefes con arreglo al procedimiento administrativo en vigor, así como de las de carácter laboral, que se ajustarán a sus normas peculiares.

Art. 158: V. art. 603 del Código Penal, que dice: «En las ordenanzas municipales y demás reglamentos generales o particulares de la administración que se publicaren en lo sucesivo y en los bandos de policía y buen gobierno que dictaren las autoridades, no se establecerán penas mayores que las señaladas en este libro, aun cuando hayan de imponerse en virtud de atribuciones gubernativas, a no ser que se determinare otra cosa por leyes especiales. Conforme a este principio, las disposiciones de este libro no excluyen ni limitan las atribuciones que por las leyes municipales o cualesquiera otra especiales competan a los funcionarios de la Administración para dictar bandos de policía y buen gobierno y para corregir gubernativamente faltas en los casos en que su represión les esté encomendada por las mismas leyes.»

Art. 159: En cuanto a las responsabilidades penales, v. : *a)* Código Penal, texto refundido por D. de 14 de septiembre de 1973, conforme a la Ley de 15 de noviembre de 1971 y reformas de 28 de noviembre de 1974, 27 de junio de 1975, 19 de julio de 1976, 25 de febrero y 14 de noviembre de 1977, 15 de marzo, 8 y 26 de mayo, 17 de julio, 7 de octubre y 28 de diciembre de 1978, 21 de mayo y 6 de noviembre de 1980, 4 de mayo de 1981 y 25 de junio de 1983; *b)* Ley 209/1964, de 24 de diciembre Penal y Procesal de la navegación aérea (*B.O.E.* n.° 311, de 28 de diciembre (Disp. 2); *c)* Convenio sobre infracciones y ciertos otros actos cometidos a bordo de las aeronaves, firmado en Tokio el 14 de septiembre de 1963 (*B.O.E.* n.° 308, de 25 de octubre de 1969) (Dips. 7): *d)* Convenio para la represión del apoderamiento ilícito de aeronaves, firmado en La Haya el 16 de diciembre de 1970 (*B.O.E.* n.° 13, de 15 de enero de 1973) (Disp. 8); *e)* Convenio para la represión de actos ilícitos contra la seguridad de la aviación civil, firmado en Montreal el 23 de septiembre de 1971 (*B.O.E.* n.° 9, de 10 de enero de 1974) (Disp. 9).

En cuanto a las responsabilidades de los funcionarios, v. D. 315/1964, de 7 de febrero, por el que se aprueba la Ley articulada de Funcionarios Civiles del Estado (*B.O.E.* n.° 40, de 15 de febrero). Especialmente los arts. 87 y ss., sobre régimen disciplinario.

En cuanto a las responsabilidades laborales, con carácter general, v. la Ley 8/1980, de 10 de marzo (*B.O.E.* n.° 64, de 14 de marzo) por la que se aprueba el Estatuto de los Trabajadores. Especialmente arts. 54 y ss. sobre despido disciplinario, sus formas y efectos, despido improcedente e infracciones y sanciones de los trabajadores.

DISPOSICIONES FINALES

1.ª El transporte del correo, sea de procedencia nacional o extranjera, se regulará por la legislación específica del ramo.

2.ª Cuando las circunstancias económicas así lo aconsejen, el Gobierno, por Decreto acordado en Consejo de Ministros, podrá modificar la cuantía de las indemnizaciones reguladas en el capítulo XIII de esta Ley.

3.ª Quedan excluidas del Seguro Obligatorio de Viajeros, ampliado por Ley de 26 de septiembre de 1941, las Empresas de transporte aéreo que acrediten tener constituido el correspondiente seguro de viajeros conforme al art. 127 de la presente Ley, deduciéndose en este supuesto del precio del billete, en el transporte aéreo nacional, el importe de la prima del indicado Seguro Obligatorio.

En todo caso la indemnización se hará efectiva en el plazo máximo de treinta días.

4.ª Quedan derogadas todas las disposiciones que se opongan a lo preceptuado en esta Ley.

Se autoriza al Ministerio del Aire para proponer al Gobierno o dictar, en su caso, las disposiciones relativas a la ejecución de la presente Ley.

1.ª: V. párr. 2.º del art. 2.º C.V. 1929, modificado por el art. 2.º P.L.H.-1955 (Disp. 5).

V. art. 10 del D. de 19 de mayo de 1960 (*B.O.E.* n.º 143, de 15 de junio), por el que se aprueba la Ordenananza Postal.

V. art. 27 del Convenio de Viena sobre Relaciones Diplomáticas, de 18 de abril de 1961 (*B.O.E.* n.º 21, de 24 de enero de 1968).

V. art. 35 del Convenio de Viena sobre Relaciones Consulares, de 24 de abril de 1963 (*B.O.E.* n.º 56, de 6 de marzo).

V. D. de 10 de marzo de 1941 (*B.O.E.* n.º 81, de 22 de marzo), sobre transporte de valijas por Iberia.

V. O. de 25 de mayo de 1952 (*B.O.E.* n.º 166, de 14 de junio), sobre valijas diplomáticas.

2.ª: El Gobierno ha hecho uso de la indicada autorización en virtud del D. 2.333/1983, de 4 de agosto (*B.O.E.* n.º 215, de 8 de septiembre), por el que se eleva la cuantía de las correspondientes indemnizaciones.

3.ª: V. Ley de 26 de septiembre de 1941 (*B.O.E.* n.º 277, de 4 de octubre), regulando el Seguro Obligatorio de Viajero y extendiéndolo (art. 1.º) a las líneas aéreas regulares legalmente establecidas.

V. D. de 6 de marzo de 1969 (*B.O.E.* n.º 78, de 1 de abril), aprobando el Reglamento del Seguro Obligatorio de Viajeros.

V. D. 1814/1976, de 4 de junio (*B.O.E.* n.º 182, de 30 de julio), introduciendo determinadas modificaciones en el indicado Reglamento.

V. D. 287/1981, de 13 de noviembre (*B.O.E.* n.º 291, de 5 de diciembre), por el que se suprime la Comisaría del Seguro Obligatorio de Viajeros, asumiendo sus funciones el Consorcio de Compensación de Seguros.

V. O. de 18 de junio de 1980 (*B.O.E.* n.º 152 , de 25 de junio), modificando las indemnizaciones del Seguro Obligatorio de Viajeros.

4.ª: V. párr. 2 del art. 2.º C.C.

V. punto 3 del art. 129 de la Ley de Procedimiento Administrativo, de 17 de julio de 1958 (*B.O.E.* de 18 de julio).

5.ª En relación con el párrafo 3.º del artículo 5.º de esta Ley, se declaran expresamente de aplicación a la navegación aérea militar los artículos 8.º, 11, 17, 34, 38, 45, 51 a 58, 61 y 134 y todo otro que en particular así lo disponga.

DISPOSICIONES TRANSITORIAS

1.ª Las Compañías nacionales de tráfico aéreo que a la publicación de la presente Ley tengan otorgada o autorizada la prestación de servicios aéreos en líneas regulares de tráfico interior o internacional, seguirán en el disfrute de ellas en las mismas condiciones que en la actualidad, hasta que el Gobierno, a propuesta del Ministerio del Aire, considere conveniente renovarlas en los términos que establece el capítulo XI de esta Ley.

2.ª En tanto se fijen por el Ministerio del Aire las Demarcaciones a que se refiere el artículo 9.º, las mismas coincidirán con las actuales regiones y zonas aéreas.

Hemos suprimido la mención a la Comisión de Codificación Aeronáutica, de acuerdo con la Disposición Derogatoria 2.ª de la Ley Orgánica 1/1986, de 8 de enero *(B.O.E.* n.º 12, de 14 de enero de 1986).

5.ª: El párr. 3.º del art. 5.º aludido dice: «Esta Ley se aplicará a la navegación aérea militar cuando se disponga expresamente.»

V. apartados *a)* y *b)* del art. 3.º del Apéndice II C.CH. 1944 (Disp. 3).

V. art. 26 C.R. 1952 (Disp. 6).

V. punto 4.º del art. 1.º C.T. 1963 (Disp.7).

V. punto 2.º del art. 3.º C.L.H. 1970 (Disp. 8).

V. punto 1 del art. 4.º C.M. 1971 (Disp. 9).

1.ª: V. Cap. XI de la propia L.N.A.-1960; especialmente art. 69.

2.ª: V. art. 9.º de la propia L.N.A.-1960.

V. D. n.º 164/1968, de 1 de febrero (*B.O.E.* n.º 31, de 5 de febrero), que reorganiza las Regiones y Zonas Aéreas.

2. LEY 209/1964, DE 24 DE DICIEMBRE, PENAL Y PROCESAL DE LA NAVEGACION AEREA*

(*B.O.E.* núm. 311, de 28 de diciembre de 1964)

La Ley de 27 de diciembre de 1947, que aprobó las bases para publicar un Código de Navegación Aérea, estableció tanto las concernientes a los principios generales de ésta y a su regulación en todos los actos de organización, personal, material, tráfico, accidentes, seguros, indemnizaciones, policía y otros análogos, como a la jurisdicción penal y procesal en la misma navegación. Desarrolladas las expresadas bases en el primero y más amplio aspecto de los indicados por la reciente Ley de 21 de julio de 1960, resta hacerlo sólo con respecto a la parte penal y procesal.

Para ello se formula ahora este proyecto que, aparte, de desenvolver las bases 21, 22 y 23 de aquélla, tiene también su razón de ser en la previsión del artículo 9.°, apartado *c)*, del Código de Justicia Militar, que, al fijar la competencia de la Jurisdicción Militar Aérea, dejó en pie la posibilidad de exceptuar y sustraer, por tanto, de su rigorismo las actividades de la navegación aérea, mediante una Ley especial, que es precisamente la que aquí se ofrece, con tipos delictivos y penalidades distintos acomodados a la naturaleza, complejidad y rango de los intereses que con ellas se quiere proteger.

Por otra parte, la supresión del General Jefe de la Jurisdicción Aérea y la concesión de jurisdicción a los Generales Jefes de las Regiones y Zonas Aéreas, dispuesta por la Ley de 17 de julio de 1953, así como la modificación de la cuantía de la multa como pena leve en el Código Penal, que han aconsejado que el proyecto se aparte en tales extremos de la Ley de Bases de 27 de diciembre de 1947, hacen también necesario seguir las formalidades propias de una Ley.

Por lo demás, poco o nada hay que añadir a la exposición que el preámbulo de la referida Ley de Bases contiene sobre és-

---

* La Ley Orgánica 1/1986, de 8 de enero (*B.O.E.* n.° 12, de 14 de enero de 1986), suprime la Jurisdicción Penal Aeronáutica derogando el Libro Segundo, la Disposición Transitoria y las Disposiciones Finales de esta Ley. A ello nos referiremos en las correspondientes notas.

tas de que al presente se trata, rehuyendo dogmatismos, se articula sencillamente la materia con estructuración idéntica a la del Código Penal, a cuyos conceptos y enunciados de su Libro I se remite a veces el actual proyecto, bien de modo expreso, bien invocándolos genéricamente como supletorios, sin perjuicio también de acoger por su parte peculiaridades aconsejadas por la especialidad del tráfico que se quiere amparar, cuales son: simplificar las penas con amplio arbitrio en la imposición y abrir cauce a la aplicación de medidas determinadas, conducentes todas a eliminar peligros personales e incertidumbres para la navegación, que pueden provenir del ejercicio profesional aeronáutico sin las necesarias garantías de eficiencia y seguridad en el vuelo, de un comportamiento transgresor de las Empresas concesionarias o de actividades generadoras o derivadas de conductas culpables.

Los delitos y faltas se configuran en particular, sistematizando los que la base 21 ya definió como especiales de la navegación aérea, a cada uno de los cuales se deja señalada la pena que, con ponderación de circunstancias, se estima adecuada a la mayor o menor gravedad y trascendencia que revista la infracción a sancionar.

Y, en fin, por lo que afecta a la organización y procedimiento de esta jurisdicción penal de la propia navegación aérea, se siguen igualmente patrones tradicionales acomodados en lo indispensable a la diversa índole de los Tribunales y autoridades que han de ejercerla, cuyas atribuciones, función y forma de actuar en la respectiva esfera queden bien puntualizadas, dentro siempre de las normas básicas tantas veces mencionadas.

Las disposiciones transitorias y derogatorias son las corrientes al publicarse nueva legislación penal.

La Ley Penal y Procesal de la Navegación Aérea viene a representar así un logro importante en la legislación aeronáutica española, a la vez que eficaz garantía de un tráfico aéreo ordenado y seguro.

En su virtud, y de conformidad con la propuesta elaborada por las Cortes Españolas, DISPONGO:

Art. 1º Se aprueba la Ley Penal y Procesal de la Navegación Aérea que seguidamente se inserta.

Art. 2.º Por el Ministerio de Hacienda se habilitarán los créditos necesarios para cumplimiento de lo dispuesto en la presente Ley.

Dada en el Palacio de El Pardo a 24 de diciembre de 1964.— FRANCISCO FRANCO.

LIBRO PRIMERO

DISPOSICIONES PENALES

TITULO PRIMERO

Disposiciones generales

Artículo 1.º Se consideran delitos y faltas aeronáuticos los comprendidos en esta Ley.

Art. 2.º Las causas de exención de responsabilidad criminal serán las comprendidas en el Código Penal.

Las circunstancias modificativas de dicha responsabilidad serán las comprendidas en el mismo Código y se apreciarán por los Tribunales según su prudente arbitrio, en consideración a la personalidad del delincuente y a la gravedad o trascendencia del hecho.

Art. 3.º Cuando los hechos perseguidos sean susceptibles de calificación con arreglo a dos o más preceptos de esta Ley o de otras, el Tribunal podrá aplicar aquel que asigne mayor pena al delito o falta cometidos.

Art. 4.º Las penas que se pueden imponer con arreglo a esta Ley son las siguientes:

PENAS GRAVES

Reclusión mayor.
Reclusión menor.
Prisión mayor.
Prisión menor.
Arresto mayor.
Pérdida del título profesional o aeronáutico.
Suspensión del título profesional o aeronáutico de seis meses y un día a seis años.
Multa de 30.000 a 300.000 pesetas.

PENAS LEVES

Arresto menor.
Suspensión del título profesional o aeronáutico hasta seis meses.
Multa inferior a 30.000 pesetas.
Amonestación.

Art. 5.º Las penas de reclusión, prisión, arresto o multa

Art. 4.º: Este artículo ha sido redactado por Ley Orgánica 1/1986, de 8 de enero (*B.O.E.* n.º 12, de 14 de enero de 1986).

tendrán la misma extensión, efectos y accesorios que los señalados para las de igual denominación en el Código Penal.

La pérdida del título profesional o aeronáutico producirá la inhabilitación permanente para su ejercicio y la incapacidad para adquirirlo en lo sucesivo. La suspensión del título profesional o aeronáutico privará mientras dure de todas las funciones inherentes al mismo.

Art. 6.° Las penas se impondrán con libertad de criterio por el Tribunal dentro de la extensión fijada por la Ley.

Cuando concurran dos o más circunstancias atenuantes o una muy cualificada, podrá imponer la pena inferior en uno o dos grados a la señalada al delito.

Podrá imponerse la pena inmediatamente superior:

1.° Si del hecho se derivase grave entorpecimiento en el tráfico aéreo o servicio público, o peligro para la vida o integridad de las personas.

2.° Si el culpable fuere el Comandante de la aeronave.

Art. 7.° Las medidas de seguridad que como consecuencia de los delitos o faltas, o como complemento de pena, podrán acordarse con arreglo a esta Ley son las siguientes:

1.° La suspensión del título profesional o aeronáutico.

2.° La pérdida del título profesional o aeronáutico.

3.° La suspensión de entidades, sociedades o empresas.

4.° La incautación, demolición o reforma de instalaciones, aparatos, locales y, en general, de materiales y elementos que se hayan empleado en la delincuencia, sean efectos de ella o signifiquen un grave peligro para la navegación aérea.

Estas medidas se aplicarán con libertad de criterio por el Tribunal.

Art. 8.° El Tribunal, en sus sentencias, además de las penas principales y accesorias correspondientes al delito, podrá imponer a su prudente arbitrio, como complemento de pena, las medidas del artículo anterior con arreglo a las siguientes normas:

1.ª La suspensión del título profesional o aeronáutico, cuando se cometa un delito con infracción de los deberes del cargo que desempeñe el culpable o haciendo uso de la ocasión o medios que le proporcione el mismo. La duración se determinará según las circunstancias del hecho, sin que pueda exceder de seis años, cualquiera que sea la

---

Art. 6.°: Este artículo ha sido redactado por Ley Orgánica 1/1986, de 8 de enero *(B.O.E.* n.° 12, de 14 de enero de 1986).

pena privativa de libertad impuesta.

2.ª La pérdida del título profesional o aeronáutico, cuando la gravedad o trascendencia del hecho así lo aconsejen en las circunstancias del apartado anterior.

3.ª La suspensión por tiempo máximo de un año de personas jurídicas o empresas, cuando los individuos que las representen cometan, prevaliéndose de los medios que las mismas les proporcionan, varios delitos de cualquier clase definidos en la presente Ley, o uno que produzca alarma pública o perjuicio a la navegación aérea.

La suspensión se pondrá en conocimiento del Ministerio del Aire para que, a la vista de los antecedentes, pueda acordar la revocación de los derechos de tráfico aéreo concedidos.

4.ª La incautación, destrucción o reforma de instalaciones, aparatos, locales y, en general de materiales y elementos, cuando se hayan empleado en la delincuencia, sean efectos de ella o signifiquen un grave peligro para la navegación aérea.

Art. 9.º El Tribunal, ante una actuación que, sin ser constitutiva de delito, signifique peligro para la navegación, podrá interesar a la autoridad judicial aérea la aplicación de las medidas de seguridad reguladas en esta Ley.

Art. 10. Las disposiciones de esta Ley relativas a los Comandantes de aeronaves se aplicarán a quienes con cualquier denominación manden la aeronave.

Art. 11. Para la aplicación de lo establecido en esta Ley se observarán las reglas siguientes:

1.ª Bajo la denominación genérica del Tribunal o Tribunales se comprende a la autoridad u organismo que, según el Libro II de esta Ley, debe conocer del hecho.

2.ª Constituyen la tripulación todas aquellas personas que, mediante contrato de trabajo u otra adscripción legal o reglamentaria, presten servicio a bordo de la aeronave, con inclusión del Comandante.

3.ª Son actos del servicio aquellos que el personal afecto a la navegación aérea está obligado a realizar con arreglo a las

---

Art. 9.º: Téngase en cuenta que es la jurisdicción ordinaria la competente. Art. 1.º de la Ley Orgánica 1/1986, de 8 de enero.

Art. 11: Cuantas menciones se hagan del Ministerio del Aire han de entenderse referidas al Ministerio de Transporte, Turismo y Comunicaciones (Disposición Final 2.ª de la Ley Orgánica 1) 1986, de 8 de enero (*B.O.E.* n.º 12, de 14 de enero de 1986).

disposiciones legales o reglamentarias o a sus respectivos contratos.

4.ª Se entenderá que la navegación aérea comienza en el momento en que una aeronave se pone en movimiento con su propia fuerza motriz para emprender el vuelo, y termina cuando, realizado el aterrizaje, queda aquélla inmovilizada y son parados sus motores.

5.ª Las penas y las medidas de seguridad que se impongan con arreglo a esta Ley a quienes pertenezcan a la inscripción aeronáutica y la aplicación de los beneficios de remisión condicional se pondrán en conocimiento del Ministerio del Aire para que se anote en el Registro especial que al efecto se lleve.

Art. 12. En todo lo no previsto especialmente en este título se aplicarán como normas supletorias de sus disposiciones los preceptos del Libro I del Código Penal.

TITULO II

De los delitos

CAPITULO PRIMERO

Delitos contra la seguridad de la aeronave

Art. 13. El que maliciosamente causare la destrucción total o parcial de una aeronave durante la navegación será castigado con la pena de reclusión menor o reclusión mayor.

Cuando la destrucción no tuviere lugar durante la navegación, podrá imponerse la pena inmediatamente inferior.

Si a consecuencia del delito se ocasionare la muerte o lesiones graves de alguna persona, se impondrá la pena de reclusión mayor a muerte.

Art. 14. El encargado del Servicio de Protección de Vuelo que no diese las ayudas o informes que le demande una aeronave, los diera equivocados o incompletos o no comunicase los datos necesarios para que aquélla mantenga su vuelo en zona de seguridad o interfiriese los de otras estaciones, incurrirá en la pena de arresto mayor.

En igual pena incurrirá el Comandante de aeronave o miembro de la tripulación, en su caso, que estando sometido a un control de circulación aérea no le diera datos que éste le reclamase o los diera equivocados o incompletos, con peligro para la seguridad de la navegación.

La pena podrá aumentarse hasta prisión mayor si, como consecuencia de la acción u omisión, se hubiese producido el siniestro de la aeronave, a no ser que el hecho constituyera delito más grave.

Art. 15. El Comandante de aeronave que maliciosamente, con riesgo para la navegación, emprenda el vuelo sin la presentación y aprobación del plan correspondiente, o lo quebrante después de modo manifiesto y sin justificación, y el que no lo modifique cuando le sea expresamente ordenado, incurrirá en la pena de arresto mayor o suspensión del título aeronáutico.

Art. 16. Serán castigados con arresto mayor o multa hasta cien mil pesetas, o con las dos penas conjuntamente, según las circunstancias, los que no cumplieren las órdenes que hubieren recibido de la autoridad aérea competente, de paralizar o hacer desaparecer construcciones, plantaciones u otras obras que contraviniesen las normas reguladoras de las servidumbres aeronáuticas a que se halle sometido el lugar de emplazamiento de aquéllas. Todo ello sin perjuicio de las facultades de la propia autoridad para la ejecutoriedad de sus órdenes.

Art. 17. El Comandante de aeronave que realice vuelos arriesgados o acrobáticos en espacio aéreo prohibido, o que sobrevuele aglomeraciones urbanas a una altura inferior a la de seguridad o a la que esté especialmente autorizada, será castigado con la pena de pérdida del título aeronáutico, suspensión del mismo o multa de cinco mil a veinticinco mil pesetas.

Art. 18. El Comandante de aeronave que a sabiendas emprenda vuelo con exceso de peso o con mala distribución de la carga, que pueda poner en grave riesgo la seguridad de la aeronave, será castigado con la pena de suspensión del título aeronáutico o prisión menor.

Art. 19. Los atentados contra las personas cometidos en la aeronave y que afecten o puedan afectar a la seguridad de la navegación serán castigados con las penas señaladas en el Código Penal para los respectivos casos, o con la inmediatamente superior.

CAPITULO II

Delitos contra el tráfico aéreo

SECCION PRIMERA

Sedición

Art. 20. Serán castigados con la pena de prisión menor,

como reos de sedición, los tripulantes, pasajeros, empleados o personas concertadas con ellos que en aeropuertos o aeronaves se alzaren colectivamente para cualquiera de los fines relacionados con la navegación aérea que a continuación se expresan:

1.º Oponerse al cumplimiento de órdenes que dicten el Comandante de aeronave o Jefe de aeropuerto, en uso de sus atribuciones.

2.º Impedirles el libre ejercicio de sus funciones o ejecutar con otro fin coacción sobre ellos.

3.º Realizar algún acto de odio o venganza en sus personas o bienes.

Con las mismas penas serán castigados los miembros de la tripulación de aeronaves o empleados de aeropuertos que, en número suficiente para perturbar el servicio, abandonen colectivamente sus funciones en la aeronave o el aeropuerto en actitud de protesta, desobediencia coactiva o represalia contra el Comandante o Jefe respectivo.

Art. 21. Se impondrá la pena de prisión menor a prisión mayor:

1.º Si el hecho se comete con la intención de interrumpir la navegación o de variar la ruta.

2.º Si los tripulantes llegan a apoderarse de la aeronave o ejercer mando sobre la misma.

3.º Si se produce la sedición en el extranjero y determina por su trascendencia la intervención de la fuerza pública del país.

4.º Si los sediciosos están armados.

5.º Al jefe de la sedición en todo caso.

Art. 22. A los meros ejecutores que no pertenezcan a la tripulación o aeropuerto, se impondrá la peña señalada en los dos artículos precedentes en su grado mínimo.

Art. 23. Será considerado jefe de la sedición, si no fuese posible identificar al que lo sea de hecho, el oficial de la aeronave o empleado de aeropuerto de mayor categoría o antigüedad que intervenga en la comisión del delito.

Art. 24. Los tripulantes de aeronave o empleados de aeropuerto que no cooperasen con sus superiores para reprimir la sedición serán castigados con arresto mayor o suspensión.

Art. 25. La negligencia en la represión de la sedición por el Comandante de aeronave o Jefe de aeropuerto se castigará con la pena de suspensión o la de multa.

Art. 26. Quedarán exentos de responsabilidad:

1.º Los meros ejecutores que se sometan a la primera intimación que se les haga y antes de realizar acto de violencia.

2.° Los que, hallándose comprometidos a perpetrar el delito, lo denuncien a sus superiores en tiempo hábil para evitarlo.

Art. 27. Si durante la sedición o con ocasión de ella se cometen otros delitos, serán éstos castigados también con arreglo a la Ley en que estén comprendidos.

SECCION SEGUNDA

Abandono de la aeronave y del servicio

Art. 28. El Comandante que sin causa justificada haga dejación del mando de la aeronave o la abandone, será castigado con la pena de suspensión o pérdida del título profesional o aeronáutico, o multa hasta diez mil pesetas.

Si del hecho se deriva riesgo o trastorno para la navegación, podrá imponerse, además, la pena de arresto mayor a prisión menor.

Art. 29. El individuo de la tripulación que durante el viaje abandone la aeronave, el servicio o el puesto asignado, o que, con infracción de sus obligaciones, deje de presentarse a bordo de aquélla al emprender el vuelo, incurrirá en la pena de arresto mayor.

Art. 30. El abadono a que se refiere el artículo anterior podrá castigarse con la pena de prisión menor cuando el hecho se hubiere cometido:

1.° Con empleo de armas o de cualquier otra clase de violencia o amenaza, sin perjuicio de las responsabilidades derivadas de este hecho.

2.° Por persona designada para el pilotaje o navegación de la aeronave.

Art. 31. El Comandante que al emprender el vuelo o durante la navegación se encontrase bajo la influencia de bebidas alcohólicas, narcóticos o estupefacientes que puedan afectar a la capacidad para el ejercicio de sus funciones, incurrirá en la pena de prisión menor o pérdida del título profesional o aeronáutico, pudiendo imponerse ambas conjuntamente.

Art. 32. El individuo de la tripulación o el controlador de tráfico que durante la prestación del servicio que tenga encomendado, o en el momento en que debe asumirlo, se encontrase bajo la influencia de bebidas alcohólicas, narcóticos o estupefacientes que disminuyan su capacidad para el ejercicio de sus funciones, será castigado con la pena de arresto mayor o con la suspensión del título profesional o aeronáutico, pudiendo imponerse ambas conjuntamente.

La reincidencia de este delito será castigada con la pena de arresto mayor a prisión menor y la pérdida del título profesional o aeronáutico.

Art. 33. El Comandante que, en caso de abandono de la aeronave en peligro, no lo haga en último lugar o no adopte, pudiendo hacerlo, las disposiciones necesarias para el salvamento de pasajeros y tripulantes, incurrirá en las penas de pérdida del título profesional o aeronáutico y de arresto mayor a prisión menor.

No obstante lo dispuesto en el párrafo anterior, cuando el Comandante justifique que el no haber abandonado la aeronave el último fue por el incumplimiento de la orden de abandono que diera a los tripulantes y pasajeros con la debida antelación, o por causa de fuerza mayor, quedará exento de pena.

Art. 34. El individuo de la tripulación que sin orden del Comandante se lance con paracaídas o de otro modo abandone la aeronave en peligro, será castigado con la pena de arresto mayor y pérdida del título profesional o aeronáutico.

SECCION TERCERA

De otros delitos contra el tráfico aéreo

Art. 35. Serán castigados con la pena de prisión menor el Comandante o explotador que sin la oportuna autorización embarque en una aeronave municiones, explosivos, armas, gases tóxicos, sustancias inflamables o cualesquiera otras nocivas o peligrosas para las personas, el cargamento o la aeronave.

En igual pena incurrirá el tripulante o empleado que embarque clandestinamente cualesquiera de los efectos o sustancias mencionados en el párrafo anterior.

Cuando ese delito fuere cometido por otras personas, se sancionará con arresto mayor a prisión menor.

Las penas señaladas en los párrafos anteriores se impondrán sin perjuicio de las responsabilidades que puedan ser exigibles con arreglo a ésta u otra Ley penal.

Art. 36. El que con infracción de las disposiciones vigentes usare a bordo aparatos de fotografía o de transmisión radioeléctrica será castigado con la pena de multa hasta veinticinco mil pesetas, a no ser que el hecho fuera constitutivo de delito más grave.

Art. 37. El que asuma o retenga indebidamente el mando de una aeronave será castigado con la pena de arresto mayor a prisión menor.

Art. 38. Los que ejerzan funciones de tripulantes de una aeronave que exijan título aeronáutico sin estar legalmente habilitados para ello serán castigados con la pena de prisión menor.

CAPITULO III

DELITOS CONTRA EL DERECHO DE GENTES

Art. 39. El que apodere con violencia o intimidación de una aeronave, de personas o cosas que se hallen a bordo en circunstancias de lugar y tiempo que imposibiliten la protección de un Estado, será castigado con la pena de reclusión mayor.

La pena de reclusión mayor podrá imponerse en su grado máximo:

1.° Si el medio violento empleado para la aprehensión de la aeronave la pone en peligro de siniestro.

2.° Si se hubiese dejado a alguna persona sin medios para salvarse.

Art. 40. Serán castigados con las mismas penas señaladas en el artículo anterior, según los casos:

1.° Los que con violencia o intimidación se apoderen de la aeronave en que vuelen o faciliten a otros su apoderamiento.

2.° Los que desde el aire, tierra o mar, y por cualquier medio, provoquen la caída, pérdida, incendio, aterrizaje o amaraje de una aeronave con el propósito de apoderarse de ella o de atentar contra las personas o cosas que se encuentren a bordo.

Art. 41. El que despojare de sus vestidos u otros objetos a las víctimas de un accidente de aviación en el lugar del siniestro sufrirá la pena de arresto mayor.

La pena podrá aumentarse hasta la reclusión menor si al despojar al herido se le causaren otras lesiones o se agravase notablemente su estado.

Las penas señaladas en este artículo se impondrán sin perjuicio de las que pudieran ser aplicables con arreglo al Código Penal.

Art. 42. El Comandante de aeronave o Capitán de buque que durante la navegación, y en la medida que esté a su alcance, no preste auxilio a una aeronave que en cualquier forma se lo pida, pudiendo hacerlo sin riesgo para la seguridad de la aero-

---

Art. 39: Este art. ha sido redactado por Ley Orgánica 1/1986, de 8 de enero (*B.O.E.* n.° 12, de 14 de enero de 1986).

nave o el buque de su mando, será castigado con la pena de prisión menor o prisión mayor y la suspensión o pérdida del título.

En igual penalidad incurrirá el Comandante de aeronave que, en las mismas circunstancias, no preste el referido auxilio a un buque.

Art. 43. Los tripulantes de aeronave o buque que, conocedores de alguna de las situaciones de peligro a que se refiere el artículo anterior, no dieren cuenta de ella a sus superiores, serán castigados con la pena de arresto mayor a prisión menor.

Art. 44. Los que no presten el auxilio que esté a su alcancè a los tripulantes o pasajeros de una aeronave siniestrada, heridos o asilados de las rutas ordinarias de comunicación, serán castigados con la pena de arresto mayor a prisión menor o multa hasta cincuenta mil pesetas.

CAPITULO IV

Delitos contra la autoridad

SECCION PRIMERA

Insulto al mando

Art. 45. El tripulante de aeronave que en acto de servicio o en relación con éste maltrate de obra a un superior será castigado:

1.° Con la pena de reclusión mayor si se ocasionare la muerte del superior agredido.

2.° Con la de prisión mayor a reclusión menor si dicho superior hubiera sufrido lesiones graves de las comprendidas en los números 1.° y 2.° del artículo 420 del Código Penal.

3.° Con la de prisión menor en los demás casos.

Con las mismas penas se castigará, en los respectivos casos, el maltrato de obra en acto de servicio o con su ocasión al Comandante del aeropuerto por un empleado del mismo.

Art. 46. El tripulante o empleado que en acto de servicio o en relación con él intimide, amenace o de otro modo atente contra la libertad del superior, será castigado con arresto mayor a prisión menor.

La pena será de prisión menor cuando concurra alguna de las circunstancias siguientes:

1.° Si los hechos se verifican con armas.

2.° Si se pone mano en el superior.

3.° Si por consecuencia de la coacción se accede a las exigencias del culpable.

Art. 45: En el inciso 1.° la Ley Orgánica 1/1986, de 8 de enero *(B.O.E.* n.° 12, de 14 de enero de 1986), ha suprimido la pena de muerte.

4.° Si el hecho se realiza públicamente.

Art. 47. El que en acto de servicio o con ocasión de él ofenda de palabra a un superior en su presencia, por escrito dirigido a él o en otra forma equivalente, incurrirá en la pena de arresto mayor a prisión menor.

SECCION SEGUNDA

Atentados y desacatos

Art. 48. Los atentados y desacatos cometidos por los pasajeros contra el Comandante de la aeronave o quien haga sus veces serán castigados con arreglo a lo dispuesto en el Código Penal.

SECCION TERCERA

Desobediencia

Art. 49. El miembro de la tripulación que durante la navegación o en el aeropuerto desobedezca o deje incumplidas las órdenes del Comandante u oficiales relativas al servicio, incurrirá en la pena de arresto mayor.

Si del hecho pudiera derivase grave dificultad para la navegación o el servicio público, o peligro para la vida o integridad de las personas o para la seguridad del cargamento, la pena será de prisión menor.

Si la orden fue dada para la salvación de la aeronave o para prestar socorro a otra aeronave, buque o persona en grave peligro, la pena podrá elevarse a prisión mayor.

Art. 50. El pasajero que durante su permanencia en la aeronave no obedezca una orden relativa a la seguridad de la misma, será castigado con multa hasta cincuenta mil pesetas.

CAPITULO V

ABUSO DE AUTORIDAD Y NEGLIGENCIA EN EL EJERCICIO DEL MANDO

Art. 51. El superior que, excediéndose arbitrariamente en sus atribuciones, maltrate de obra o irrogue de otro modo perjuicio grave a un individuo de la tripulación que le esté subordinado, incurrirá en la pena de arresto mayor o suspensión del título profesional o aeronáutico.

En la misma pena incurrirá el Comandante o individuo de la tripulación que veje, ofenda o someta a una pasajero a medidas no autorizadas por Ley o Reglamento.

Art. 52. El Comandante que abandone arbitrariamente a cualquier miembro de la tripulación o pasaje, desembarcándole, impidiéndole la vuelta a bordo o anticipando a tal fin la partida de la aeronave, será castigado con la pena de arresto mayor.

Si el hecho se realizase fuera del territorio nacional, podrá elevarse la pena hasta prisión menor.

Art. 53. Incurrirá en la pena de arresto mayor o pérdida del título profesional el Comandante que no emplee los medios que estén a su alcance para reprimir cualquier acto de indisciplina, si del mismo pudiere derivarse dificultad o perturbación para el servicio público o peligro para la vida de las personas, la seguridad de la aeronave o del cargamento.

CAPITULO VI

Delitos de falsedad

Art. 54. El Comandante que tripulare una aeronave desprovista de marcas de matrícula o nacionalidad, o que las lleve irregularmente, será castigado con la pena de arresto mayor a prisión menor.

La pena será de prisión menor y multa hasta cincuenta mil pesetas si se tratare de una aeronave extranjera que ostente marca de nacionalidad española.

Art. 55. Se impondrá la pena de prisión menor al que haga uso de documentos de a bordo de otra aeronave a la que hubiese usurpado la marca de matrícula.

Art. 56. El que para obtener un beneficio, procurárselo a tercero o hacer recaer en otros un daño, se valga de documento de trabajo aeronáutico perteneciente a distinta persona, será castigado con la pena de arresto mayor.

Art. 57. El que maliciosamente se declare propietario, en todo o en parte, de una aeronave con el fin de poderla inscribir en el Registro y atribuirle nacionalidad española, incurrirá en la pena de prisión menor y multa hasta cien mil pesetas.

Art. 58. La falsificación de los libros y documentos de a bordo será castigada con las penas señaladas en el Código Penal común para la falsificación de documentos públicos.

Si dicha falsedad es realizada por miembros de la tripulación, serán considerados éstos como funcionarios públicos.

CAPITULO VII

Delitos contra la propiedad

SECCION PRIMERA

Robo y hurto

Art. 59. El robo y el hurto cometido a bordo de aeronave por individuos de la tripulación o en aeropuerto por empleados del mismo serán castigados con la pena señalada en el Código Penal, impuesta en su grado máximo.

La misma pena o la superior en grado podrá imponerse al robo o hurto de la aeronave o de elementos de la misma cuando se halle dispuesta para la navegación o se hallare en vuelo.

Art. 60. El Comandante de aeronave que la empleare ilegítimamente en provecho propio o de un tercero será castigado con la pena de arresto mayor a prisión menor. Si tal empleo fuera para cometer un delito o procurar la impunidad de éste o de cualquier otro, podrá imponerse hasta la pena de prisión mayor.

Cualquiera otra persona que sin la debida autorización o sin causa lícita usare o participare a sabiendas en el uso de una aeronave ajena, será castigada con la pena de arresto mayor. Si la aeronave se empleare para cometer un delito o procurar impunidad de éste o de cualquier otro, se impondrá la pena de prisión menor.

Art. 61. La apropiación de todo o parte del cargamento de una aeronave por individuos de la tripulación a quienes hubiese sido entregado para su custodia será castigada con las penas señaladas en el Código Penal en su grado máximo, o con el grado mínimo de la superior inmediata.

SECCION SEGUNDA

Daños

Art. 62. Las averías causadas maliciosamente en una aeronave o en su cargamento, que pongan en peligro la navegación, serán castigadas con la pena de prisión menor a prisión mayor.

Si como consecuencia de la avería se producen los efectos señalados en el artículo 13, se aplicarán las penas establecidas en éste.

Si no hubiere peligro para la navegación, se castigará como delito de daños según el Código Penal.

Se entiende por avería, a los efectos de este artículo, todo daño o desperfecto que se ocasione en la aeronave, instrumentos, motores o instalaciones de a bordo, o en el cargamento, desde que éste se reciba a bordo hasta que se descargue en el punto de destino.

Art. 63. El que modifique, destruya o deteriore instalaciones, balizas o señales de ayuda a la navegación aérea, con posible perturbación para ésta, será castigado con la pena de arresto mayor a prisión menor.

SECCION TERCERA

Polizonaje

Art. 64. El que clandestinamente entre sin billete en una aeronave comercial con el propósito de hacer viaje, o continúe a bordo también clandestinamente con el mismo fin, una vez recorrido el trayecto a que diere derecho el billete adquirido, será castigado con la pena de arresto mayor o multa hasta veinte mil pesetas.

Los tripulantes de la aeronave o empleados del aeropuerto que cooperen a la comisión del delito serán sancionados con las penas señaladas a los autores del mismo.

CAPITULO VIII

DELITOS DE IMPREVISIÓN, IMPRUDENCIA O IMPERICIA EN EL TRÁFICO AÉREO

Art. 65. El que en el ejercicio de funciones de la navegación aérea ejecute, por imprevisión, imprudencia o impericia graves, un hecho que, si mediare malicia, constituiría delito, será castigado con la pena de prisión menor.

Cuando el hecho se ejecutare por simple imprudencia, imprevisión o impericia, con infracción de reglamentos, será castigado con la pena de arresto mayor a prisión menor.

Lo dispuesto en los dos primeros párrafos de este artículo no tendrá lugar cuando la pena señalada al delito sea igual o menor que las contenidas en los mismos, en cuyo caso los Tribunales aplicarán la inmediatamente inferior a la que corresponda el delito doloso, en el grado que estimen conveniente.

Cuando se produjera muerte o lesiones graves a consecuencia de impericia o negligencia profesional, se impondrán en su grado máximo las penas señaladas en este artículo, pudiéndose aumentar dichas penas en uno o dos grados, según los casos, a juicio del Tribunal, si los daños causados fuesen de extrema gravedad, debiendo además aplicarse como complemento de pena la pérdida del título profesional o aeronáutico. En ningún caso se impondrá pena que resultare igual o superior a la que correspondería al mismo delito cometido intencionadamente.

TITULO III

DE LAS FALTAS

CAPITULO PRIMERO

FALTAS CONTRA LA POLICÍA Y SEGURIDAD DE LA NAVEGACIÓN AÉREA

Art. 66. Serán castigados con arresto que no exceda de treinta días y multa hasta dos mil quinientas pesetas:

1.° Los que ocupen un espacio de dominio aeronáutico, impidiendo su empleo público, o lleven a cabo allí instalaciones no autorizadas.

2.° Los que en las zonas de servidumbres de aeropuertos, aeródromos u otras instalaciones aeronáuticas realicen plantaciones de cualquier género, contraviniendo lo dispuesto en las leyes.

3.° Los que en dichos lugares y en las mismas circunstancias manejen sustancias inflamables o explosivas.

4.° Los que enciendan luces, fuegos, emitan señales radioeléctricas o de cualquier otra clase que puedan inducir a error en la navegación aérea, si de ello no se deriva ningún daño.

5.° Los que contravengan las normas reglamentarias sobre balizaje de obstáculos o las relativas a señales para ayuda a la navegación aérea.

Art. 67. Serán castigados con multa inferior a cinco mil pesetas:

1.° Los que sin la autorización correspondiente ejerzan funciones a bordo que no exijan título aeronáutico.

2.° Los que, teniendo conocimiento del aterrizaje o partida de una aeronave fuera de aeropuerto o aeródromo, no lo comuniquen dentro de sus medios a la autoridad más próxima.

Art. 68. Será castigado con arresto hasta treinta días o suspensión:

1.° El Comandante de una aeronave que navegue sin tener a bordo los aparatos y los documentos reglamentarios, lleve irregularmente la lista de la tripulación o el plan de vuelo, o no ejecute las anotaciones prescritas.

2.° El Comandante que no cumpla la orden de aterrizaje urgente en cualquier aeropuerto próximo a su ruta.

3.° El Comandante de aeronave que sin autorización expresa entre en espacio reglamentariamente reservado.

4.° El Comandante que transporte pasajeros en una aeronave no calificada o autorizada para dicho transporte.

Art. 69. Serán castigados con multa inferior a cinco mil pesetas o amonestación:

1.º El Comandante que, sin incurrir en el delito prevenido en el artículo 17, aterrice en aeropuertos o aeródromos no previstos en el plan de vuelo o no lo modifique en la forma que le ordene la autoridad competente.

2.º El Comandante de una aeronave que, en caso de aterrizaje forzoso fuera de aeropuerto o aeródromo, no dé el correspondiente aviso.

CAPITULO II

Faltas contra la policía de aeropuertos

Art. 70. Serán castigados con multa que no exceda de dos mil quinientas pesetas o arresto hasta treinta días:

1.º Los que se dediquen a la enseñanza del pilotaje aéreo sin la correspondiente autorización o realicen prácticas en espacios prohibidos.

2.º La autoridad de un aeropuerto que, teniendo conocimiento de la próxima partida de alguna aeronave sin la documentación reglamentaria o sin comprobación de ella, no tome las medidas para imperdirlo.

Art. 71. Serán castigados con arresto hasta treinta días o suspensión:

1.º El tripulante de una aeronave o el oficial o funcionario de servicios de ayuda a la navegación que no anote con la debida exactitud las indicaciones reglamentarias en los libros a su cargo o en otros sistemas de registro reglamentariamente admitidos.

2.º El Comandante de aeronave que lleve pasajeros sin cumplir con las normas reglamentarias de seguridad para los mismos o que los transporte en mayor número que el de asientos debidamente autorizados para cada viaje.

CAPITULO III

De otras faltas

Art. 72. Serán sancionadas con arresto hasta treinta días, multa inferior a cinco mil pesetas o amonestación las faltas de asistencia o puntualidad en la incorporación al servicio de individuos de la tripulación de una aeronave o funcionarios de un aeropuerto que, a juicio del Jefe de éste, originen interrupciones o posible perturbación en la ejecución de horarios de vuelo.

Art. 73. Los que desde una aeronave arrojen objetos no clasificados como lastre reglamentario de la misma serán sancionados, si fuesen tripulantes, con arresto hasta treinta días y multa hasta dos mil quinientas pesetas, y si fuesen pasajeros con multa inferior a cinco mil pesetas.

Art. 74. Será castigado con multa inferior a cinco mil pesetas o amonestación el que a bordo de una aeronave o dentro del aeropuerto incumpla las normas reglamentarias de policía.

Art. 75. Los que por simple imprudencia o negligencia, sin mediar infracción de reglamentos, ejecutasen un hecho en el ejercicio de funciones de la navegación aérea que si mediare malicia constituiría un delito de los comprendidos en esta Ley, serán castigados con la pena de arresto menor o multa inferior a cinco mil pesetas.

LIBRO SEGUNDO

DE LA JURISDICCION

....

LIBRO SEGUNDO: El Libro Segundo, la Disposición Transitoria y las Disposiciones Finales de la Ley Penal y Procesal de la Navegación Aérea, de 24 de diciembre de 1964, han sido expresamente derogadas por Ley Orgánica 1/1986, de 8 de enero *(B.O.E.* n.° 12, de 14 de enero de 1986).

El art. 1.° de dicha Ley Orgánica dispone:

«Se suprime la jurisdicción penal aeronáutica regulada en el Libro Segundo de la Ley Penal y Procesal de la Navegación Aérea, de 24 de diciembre de 1964. Los Jueces y Tribunales de la Jurisdicción Ordinaria conocerán de los delitos y faltas tipificados en el Libro Primero de dicha Ley.

»En los delitos y faltas cometidos en vuelo, la competencia vendrá determinada por el lugar de primer aterrizaje de la aeronave en territorio nacional, sin perjuicio de la que pueda corresponder a la Audiencia Nacional y a los Juzgados Centrales de Instrucción.»

Las referencias hechas en el Libro Primero de la Ley Penal y Procesal de la Navegación Aérea de 24 de diciembre de 1964 al Ministerio del Aire se entenderán aplicables al Ministerio de Transporte, Turismo y Comunicaciones. Las referencias hechas a la autoridad judicial aérea se entenderán aplicables al órgano competente de la Jurisdicción Ordinaria (Disp. Final 2.ª de la Ley Orgánica 1/1986).

Los procedimientos que se encuentren en tramitación a la entrada en vigor de la Ley Orgánica 1/1986, de 8 de enero de 1986, por hechos tipificados como delitos o faltas en el Libro Primero de la Ley Penal y Procesal de la Navegación Aérea de 24 de diciembre de 1964, pasarán a la Jurisdicción Ordinaria, continuándose su tramitación con arreglo a las normas procesales de dicha Jurisdicción (Disp. Transitoria de la Ley Orgánica 1/1986, de 8 de enero).

II

CONVENIOS INTERNACIONALES

3. CONVENIO SOBRE AVIACION CIVIL INTERNACIONAL FIRMADO EN CHICAGO EL 7 DE DICIEMBRE DE 1944. RATIFICADO POR ESPAÑA MEDIANTE INSTRUMENTO DE FECHA DE 18 DE MARZO DE 1969

(*B.O.E.* núm. 311, de 29 de diciembre de 1969)

PRIMERA PARTE

NAVEGACION AEREA

CAPITULO I

Principios generales y aplicación del Convenio

Artículo 1.º *Soberanía.*—Los Estados contratantes reconocen que todo Estado tiene soberanía plena y exclusiva en el espacio aéreo situado sobre su territorio.

Art. 2.º *Territorio.*—A los fines del presente Convenio se consideran como territorio de un Estado las áreas terrestres y las aguas territoriales adyacentes a ellas que se encuentren bajo la soberanía, dominio, protección o mandato de dicho Estado.

Art. 3.º *Aeronaves civiles y de Estado.—a)* El presente Convenio se aplica solamente a las aeronaves civiles y no a las aeronaves de Estado.

b) Se consideran aeronaves de Estado las utilizadas en servicios militares, de aduanas o de policía.

c) Ninguna aeronave de Estado de un Estado contratante podrá volar sobre el territorio de otro Estado o aterrizar en el mismo sin haber obtenido autorización para ello, por acuerdo especial o de otro modo, y de conformidad con las condiciones de la autorización.

d) Los Estados contratantes se comprometen a tener debidamente en cuenta la seguridad de la navegación de las aeronaves civiles, cuando establezcan reglamentos aplicables a sus aeronaves de Estado.

Art. 4.º *Uso indebido de la aviación civil.*—Cada Estado contratante conviene en no emplear la aviación civil para propósitos incompatibles con los fines del presente Convenio.

CAPITULO II

Vuelo sobre territorio de Estados contratantes

Art. 5.º *Derecho de vuelo en servicios no regulares.*—Cada Estado contratante conviene en que todas las aeronaves de los demás Estados contratantes que no se utilicen en servicios internacionales regulares tendrán derecho, de acuerdo con lo estipulado en el presente Convenio, a penetrar sobre su territorio o sobrevolarlo sin escalas, y a hacer escalas en él con fines no comerciales, sin necesidad de obtener permiso previo, y a reserva del derecho del Estado sobrevolado de exigir aterrizaje. Sin embargo, cada Estado contratante se reserva, por razones de seguridad de vuelo, el derecho de exigir que las aeronaves que deseen volar sobre regiones inaccesibles o que no cuenten con instalaciones y servicios adecuados para la navegación aérea, sigan las rutas prescritas u obtengan permisos especiales para tales vuelos.

Si dichas aeronaves se utilizan en servicios distintos de los aéreos internacionales regulares, en el transporte de pasajeros, correo o carga por remuneración o alquiler, tendrán también el privilegio, con sujeción a las disposiciones del artículo 7.º, de embarcar o desembarcar pasajeros, carga o correo, sin perjuicio del derecho del Estado donde tenga lugar el embarque o desembarque a imponer las reglamentaciones, condiciones o restricciones que considere convenientes.

Art. 6.º *Servicios aéreos regulares.*—Ningún servicio aéreo internacional regular podrá explotarse en el territorio o sobre el territorio de un Estado contratante, excepto con el permiso especial u otra autorización de dicho Estado y de conformidad con las condiciones de dicho permiso o autorización.

Art. 7.º *Cabotaje.*—Cada Estado contratante tiene derecho a negar a las aeronaves de los demás Estados contratantes el permiso de embarcar en su territorio pasajeros, correo o carga para transportarlos, mediante remuneración o alquiler, con destino a otro punto situado en su territorio. Cada Estado contratante se compromete a no celebrar acuerdos que específicamente concedan tal privilegio a base de exclusividad a cualquier otro Estado o línea aérea de cualquier otro Estado, y a no obtener tal privilegio exclusivo de otro Estado.

Art. 8.º *Aeronaves sin piloto.*—Ninguna aeronave capaz de volar sin piloto volará sin él sobre el territorio de un Estado contratante, a menos que se cuente con autorización especial de tal Estado y de conformidad con los términos de dicha autorización. Cada Estado contratante se compromete a asegurar que los vuelos de tales aeronaves sin piloto en las regiones abiertas a la navegación de las aeronaves civiles sean controlados de forma que se evite todo peligro a las aeronaves civiles.

Art. 9.º *Zonas prohibidas.—a)* Cada Estado contratante puede, por razones de necesidad militar o de seguridad pública, restringir o prohibir uniformemente los vuelos de las aeronaves de otros Estados sobre ciertas zonas de su territorio, siempre que no se establezcan distinciones a este respecto entre las aeronaves del Estado de cuyo territorio se trate, que se empleen en servicios aéreos internacionales regulares, y las aeronaves de los otros Estados contratantes que se empleen en servicios similares. Dichas zonas prohibidas deberán ser de extensión y situación razonables, a fin de no estorbar innecesariamente a la navegación aérea. La descripción de tales zonas prohibidas situadas en el territorio de un Estado contratante y todas las modificaciones ulteriores deberán comunicarse lo antes posible a los demás Estados contratantes y a la Organización de Aviación Civil Internacional.

b) Cada Estado contratante se reserva igualmente el derecho, en circunstancias excepcionales, durante un período de emergencia o en interés de la seguridad pública, a restringir o prohibir temporalmente y con efecto inmediato los vuelos sobre todo su territorio o parte del mismo, a condición de que esta restricción o prohibición se aplique, sin distinción de nacionalidad, a las aeronaves de todos los demás Estados.

c) Cada Estado contratante puede exigir, de acuerdo con las reglamentaciones que establezca, que toda aeronave que penetre en las zonas indicadas en los párrafos *a)* y *b)* anteriores, aterrice tan pronto como le sea posible en un aeropuerto designado dentro de su territorio.

Art. 10. *Aterrizaje en aeropuertos aduaneros.*—Excepto en el caso en que, de acuerdo con lo dispuesto en el presente Convenio o en autorización especial, se permita a las aeronaves cruzar el territorio de un Estado contratante sin aterrizar, toda aeronave que penetre en el territorio de un Estado contratante deberá, si los reglamentos de tal Estado así lo requieren, aterrizar en un aeropuerto designado por tal Estado para fines de inspección de aduanas y otras formalidades. Al salir del territorio de un Estado contratante, tales aeronaves deberán partir de un aeropuerto aduanero designado de igual manera. Las características de todos los aeropuertos aduaneros deberán ser publicadas por el Estado y transmitidas a la Organización de Aviación Civil Internacional, creada en virtud de lo dispuesto en la Segunda Parte del presente Convenio, a fin de que sean comunicadas a todos los demás Estados contratantes.

Art. 11. *Aplicación de las reglamentaciones aéreas.*—A reserva de lo dispuesto en el presente Convenio, las leyes y reglamentos de un Estado contratante relativos a la entrada y salida de su territorio de las aeronaves empleadas en la navegación aérea internacional o a la operación y navegación de dichas aeronaves, mientras se encuentren en su territorio, se aplicarán sin distinción de nacionalidad a las aeronaves de todos los Estados contratantes y dichas aeronaves deberán cumplir tales leyes y reglamentos a la entrada, a la salida y mientras se encuentren dentro del territorio de ese Estado.

Art. 12. *Reglas del aire.*—Cada Estado contratante se compromete a adoptar medidas que aseguren que todas las aeronaves que vuelen sobre su territorio o maniobren en él, así como todas las aeronaves que lleven la marca de su nacionalidad, dondequiera que se encuentren, observen las reglas y reglamentos en vigor relativos a los vuelos y maniobras de las aeronaves en tal lugar. Cada Estado contratante se compromete a mantener sus propios reglamentos sobre este particular conformes en todo lo posible, con los que oportunamente se establezcan en aplicación del presente Convenio. Sobre alta mar, las reglas en vigor serán las que se establezcan de acuerdo con el presente Convenio. Cada Estado contratante se compromete a asegurar que se procederá contra todas las personas que infrinjan los reglamentos aplicables.

Art. 13. *Disposiciones sobre entrada y despacho.*—Las leyes y reglamentos de un Estado contratante relativos a la admisión o salida de su territorio de pasajeros, tripulación o carga transportados por aeronaves, tales como los relativos a entrada, despacho, inmigración, pasaportes, aduanas y sanidad serán cumplidos por o por cuenta de dichos pasajeros, tripulaciones y carga, ya sea a la entrada, a la salida o mientras se encuentren dentro del territorio de ese Estado.

Art. 14. *Prevención contra la propagación de enfermedades.*—Cada Estado contratante conviene en tomar medidas efectivas para impedir la propagación por medio de la navegación aérea, del cólera, tifus (epidémico), viruela, fiebre amarilla, peste y cualesquiera otras enfermedades contagiosas que los Estados contratantes decidan designar oportunamente. A este fin, los Estados contratantes mantendrán estrecha consulta con los organismos encargados de los reglamentos internacionales relativos a las medidas sanitarias aplicables a las aeronaves. Tales consultas se harán sin perjuicio de la aplicación de cualquier convenio internacional existente sobre la materia en el que sean partes los Estados contratantes.

Art. 15. *Derechos aeroportuarios y otros similares.*—Todo aeropuerto de un Estado contratante que esté abierto a sus aeronaves nacionales para fines de uso público estará igualmente abierto, en condiciones uniformes y a reserva de lo previsto en el artículo 68, a las aeronaves de todos los demás Estados contratantes. Tales condiciones uniformes se aplicarán por lo que respecta al uso, por parte de las aeronaves de cada uno de los Estados contratantes, de todas las instalaciones y servicios para la navegación aérea, incluso los servicios de radio y de meterología, que se provean para uso público para la seguridad y rapidez de la navegación aérea.

Los derechos que un Estado contratante imponga o permita que se impongan por el uso de tales aeropuertos e instalaciones y servicios para la navegación aérea por las aeronaves de cualquier otro Estado contratante, no deberán ser más elevados:

a) Respecto a las aeronaves que no se empleen en servicios aéreos internacionales regulares, que los derechos que pagarían sus aeronaves nacionales de la misma clase dedicadas a servicios similares;

b) Respecto a las aeronaves que se empleen en servicios aéreos internacionales regulares, que los derechos que pagarían sus aeronaves nacionales dedicadas a servicios aéreos internacionales similares.

Todos estos derechos serán publicados y comunicados a la Organización de Aviación Civil Internacional, entendiéndose que, si un Estado contratante interesado hace una reclamación, los derechos impuestos por el uso de aeropuertos y otras instalaciones y servicios serán objeto de examen por el Consejo, que hará un informe y regulará recomendaciones al respecto para consideración del Estado o Estados interesados. Ningún Estado contratante impondrá derechos, impuestos u otros gravámenes por el mero derecho de tránsito, entrada o salida de su territorio de cualquier aeronave de un Estado contratante o de las personas o bienes que se encuentren a bordo.

Art. 16. *Inspección de aero-*

naves.—Las autoridades competentes de cada uno de los Estados contratantes tendrán derecho a inspeccionar sin causar demoras innecesarias, las aeronaves de los demás Estados contratantes, a la llegada o a la salida, y a examinar los certificados y otros documentos prescritos por el presente Convenio.

CAPITULO III

Nacionalidad de las aeronaves

Art. 17. *Nacionalidad de las aeronaves.*—Las aeronaves tienen la nacionalidad del Estado en el que estén matriculadas.

Art. 18. *Matriculación doble.*—Ninguna aeronave puede estar válidamente matriculada en más de un Estado, pero su matrícula podrá cambiarse de un Estado a otro.

Art. 19. *Leyes nacionales sobre matriculación.*—La matriculación o transferencia de matrícula de aeronaves en un Estado contratante se efectuará de acuerdo con sus leyes y reglamentos.

Art. 20. *Ostentación de las marcas.*—Toda aeronave empleada en la navegación aérea internacional deberá llevar las correspondientes marcas de nacionalidad y matrícula.

Art. 21. *Informes sobre matrículas.*—Cada Estado contratante se compromete a suministrar, a petición de cualquier otro Estado contratante o de la Organización de Aviación Civil Internacional, información relativa a la matrícula y propiedad de cualquier aeronave matriculada en dicho Estado. Además, todo Estado contratante proporcionará a la Organización de Aviación Civil Internacional, de acuerdo con las disposiciones que ésta dicte, informes con los datos pertinentes que puedan facilitarse sobre la propiedad y control de las aeronaves matriculadas en el Estado que se empleen habitualmente en la navegación aérea internacional. Previa solicitud, la Organización de Aviación Civil Internacional pondrá los datos así obtenidos a disposición de los demás Estados contratantes.

CAPITULO IV

Medidas para facilitar la navegación aérea

Art. 22. *Simplificación de formalidades.*—Cada Estado contratante conviene en adoptar, mediante la promulgación de reglamentos especiales o de otro modo, todas las medidas posibles para facilitar y acelerar la navegación de las aeronaves entre los territorios de los Estados contratantes y para evitar todo retardo innecesario a las aeronaves, tripulaciones, pasajeros y carga, especialmente en la aplicación de las leyes sobre inmigración, sanidad, aduana y despacho.

Art. 23. *Formalidades de aduana y de inmigración.*—Cada Estado contratante se compromete, en la medida en que lo juzgue factible, a establecer disposiciones de aduana y de inmigración relativas a la navegación aérea internacional, de acuerdo con los métodos que puedan establecerse o recomendarse oportunamente en aplicación del presente Convenio. Ninguna disposición del presente Convenio se interpretará en el sentido de que impide el establecimiento de aeropuertos francos.

Art. 24. *Derechos de aduana.—a)* Las aeronaves en vuelo hacia, desde o a través del territorio de otro Estado contratante, serán admitidas temporalmente libres de derechos, con sujeción a las reglamentaciones de aduana de tal Estado. El combustible, aceites lubricantes, piezas de repuesto, equipo corriente y provisiones de a bordo que se lleven en una aeronave de un Estado contratante cuando llegue al territorio de otro Estado contratante y que se encuentren aún a bordo cuando ésta salga de dicho Estado, estarán exentos de derechos de aduana, derechos de inspección u otros derechos o impuestos similares, ya sean nacionales o locales. Esta exención no se aplicará a las cantidades u objetos descargados, salvo disposición en contrario de conformidad con las reglamentaciones de aduana del Estado, que pueden exigir que dichas cantidades u objetos queden bajo vigilancia aduanera.

b) Las piezas de repuesto y el equipo que se importen al territorio de un Estado contratante para su instalación o uso en una aeronave de otro Estado contratante empleada en la navegación aérea internacional, serán admitidos libres derechos de aduana, con sujeción al cumplimiento de las reglamentaciones del Estado interesado, que pueden establecer que dichos efectos queden bajo vigilancia y control aduaneros.

Art. 25. *Aeronaves en peligro.*—Cada Estado contratante se compromete a proporcionar los medios de asistencia que considere factibles a las aeronaves en peligro en su territorio y a permitir, con sujeción al control de sus propias autoridades, que los propietarios de las aeronaves o las autoridades del Estado en que estén matriculadas proporcionen los medios de asistencia que las circunstancias exijan. Cada Estado contratante, al emprender la búsqueda de aeronaves perdidas, colaborará en las medidas coordinadas que oportunamente puedan recomendarse en aplicación del presente Convenio.

Art. 26. *Investigación de accidentes.*—En el caso de que una aeronave de un Estado contratante sufra en el territorio de otro Estado contratante una accidente que ocasione muerte o lesión grave, o que indique graves defectos técnicos en la aeronave o en las instalaciones y servicios para la navegación aérea, el Estado en donde ocurra el accidente abrirá una encuesta sobre las circunstancias del mismo, ajustándose, en la medida que lo permitan sus leyes, a los procedimientos que pueda recomendar la Organización de Aviación Civil Internacional. Se permitirá al Estado donde esté matriculada la aeronave que designe observadores para estar presentes en la encuesta y el Estado que la realice comunicará al otro Estado el informe y las conclusiones al respecto.

Art. 27. *Exención de embargo por reclamaciones sobre patentes.—a)* Mientras una aeronave de un Estado contratante esté empleada en la navegación aérea internacional, la entrada autorizada en el territorio de otro Estado contratante o el tránsito autorizado a través de dicho territorio, con o sin aterrizaje, no darán lugar a embargo o detención de la aeronave ni a reclamación alguna contra su propietario u operador ni a ingerencia alguna por parte o en nombre de este Estado o de cualquier persona que en él se halle, basándose en que la construcción, el mecanismo, las piezas, los accesorios o la operación de la aeronave infringen los derechos de alguna patente, diseño o modelo debidamente concedidos o registrados en el Estado en cuyo territorio haya penetrado la aeronave, entendiéndose que en dicho Estado no se exigirá en ningún caso un depósito de garantía por la exención anteriormente mencionada de embargo o detención de la aeronave.

b) Las disposiciones del párrafo *a)* del presente artículo se aplicarán también al almacenamiento de piezas y equipo de repuesto para aeronaves, así como al derecho de usarlos e instalarlos en la reparación de una aeronave de un Estado contratante en el territorio de cualquier otro Estado contratante, siempre que las piezas o el equipo patentados, así almacenados, no se vendan ni distribuyan internamente ni se exporten con fines comerciales desde el Estado contratante en el que haya penetrado la aeronave.

c) Los beneficios de este artículo se aplicarán sólo a los Estados, partes en el presente Convenio, que *1)* sean partes en la Convención Internacional para la Protección de la Propiedad Industrial y sus enmiendas, o *2)* hayan promulgado leyes sobre patentes que reconozcan y protejan debidamente las invenciones de los nacionales de los demás Estados que sean partes en el presente Convenio.

Art. 28. *Instalaciones y servicios y sistemas normalizados para la navegación aérea.*— Cada Estado contratante se compromete, en la medida en que lo juzgue factible a:

a) Proveer en su territorio aeropuertos, servicios de radio, servicios meteorológicos y otras instalaciones y servicios para la navegación aérea a fin de facilitar la navegación aérea internacional, de acuerdo con las normas y métodos recomendados o establecidos oportunamente en aplicación del presente Convenio.

b) Adoptar y aplicar los sistemas normalizados apropiados sobre procedimientos de comunicaciones, códigos, balizamiento, señales, iluminación y demás métodos y reglas de operación que se recomienden o establezcan oportunamente en aplicación del presente Convenio.

c) Colaborar en las medidas internacionales tomadas para asegurar la publicación de mapas y cartas aeronáuticas, de conformidad con las normas que se recomiendan o establezcan oportunamente, en aplicación del presente Convenio.

CAPITULO V

Condiciones que deben cumplirse con respecto a las aeronaves

Art. 29. *Documentos que deben llevar las aeronaves.*— Toda aeronave de un Estado contratante que se emplee en la navegación internacional llevará los siguientes documentos, de conformidad con las condiciones prescritas en el presente Convenio:

a) Certificado de matrícula;

b) Certificado de aeronavegabilidad;

c) Las licencias apropiadas para cada miembro de la tripulación;

d) Diario de a bordo;

e) Si está provista de aparatos de radio, la licencia de la estación de radio de la aeronave;

f) Si lleva pasajeros, una lista de sus nombres y lugares de embarco y destino;

g) Si transporta carga, un manifiesto y declaraciones detalladas de la carga.

Art. 30. *Equipo de radio de las aeronaves.—a)* Las aeronaves de cada Estado contratante, cuando se encuentren en o sobre el territorio de otros Estados contratantes, solamente pueden llevar a bordo radiotransmisores si las autoridades competentes del Estado en el que esté matriculada la aeronave han expedido una licencia para instalar y utilizar dichos aparatos. El uso de radiotransmisores en el territorio del Estado contratante sobre el que vuele la aeronave se efectuará de acuerdo con los reglamentos prescritos por dicho Estado.

b) Sólo pueden usar los radiotransmisores los miembros de la tripulación de vuelo provistos de una licencia especial expedida al efecto por las autoridades competentes del Estado en el que esté matriculada la aeronave.

Art. 31. *Certificados de aeronavegabilidad.*—Toda aeronave que se emplee en la navegación internacional estará provista de un certificado de aeronavegabilidad expedido o convalidado por el Estado en el que esté matriculada.

Art. 32. *Licencias del personal.—a)* El piloto y los demás miembros de la tripulación operativa de toda aeronave que se emplee en la navegación internacional estarán provistos de certificados de aptitud y de licencias expedidos o convalidados por el Estado en el que la aeronave esté matriculada.

b) Cada Estado contratante se reserva el derecho de no reconocer, por lo que respecta a los vuelos sobre su propio territorio, los certificados de aptitud y licencias otorgados a cualquiera de sus súbditos por otro Estado contratante.

Art. 33. *Reconocimiento de certificados y licencias.*—Los certificados de aeronavegabilidad, los certificados de aptitud y las licencias expedidos o convalidados por el Estado contratante en el que esté matriculada la aeronave, se reconocerán como válidos por los demás Estados contratantes, siempre que los requisitos de acuerdo con los cuales se hayan expedido o convalidado dichos certificados o licencias sean iguales o superiores a las normas mínimas que oportunamente se establezcan en aplicación del presente Convenio.

Art. 34. *Diario de a bordo.*—Por cada aeronave que se emplee en la navegación internacional se llevará un diario de a bordo, en el que se asentarán los datos relativos a la aeronave, a su tripulación y a cada viaje en la forma que oportunamente se prescriba en aplicación del presente Convenio.

Art. 35. *Restricciones sobre la carga.—a)* Las aeronaves que se empleen en la navegación internacional no podrán transportar municiones de guerra o material de guerra en o sobre el territorio de un Estado, excepto con el consentimiento de tal Estado. Cada Estado determinará, mediante reglamentaciones, lo que constituye municiones de guerra o material de guerra a los fines del presente artículo, teniendo debidamente en cuenta, a los efectos de uniformidad, las recomendaciones que la Organización de Aviación Civil Internacional haga oportunamente.

b) Cada Estado contratante se reserva el derecho, por razones de orden público y de seguridad, de reglamentar o prohibir el transporte en o sobre su territorio de otros artículos que no sean los especificados en el párrafo *a)*, siempre que no haga ninguna distinción a este respecto entre sus aeronaves nacionales que se empleen en la navegación internacional y las aeronaves de otros Estados que se empleen para los mismos fines y siempre que, además, no imponga restricción alguna que pueda obstaculizar el transporte y uso en las aeronaves de los aparatos necesarios para la operación, o navegación de éstas o para la seguridad del personal o de los pasajeros.

Art. 36. *Aparatos fotográficos.*—Cada Estado contratante puede prohibir o reglamentar el uso de aparatos fotográficos en las aeronaves que vuelen sobre su territorio.

CAPITULO VI

NORMAS Y MÉTODOS RECOMENDADOS INTERNACIONALES

Art. 37. *Adopción de normas y procedimientos internacionales.*—Cada Estado contratante se compromete a colaborar, a fin de lograr el más alto grado de uniformidad posible en las reglamentaciones, normas, procedimientos y organización relativos a las aeronaves, personal, aerovías y servicios auxiliares, en todas las cuestiones en que tal uniformidad facilite y mejore la navegación aérea.

A este fin, la Organización de Aviación Civil Internacional adoptará y enmendará, en su oportunidad, según sea necesario, las normas, métodos recomendados y procedimientos internacionales que traten de:

a) Sistemas de comunicaciones y ayudas para la navegación aérea, incluida la señalización terrestre;

b) Características de los aeropuertos y áreas de aterrizaje;

c) Reglas del aire y métodos de control del tránsito aéreo;

d) Otorgamiento de licencias del personal operativo y mecánico;

e) Aeronavegabilidad de las aeronaves;

f) Matrícula e identificación de las aeronaves;

g) Compilación e intercambio de información metereológica;

h) Diarios de a bordo;

i) Mapas y cartas aeronáuticos;

j) Formalidades de aduana e inmigración;

k) Aeronaves en peligro e investigación de accidentes;

y de otras cuestiones relacionadas con la seguridad, regularidad y eficiencia de la navegación aérea que en su oportunidad puedan considerarse apropiadas.

Art. 38. *Desviaciones respecto de las normas y procedimientos internacionales.*—Cualquier Estado que considere impracticable cumplir, en todos sus aspectos, con cualesquiera de tales normas o procedimientos internacionales, o concordar totalmente sus reglamentaciones o métodos con alguna norma o procedimiento internacionales, después de enmendados éstos últimos, o que considere necesario adoptar reglamentaciones o métodos que difieran en cualquier aspecto particular de lo establecido por una norma internacional, notificará inmediatamente a la Organización de Aviación Civil Internacional las diferencias entre sus propios métodos y lo establecido por la norma internacional. En el caso de enmiendas a las normas internacionales, todo Estado que no haga las enmiendas adecuadas en sus reglamentaciones o métodos lo comunicará al Consejo dentro de sesenta días a partir de la adopción de la enmienda a la norma internacional o indicará las medidas que se proponga adoptar. En tales casos, el Consejo notificará inmediatamente a todos los demás Estados las diferencias que existan entre uno o varios puntos de una norma internacional y el método nacional correspondiente del Estado en cuestión.

Art. 39. *Anotaciones en los certificados y licencias.*—*a)* Toda aeronave o pieza de ésta, respecto a la cual exista una norma internacional de aeronavegabilidad o de comportamiento de vuelo y que deje de satisfacer en algún aspecto dicha norma en el momento de su certificación, debe llevar anotada en el certificado de aeronavegabilidad, o agregada a éste, una enumeración completa de los detalles respecto a los cuales deje de satisfacer dicha norma.

b) Todo titular de una licencia que no reúna por completo las condiciones prescritas por la norma internacional relativa a la clase de licencia o certificado que posea, debe llevar anotada en su licencia o agregada a ésta una enumeración completa de los aspectos en que deje de cumplir con dichas condiciones.

Art. 40. *Validez de los certificados y licencias con anota-*

ciones.—Ninguna aeronave ni personal cuyos certificados o licencias estén así anotados podrán participar en la navegación internacional, sin permiso del Estado o Estados en cuyo territorio entren. La matriculación o empleo de tales aeronaves, o de cualquier pieza certificada de aeronave, en un Estado que no sea aquél en el que se certificaron originariamente, quedará a discreción del Estado en el que se importen las aeronaves o la pieza.

Art. 41. *Reconocimiento de las normas de aeronavegabilidad existentes.*—Las disposiciones del presente Capítulo no se aplicarán a las aeronaves ni al equipo de aeronaves de los tipos cuyo prototipo se someta a las autoridades nacionales competentes para su certificación antes de expirar los tres años siguientes a la fecha de adopción de una norma internacional de aeronavegabilidad para tal equipo.

Art. 42. *Reconocimiento de las normas existentes sobre competencia del personal.*—Las disposiciones del presente Capítulo no se aplicarán al personal cuyas licencias se expidan originariamente antes de cumplirse un año a partir de la fecha de adopción inicial de una norma internacional de calificación de tal personal; pero, en cualquier caso, se aplicarán a todo el personal cuyas licencias sigan siendo válidas cinco años después de la fecha de adopción de dicha norma.

SEGUNDA PARTE

LA ORGANIZACION DE AVIACION CIVIL INTERNACIONAL

CAPITULO VII

LA ORGANIZACIÓN

Art. 43. *Nombre y composición.*—Por el presente Convenio se crea un organismo que se denominará Organización de Aviación Civil Internacional. Se compone de una Asamblea, un Consejo y demás órganos que se estimen necesarios.

Art. 44. *Objetivos.*—Los fines y objetivos de la Organización son desarrollar los principios y técnicas de la navegación aérea internacional y fomentar la organización y el desenvolvimiento del transporte aéreo internacional, para:

a) Lograr el desarrollo seguro y ordenado de la aviación civil internacional en todo el mundo;

b) Fomentar las técnicas de diseño y manejo de aeronaves para fines pacíficos;

c) Estimular el desarollo de aerovías aeropuertos e instalaciones y servicios de navegación aéra para la aviación civil internacional;

d) Satisfacer las necesidades de los pueblos del mundo respecto a un transporte aéreo seguro, regular, eficaz y económico;

e) Evitar el despilfarro económico producido por una competencia excesiva;

f) Asegurar que se respeten plenamente los derechos de los Estados contratantes y que cada Estado contratante tenga oportunidad equitativa de explotar empresas de transporte aéreo internacional;

g) Evitar discriminación entre Estados contratantes;

h) Promover la seguridad de vuelo en la navegación aérea internacional;

i) Promover, en general, el desarrollo de la aeronáutica civil internacional en todos sus aspectos.

Art. 45. *Sede permanente.*—La Organización tendrá su sede permanente en el lugar que determine en su reunión final a la Asamblea Interina de la Organización Provisional de Aviación Civil Internacional, creada por el Convenio Provisional de Aviación Civil Internacional, firmado en Chicago el 7 de diciembre de 1944. La sede podrá trasladarse temporalmente a otro lugar por decisión del Consejo, y no siendo con carácter provisional por decisión de la Asamblea. Para tomar tal decisión será necesario el número de votos que determine la Asamblea. El número de votos así determinado no podrá ser inferior a las tres quintas partes del total de los Estados contratantes.

Art. 46. *Primera reunión de la Asamblea.*—La primera reunión de la Asamblea será convocada por el Consejo Interino de la Organización Provisional precitada, tan pronto como entre en vigor el presente Convenio, para celebrarse en la fecha y lugar que designe el Consejo Interino.

Art. 45: Este es el texto del artículo modificado en el VIII período de sesiones de la Asamblea, el 14 de junio de 1954; entró en vigor el 16 de mayo de 1958. De acuerdo con el art. 94 *a)* del Convenio el texto modificado está en vigor por lo que se refiere a los Estados que hayan ratificado la enmienda. Por lo que se refiere a los Estados que no la hayan ratificado, continúa en vigor el texto original y, por consiguiente, éste se reproduce a continuación:

«La Organización tendrá su sede permanente en el lugar que determine en su reunión final la Asamblea Interina de la Organización Provisional de Aviación Civil Internacional, creada por el Convenio Provisional de Aviación Civil Internacional, firmado en Chicago el 7 de diciembre de 1944. La sede podrá trasladarse temporalmente a otro lugar por decisión del Consejo.»

Art. 47. *Capacidad jurídica.*—La Organización gozará en el territorio de todo Estado contratante de la capacidad jurídica necesaria para el ejercicio de sus funciones. Se le concederá plena personalidad jurídica en cualquier lugar en que ello sea compatible con la constitución y las leyes del Estado de que se trate.

CAPITULO VIII

LA ASAMBLEA

Art. 48. *Reuniones de la Asamblea y votaciones.*—*a)* La Asamblea se reunirá por lo menos una vez cada tres años y será convocada por el Consejo en la fecha y lugar apropiados. La Asamblea podrá celebrar reuniones extraordinarias en todo momento por convocatoria del Consejo o a petición de diez Estados contratantes dirigida al Secretario general.

b) Todos los Estados contratantes tendrán igual derecho a estar representados en las reuniones de la Asamblea y cada Estado contratante tendrá derecho a un voto. Los delegados que representen a los Estados contratantes podrán ser asistidos por asesores técnicos, quienes podrán participar en las reuniones, pero sin derecho a voto.

c) En las reuniones de la Asamblea, será necesaria la mayoría de los Estados contratantes para constituir quórum. Salvo disposición en contrario del presente Convenio, las decisiones de la Asamblea se tomarán por mayoría de votos emitidos.

Art. 49. *Facultades y deberes de la Asamblea.*—Serán facultades y deberes de la Asamblea:

a) Elegir en cada reunión a su Presidente y otros dignatarios;

b) Elegir los Estados contratantes que estarán representados en el Consejo, de acuerdo con las disposiciones del Capítulo IX;

c) Examinar los informes del Consejo y actuar según convenga y decidir en cualquier asunto que éste someta a su consideración;

d) Establecer su propio reglamento interno y crear las comisiones auxiliares que juzgue necesario y conveniente;

e) Aprobar presupuestos anuales y determinar el régimen financiero de la Organización de

---

Art. 48.*a):* Modificado Protocolo de 14 de junio de 1954 (*B.O.E.* n.° 176, de 24 de julio de 1981).

Art. 49.*e):* V. nota al pie del art. 48 *a).*

acuerdo con lo dispuesto en el Capítulo XII;

f) Examinar los gastos y aprobar las cuentas de la Organización;

g) A su discreción referir al Consejo, a las comisiones auxiliares o a cualquier otro órgano toda cuestión que esté dentro de su esfera de acción;

h) Delegar en el Consejo las facultades y autoridad necesarias o convenientes para el desempeño de las funciones de la Organización y revocar o modificar en cualquier momento tal delegación de autoridad;

i) Llevar a efecto las disposiciones apropiadas del Capítulo XIII;

j) Considerar las propuestas de modificación o enmienda de las disposiciones del presente Convenio y, si las aprueba, recomendarlas a los Estados contratantes de acuerdo con las disposiciones del Capítulo XXI;

k) Entender en toda cuestión que esté dentro de la esfera de acción de la Organización, no asignada expresamente al Consejo.

CAPITULO IX

El consejo

Art. 50. *Composición y elección del Consejo.—a)* El Consejo será un órgano permanente, responsable ante la Asamblea. Se compondrá de treinta Estados contratantes, elegidos por la Asamblea. Se efectuará una elección en la primera reunión de la Asamblea y, después, de cada tres años. Los miembros del Consejo así elegidos permanecerán en funciones hasta la elección siguiente.

b) Al elegir los miembros del Consejo, la Asamblea dará representación adecuada: 1) a los Estados de mayor importancia en el transporte aéreo; 2) a los Estados, no incluidos de otra manera, que contribuyan en mayor medida al suministro de instalaciones y servicios para la navegación aérea civil internacional; y 3) a los Estados, no incluidos de otra manera, cuya designación asegure la representación en el Consejo de todas las principales regiones geográficas del

---

Art. 50.*a):* Este es el texto del artículo modificado en el 17. (A) período de sesiones (extraordinario) de la Asamblea, el 12 de marzo de 1971; entró en vigor el 16 de enero de 1973. El texto anterior, modificado por el 13.° período de sesiones (extraordinario) de la Asamblea el 19 de junio de 1961, entró en vigor el 17 de julio de 1962, disponía que el Consejo estaría integrado por veintisiete miembros: el texto inicial del Convenio preveía veintiuno.

mundo. Toda vacante en el Consejo será cubierta por la Asamblea lo antes posible; el Estado contratante así elegido para el Consejo permanecerá en funciones hasta la expiración del mandato de su predecesor.

c) Ningún representante de un Estado contratante en el Consejo podrá estar activamente vinculado con la explotación de un servicio aéreo internacional, o estar financieramente interesado en tal servicio.

Art. 51. *Presidente del Consejo.*—El Consejo elegirá su Presidente por un período de tres años. Puede ser reelegido. No tendrá derecho a voto. El Consejo elegirá entre sus miembros uno a más vicepresidentes, quienes conservarán su derecho a voto cuando actúen como Presidente. No se requiere que el Presidente sea elegido entre los representantes de los miembros del Consejo pero si se elige a un representante su puesto se considerará vacante y será cubierto por el Estado que representaba. Las funciones del Presidente serán:

a) Convocar las reuniones del Consejo, del Comité de Transporte Aéreo y de la Comisión de Aeronavegación;

b) Actuar como representante del Consejo; y

c) Desempeñar en nombre del Consejo las funciones que éste le asigne.

Art. 52. *Votaciones en el Consejo.*—Las decisiones del Consejo deberán ser aprobadas por mayoría de sus miembros. El Consejo podrá delegar su autoridad, respecto a determinada cuestión, en un comité elegido entre sus miembros. Todo Estado contratante interesado podrá apelar ante el Consejo de las decisiones tomadas por cualquiera de los comités del Consejo.

Art. 53. *Participación sin derecho a voto.*—Todo Estado contratante puede participar, sin derecho a voto, en la consideración por el Consejo y por sus comités y comisiones de toda cuestión que afecte especialmente a sus intereses. Ningún miembro del Consejo podrá votar en la consideración por el Consejo de una controversia en la que aquél sea parte.

Art. 54. *Funciones obligatorias del Consejo.*—El Consejo debe:

a) Someter informes anuales a la Asamblea;

b) Ejecutar las instrucciones de la Asamblea y cumplir con los deberes y obligaciones que le asigna el presente Convenio;

c) Determinar su organización y reglamento interno;

d) Nombrar y definir las funciones de un Comité de Transporte Aéreo, que será elegido entre los representantes de los miembros del Consejo y ante el cual será responsable el Comité;

e) Establecer una Comisión de Aeronavegación, de acuedo con las disposiciones del Capítulo X;

f) Administrar los fondos de la Organización, de acuerdo con las disposiciones de los Capítulos XII y XV;

g) Fijar los emolumentos del Presidente del Consejo;

h) Nombrar un funcionario ejecutivo principal, que se denominará Secretario General, y adoptar medidas para el nombramiento del personal necesario, de acuerdo con las disposiciones del Capítulo XI;

i) Solicitar, compilar, examinar y publicar información relativa al progreso de la navegación aérea y a la operación de los servicios aéreos internacionales, incluyendo información sobre los costos de explotación y datos sobre subvenciones pagadas por el erario público a las líneas aéreas;

j) Comunicar a los Estados contratantes toda infracción del presente Convenio, así como toda inobservancia de las recomendaciones o decisiones del Consejo;

k) Comunicar a la Asamblea toda infracción del presente Convenio, cuando un Estado contratante no haya tomado las medidas pertinentes en un lapso razonable, después de notificada la infracción;

l) Adoptar, normas y métodos recomendados internacionales, de acuerdo con las disposiciones del Capítulo VI del presente Convenio, designándolos, por razones de conveniencia, como Anexos al presente Convenio, y notificar a todos los Estados contratantes las medidas adoptadas;

m) Considerar las recomendaciones de la Comisión de Aeronavegación para enmendar los Anexos y tomar medidas de acuerdo con las disposiciones del Capítulo XX;

n) Examinar todo asunto relativo al Convenio que le someta a su consideración un Estado contratante.

Art. 55. *Funciones facultativas del Consejo.*—El Consejo puede:

a) Cuando sea conveniente y lo aconseje la experiencia, crear comisiones subordinadas de transporte aéreo sobre base regional o de otro modo y designar grupos de Estados o líneas aéreas con los cuales, o por su conducto, pueda tratar para facilitar la realización de los fines del presente Convenio;

b) Delegar en la Comisión de Aeronavegación otras funciones, además de las previstas en el presente Convenio, y revocar o modificar en cualquier momento tal delegación;

c) Realizar investigaciones en todos los aspectos del transporte aéreo y de la navegación aérea que sean de importancia internacional, comunicar los resultados de sus investigaciones a los Estados contratantes y facilitar entre éstos el intercambio de información sobre asuntos de transporte aéreo y navegación aérea;

d) Estudiar todos los asuntos relacionados con la organización y explotación del transporte aéreo internacional, incluso la propiedad y explotación internacionales de servicios aéreos internacionales en las rutas troncales, y presentar a la Asamblea proyectos sobre tales cuestiones;

e) Investigar, a petición de cualquier Estado contratante, toda situación que pueda presentar obstáculos evitables al desarrollo de la navegación aérea internacional y, después de tal investigación, emitir los informes que considere convenientes.

CAPITULO X

LA COMISIÓN DE AERONAVEGACIÓN

Art. 56. *Nombramiento de la Comisión.*—La Comisión de Aeronavegación se compondrá de quince miembros, nombrados por el Consejo entre las personas propuestas por los Estados contratantes. Dichas personas deberán poseer las calificaciones y experiencia apropiadas en la ciencia y práctica aeronáuticas. El Consejo invitará a todos los Estados contratantes a que presenten candidaturas. El Presidente de la Comisión de Aeronavegación será nombrado por el Consejo.

Art. 57. *Obligaciones de la Comisión.*—La Comisión de Aeronavegación debe:

a) Considerar y recomendar al Consejo, a efectos de adopción, modificaciones a los Anexos del presente Convenio;

b) Establecer subcomisiones técnicas en las que podrá estar representado todo Estado contratante, si así lo desea;

c) Asesorar al Consejo sobre la compilación y comunicación a los Estados contratantes de toda información que considere necesaria y útil para el progreso de la navegación aérea.

Art. 56: Texto resultante de la modificación realizada por el 18.° período de sesiones de la Asamblea el 7 de julio de 1971, que entró en vigor el 19 de diciembre de 1974; el texto inicial del Convenio disponía que la Comisión de Aeronavegación estaría integrada por doce miembros.

CAPITULO XI

Personal

Art. 58. *Nombramiento del personal.*—Con sujección a los reglamentos establecidos por la Asamblea y a las disposiciones del presente Convenio, el Consejo determinará el método de nombramiento y cese en el servicio, la formación profesional, los sueldos, bonificaciones y condiciones de empleo del Secretario General y demás personal de la Organización, pudiendo emplear o utilizar los servicios de súbditos de cualquier Estado contratante.

Art. 59. *Carácter internacional del personal.*—En el desempeño de sus funciones, el Presidente del Consejo, el Secretario General y demás personal no deberán solicitar ni recibir instrucciones de ninguna autoridad externa a la Organización. Cada Estado contratante se compromete plenamente a respetar el carácter internacional de las funciones del personal y a no tratar de ejercer influencia sobre sus súbditos en el desempeño de sus funciones.

Art. 60. *Inmunidades y privilegios del personal.*—Cada Estado contratante se compromete, en la medida que lo permita su sistema constitucional, a conceder al Presidente del Consejo, al Secretario General y demás personal de la Organización las inmunidades y privilegios que se concedan al personal correspondiente de otros organismos internacionales públicos. Si se llegase a un acuerdo internacional general sobre las inmunidades y privilegios de los funcionarios civiles internacionales, las inmunidades y privilegios concedidos al Presidente, al Secretario General y demás personal de la Organización, serán los otorgados de conformidad con dicho acuerdo internacional general.

CAPITULO XII

Finanzas

Art. 61. *Presupuesto y distribución de gastos.*-El Consejo someterá a la Asamblea presupuestos, estados de cuentas y cálculos de todos los ingresos y egresos por períodos anuales. La Asamblea aprobará los presupuestos con las modificaciones que considere conveniente introducir y, a excepción del prorrateo de contribuciones que se ha-

---

Art. 61: Modificado. Protocolo de 14 de junio de 1954 *(B.O.E.* n.º 176, de 24 de julio de 1981).

ga de acuerdo con el Capítulo XV entre los Estados que consientan en ello, distribuirá los gastos de la Organización entre los Estados contratantes en la forma que oportunamente determine.

Art. 62. *Suspensión del derecho de voto.*—La Asamblea puede suspender el derecho de voto en la Asamblea y en el Consejo a todo Estado contratante que, en un período razonable, no cumpla sus obligaciones financieras para con la Organización.

Art. 63. *Gastos de las delegaciones y otros representantes.*—Cada Estado contratante sufragará los gastos de su propia delegación en la Asamblea y la remuneración, gastos de viaje y otros de toda persona que nombre para actuar en el Consejo, así como de las que representen o actúen por designación de tal Estado en cualquier comité o comisión subsidiaria de la Organización.

CAPITULO XIII

OTROS ARREGLOS INTERNACIONALES

Art. 64. *Arreglos sobre seguridad.*—La Organización puede, por voto de la Asamblea, en lo que respecta a cuestiones aéreas de su competencia que afecten directamente a la seguridad mundial, concluir arreglos apropiados con toda organización general que establezcan las naciones del mundo para preservar la paz.

Art. 65. *Arreglos con otros organismos internacionales.*—El Consejo, en nombre de la Organización, podrá concluir acuerdos con otros organismos internacionales para el mantenimiento de servicios comunes y para arreglos comunes concernientes al personal y, con la aprobación de la Asamblea, podrá participar en todos aquellos arreglos susceptibles de facilitar la labor de la Organización.

Art. 66. *Funciones relativas a otros acuerdos.—a)* La Organización, asimismo, desempeñará las funciones asignadas por el Acuerdo de Tránsito de los Servicios Aéreos Internacionales y por el Acuerdo de Transporte Aéreo Internacional, redactados en Chicago el 7 de diciembre de 1944, según los términos y condiciones establecidos en ellos.

b) Los miembros de la Asamblea y del Consejo, que no hayan aceptado el Acuerdo de Tránsito de los Servicios Aéreos Internacionales o el Acuerdo de Transporte Aéreo Internacional, redactados en Chicago el 7 de diciembre de 1944, no tendrán derecho a votar sobre ninguna cuestión referida a la Asamblea o al Consejo de conformidad con las disposiciones del Acuerdo de que se trate.

TERCERA PARTE

TRANSPORTE AEREO INTERNACIONAL

CAPITULO XIV

Datos e informes

Art. 67. *Transmisión de informes al Consejo.*—Cada Estado contratante se compromete a que sus líneas aéreas internacionales comuniquen al Consejo, según las prescripciones establecidas por el mismo, informes sobre tráfico, estadísticas de costos y estados financieros que muestren, entre otras cosas, todos los ingresos y las fuentes de su procedencia.

CAPITULO XV

Aeropuertos y otras instalaciones y servicios para la navegación aérea

Art. 68. *Designación de rutas y aeropuertos.*—Cada Estado contratante puede, con sujeción a las disposiciones del presente Convenio, designar la ruta que deberá seguir en su territorio cualquier servicio aéreo internacional así como los aeropuertos que podrá utilizar.

Art. 69. *Mejora de las instalaciones y servicios para la navegación aérea.*—Si el Consejo estima que los aeropuertos u otras instalaciones y servicios para la navegación aérea de un Estado contratante, incluso los servicios de radio y meteorológicos, no son razonablemente adecuados para el funcionamiento seguro, regular, eficaz y económico de los servicios aéreos internacionales, existentes o en proyecto, el Consejo consultará con el Estado en cuestión y con otros Estados afectados, con miras a encontrar los medios por los cuales la situación pueda remediarse y podrá hacer recomendaciones a tal efecto. Ningún Estado contratante será culpable de infracción del presente Convenio si no pone en práctica tales recomendaciones.

Art. 70. *Financiación de las instalaciones y servicios para la navegación aérea.*—Un Estado contratante, en las circunstancias resultantes de las disposiciones del artículo 69, puede concluir un arreglo con el Consejo para dar efecto a tales recomendaciones. El Estado podrá optar por hacerse cargo de todos los gastos que implique tal arreglo; en caso contrario el Consejo puede convenir, a petición, del

Estado, en sufragar la totalidad o parte de los gastos.

Art. 71. *Provisión y mantenimiento de las instalaciones y servicios por el Consejo.*—Si un Estado contratante así lo solicita, el Consejo puede convenir en proveer, dotar de personal, mantener y administrar en su totalidad o en parte los aeropuertos y otras instalaciones y servicios para la navegación aérea, incluso los servicios de radio y metereológicos requeridos en su territorio para el funcionamiento seguro, regular, eficaz y económico de los servicios aéreos internacionales de los demás Estados contratantes y podrá fijar derechos justos y razonables por el uso de las instalaciones y servicios proporcionados.

Art. 72. *Adquisición o uso de terrenos.*—Cuando se necesiten terrenos para instalaciones y servicios financiados en su totalidad o en parte por el Consejo a petición de un Estado contratante, tal Estado deberá proveerlos, conservando su título si lo desea, o bien facilitar al Consejo su uso en condiciones justas y razonables y de acuerdo con las leyes de dicho Estado.

Art. 73. *Gastos y prorrateo de fondos.*—El Consejo, dentro del límite de los fondos que ponga a su disposición la Asamblea de acuerdo con el Capítulo XII, puede efectuar los gastos ordinarios para los fines del presente Capítulo, con los fondos generales de la Organización. A los fines del presente Capítulo, el Consejo fijará, en la proporción previamente acordada y por un plazo razonable, las aportaciones al capital necesario entre los Estados contratantes que consientan en ello y cuyas líneas aéreas utilicen las instalaciones y servicios. El Consejo puede también prorratear, entre los Estados que lo consientan, cualquier capital circulante requerido.

Art. 74. *Ayuda técnica y destino de los ingresos.*—Cuando, a petición de un Estado contratante, el Consejo adelante fondos, o proporcione aeropuertos u otras instalaciones y servicios en su totalidad o en parte, el acuerdo puede prever, si tal Estado consiente en ello, asistencia técnica en la supervisión y funcionamiento de tales aeropuertos y otras intalaciones y servicios y el pago, por medio de los ingresos derivados de la explotación de los aeropuertos y de las instalaciones y servicios, de los gastos de funcionamiento de dichos aeropuertos e instalaciones y servicios, así como de los intereses y de la amortización.

Art. 75. *Adquisición de las instalaciones y servicios suministrados por el Consejo.*—Un Estado contratante puede en cualquier momento liberarse de toda obligación contraída en virtud del artículo 70 y hacerse cargo de los aeropuertos y otras instalaciones y servicios provistos por el Consejo en su territorio según las disposiciones de los artículos 71 y 72, mediante pago al Consejo de una suma que, en opinión de éste, sea razonable en tales circunstancias. Si el Estado considera que la suma fijada por el Consejo es irrazonable, puede apelar de la decisión del Consejo ante la Asamblea, la que podrá confirmar o enmendar tal decisión.

Art. 76. *Restitución de fondos.*—Los fondos obtenidos por el Consejo, por reembolsos en virtud del artículo 75 y por ingresos de intereses y amortizaciones según el artículo 74 serán, en el caso de adelantos financiados originariamente por los Estados de acuerdo con el artículo 73, restituidos a los Estados entre los cuales se prorratearon originariamente en proporción a sus contribuciones, según lo determinado por el Consejo.

CAPITULO XVI

ORGANIZACIONES DE EXPLOTACION CONJUNTA Y SERVICIOS MANCOMUNADOS

Art. 77. *Organizaciones de explotación conjunta autorizadas.*—Ninguna disposición del presente Convenio impide que dos o más Estados contratantes constituyan organizaciones de explotación conjunta del transporte aéreo ni organismos internacionales de explotación, ni que mancomunen sus servicios aéreos en cualquier ruta o región, pero tales organizaciones u organismos y tales servicios mancomunados estarán sujetos a todas las disposiciones del presente Convenio, incluso las relativas al registro de acuerdos en el Consejo. Este determinará la forma en que las disposiciones del presente Convenio sobre nacionalidad de aeronaves se aplicarán a las utilizadas por organismos internacionales de explotación.

Art. 78. *Función del Consejo.*—El Consejo podrá sugerir a los Estados contratantes interesados la formación de organizaciones conjuntas para efectuar servicios aéreos en cualesquiera rutas o regiones.

Art. 79. *Participación en organizaciones de explotación.*—Un Estado podrá participar en organizaciones de explotación cojunta o en arreglos de mancomún por conducto de su gobierno o de una o varias compañías de transporte aéreo designadas por éste. Las compañías, a discreción exclusiva del Estado interesado, podrán ser estatales, parcialmente estatales o de propiedad privada.

CUARTA PARTE

DISPOSICIONES FINALES

CAPITULO XVII

OTROS ACUERDOS Y ARREGLOS AERONÁUTICOS

Art. 80. *Convenciones de París y de La Habana.*—Cada Estado contratante se compromete, tan pronto como entre en vigor el presente Convenio, a notificar la denuncia de la Convención sobre la Reglamentación de la Navegación Aérea, suscrita en París el 13 de octubre de 1919, o de la Convención sobre Aviación Comercial, suscrita en La Habana el 20 de febrero de 1928, si es parte de una u otra. El presente Convenio reemplaza, entre los Estados contrantes, las Convenciones de París y de La Habana anteriormente mencionadas.

Art. 81. *Registro de acuerdos existentes.*—Todos los acuerdos aeronáuticos que existan al entrar en vigor el presente Convenio, entre un Estado contratante y cualquier otro Estado o entre una línea aérea de un Estado contratante y cualquier otro Estado o línea aérea de otro Estado, se registrarán inmediatamente en el Consejo.

Art. 82. *Abrogación de arreglos incompatibles.*—Los Estados contratantes acuerdan que el presente Convenio abroga todas las obligaciones y entendimientos mutuos que sean incompatibles con sus disposiciones y se comprometen a no contraer tales obligaciones o entendimientos. Un Estado contratante que antes de ser miembro de la Organización haya contraído con un Estado no contratante o un súbdito de un Estado contratante o no, obligaciones incompatibles con las disposiciones del presente Convenio, tomará medidas inmediatas para liberarse de dichas obligaciones. Si una línea aérea de un Estado contratante ha contraído tales obligaciones incompatibles, el Estado del cual sea nacional hará cuanto pueda para conseguir su rescisión inmediata y, en todo caso, hará que se rescindan tan pronto como sea legalmente posible después de la entrada en vigor del presente Convenio.

Art. 83. *Registro de nuevos arreglos.*—Con sujección a lo dispuesto en el artículo precedente, todo Estado contratante puede concertar arreglos que no sean incompatibles con las disposiciones del presente Convenio. Todo arreglo de esta naturaleza se registrará inmediatamente en el Consejo, el cual lo hará público a la mayor brevedad posible.

CAPITULO XVIII

CONTROVERSIAS E INCUMPLIMIENTO

Art. 84. *Solución de controversias.*—Si surge un desacuerdo entre dos o más Estados contratantes sobre la interpretación o la aplicación del presente Convenio y de sus Anexos que no pueda ser solucionado mediante negociaciones, será decidido por el Consejo, a petición de cualquier Estado interesado en el desacuerdo. Ningún miembro del Consejo votará cuando éste trate de una controversia en la que dicho miembro sea parte. Todo Estado contratante podrá, con sujección al artículo 85, apelar de la decisión del Consejo ante un tribunal de arbitraje *ad hoc* aceptado por las otras partes en la controversia, o ante la Corte Permanente Internacional de Justicia. Tal apelación se notificará al Consejo dentro de los sesenta días de recibida la notificación de la decisión del Consejo.

Art. 85. *Procedimiento de arbitraje.*—Si un Estado contratante, parte en una controversía en que se ha apelado de la decisión del Consejo, no ha aceptado el Estatuto de la Corte Permanente Internacional de Justicia y si los Estados contratantes partes en la controversia no pueden concordar en la elección del tribunal de arbitraje, cada uno de los Estados contratantes partes en la controversia designará un árbitro y éstos nombrarán un tercero. Si cualquier Estado contratante parte en la controversia no nombra un árbitro dentro de tres meses desde la fecha de apelación, el Presidente del Consejo designará por tal Estado un árbitro, de una lista de personas cualificadas y disponibles que lleve el Consejo. Si dentro de treinta días los árbitros no pueden convenir en el tercero, el Presidente del Consejo lo designará de la lista antedicha. Los árbitros y el tercero se constituirán entonces en tribunal de arbitraje. Todo tribunal de arbitraje establecido según el presente artículo o el anterior adoptará su propio procedimiento y pronunciará sus decisiones por mayoría de votos, entendiéndose que el Consejo podrá decidir cuestiones de procedimiento en caso de dilaciones que, en su opinión fuesen excesivas.

Art. 86. *Apelaciones.*—Salvo que el Consejo decida otra cosa, toda decisión de éste sobre si una línea aérea internacional funciona de acuerdo con las disposiciones del presente Convenio continuará en vigor a menos que sea revocada en apelación. Sobre toda otra cuestión, las decisiones del Consejo, si se apelan, se suspenderán hasta que se falle la apelación. Las decisiones de la Corte Permanente Internacional de Justicia o de un tribunal de arbitraje serán firmes y obligatorias.

Art. 87. *Sanciones en caso de incumplimiento por las líneas aéreas.*—Todo Estado contratante se compromete a no permitir los vuelos de una línea aérea de un Estado contratante en el espacio aéreo situado sobre su territorio si el Consejo ha decidido que la línea aéra en cuestión no cumple con una decisión pronunciada según el artículo precedente.

Art. 88. *Sanciones a los Estados en caso de incumplimiento.*—La Asamblea suspenderá el derecho de voto en la Asamblea y en el Consejo a todo Estado contratante que se encuentre en falta con respecto a las disposiciones del presente Capítulo.

CAPITULO XIX

GUERRA

Art. 89. *Estado de guerra y situaciones de emergencia.*—En caso de guerra, las disposiciones del presente Convenio no afectarán la libertad de acción de los Estados contratantes afectados, ya sean beligerantes o neutrales. El mismo principio se aplicará cuando un Estado contratante declare estado de emergencia nacional y lo comunique al Consejo.

CAPITULO XX

ANEXOS

Art. 90. *Adopción y enmienda de los anexos.—a)* La adopción por el Consejo de los anexos previstos en el párrafo *l)* del artículo 54, requerirá el voto de dos tercios del Consejo en sesión convocada a ese fin; luego serán sometidos por el Consejo a cada Estado contratante. Todo anexo o enmienda a uno de ellos, surtirá efecto a los tres meses de ser transmitido a los Estados contratantes o a la expiración de un período mayor que prescriba el Consejo, a menos que en el ínterin la mayoría de los Estados contratantes registren en el Consejo su desaprobación.

b) El Consejo notificará inmediatamente a todos los Estados contratantes la entrada en vigor de todo anexo o enmienda a éste.

CAPITULO XXI

RATIFICACIONES, ADHESIONES, ENMIENDAS Y DENUNCIAS

Art. 91. *Ratificación del Convenio.-a)* El presente Convenio deberá ser ratificado por los Estados signatarios. Los instrumentos de ratificación se depositarán en los archivos del Gobierno de los Estados Unidos de América, el cual notificará la fecha de depósito a cada uno de los Estados signatarios y adherentes.

b) Tan pronto como veintiséis Estados hayan ratificado o se hayan adherido al presente Convenio, éste entrará en vigor entre ellos al trigésimo día después del depósito del vigesimosexto instrumento. Entrará en vigor para cada Estado que los ratifique posteriormente, al trigésimo día después del depósito del correspondiente instrumento de ratificación.

c) Será obligación del Gobierno de los Estados Unidos de América notificar al Gobierno de cada uno de los Estados signatarios y adherentes la fecha de entrada en vigor del presente Convenio.

Art. 92. *Adhesión al Convenio.—a)* El presente Convenio quedará abierto a la adhesión de los miembros de las Naciones Unidas, de los Estados asociados a ellos y de los Estados que permanecieron neutrales durante el presente conflicto mundial.

b) La adhesión se efectuará por notificación dirigida al Gobierno de los Estados Unidos de América y surtirá efecto al trigésimo día de la fecha de recibo de la notificación por el Gobierno de los Estados Unidos de América, el cual notificará a todos los Estados contratantes.

Art. 93. *Admisión de otros Estados.*—Los Estados no previstos en los artículos 91 y 92.*a)*, con el voto de los cuatro quintos de las Asambleas y en las condiciones que ésta fije, podrán participar en el presente Convenio, previo consentimiento del organismo internacional general que para preservar la paz establezcan las naciones del mundo; entendiéndose que en cada caso será necesario el asentimiento de todo Estado invadido o atacado durante la guerra actual por el Estado que solicite su ingreso.

Art. 93 bis. *a)* A pesar de las disposiciones de los artículos 91, 92 y 93, que anteceden,

1) Un Estado cuyo gobierno la Asamblea General de las Naciones Unidas ha recomendado que sea excluido de los organismos internacionales, establecidos por las Naciones Unidas o vinculados con ellas, dejará automáticamente de ser miem-

---

Art. 93 bis: El 27 de mayo de 1947, la Asamblea decidió modificar el Convenio de Chicago incluyendo el art. 93 *bis*. De conformidad con el artículo 94.*a)* del Convenio, la enmienda entró en vigor el 20 de marzo de 1961 por lo que se refiere a los Estados que la ratificaron.

bro de la Organización de Aviación Civil Internacional;

2) Un Estado que haya sido expulsado de las Naciones Unidas dejará automáticamente de ser miembro de la Organización de Aviación Civil Internacional, a no ser que la Asamblea General de las Naciones Unidas incluya en su acta de expulsión una recomendación en sentido contrario.

b) Un Estado que deje de ser miembro de la Organización de Aviación Civil Internacional como resultado de lo dispuesto en el párrafo *a)* que antecede, puede previa aprobación de la Asamblea General de las Naciones Unidas, ser readmitido en la Organización de Aviación Civil Internacional mediante solicitud y con la aprobación de la mayoría del Consejo.

c) Los miembros de la Organización que sean suspendidos en el ejercicio de sus derechos y privilegios como miembros de las Naciones Unidas, serán, si lo piden las Naciones Unidas, suspendidos en sus derechos y privilegios, como miembros de esta Organización.

Art. 94. *Enmiendas del Convenio.—a)* Toda enmienda que se proponga al presente Convenio deberá ser aprobada por voto de dos tercios de la Asamblea y entrará en vigor con respecto a los Estados que la hayan ratificado, cuando la ratifique el número de Estados contratantes fijado por la Asamblea. Este número no será inferior a los dos tercios del total de Estados contratantes.

b) Si la Asamblea opina que la enmienda es de naturaleza tal que justifique esta medida, puede disponer, en la resolución que recomiende su adopción, que todo Estado que no la haya ratificado dentro de determinado período después de que éste entre en vigor, cese *ipso facto* de ser miembro de la Organización y parte en el Convenio.

Art. 95. *Denuncia del Convenio.-a)* Todo Estado contratante puede comunicar la denuncia del presente Convenio tres años después de su entrada en vigor, por notificación dirigida al Gobierno de los Estados Unidos de América, quien inmediatamente lo informará a cada uno de los Estados contratantes.

b) La denuncia surtirá efecto un año después de la fecha de recibo de la notificación y sólo se aplicará al Estado que haya hecho tal denuncia.

CAPITULO XXII

DEFINICIONES

Art. 96. A los fines del presente Convenio se entiende por:

a) «Servicio aéreo», todo servicio aéreo regular realizado por aeronaves de transporte público de pasajeros, correo o carga.

b) «Servicio aéreo internacional», el servicio aéreo que pasa por el espacio aéreo sobre el territorio de más de un Estado.

c) «Línea aérea», toda empresa de transporte aéreo que ofrezca o explote un servicio aéreo internacional.

d) «Escala para fines no comerciales», el aterrizaje para fines ajenos al embarque o desembarque de pasajeros, carga o correo.

4. CONVENIO DE VARSOVIA PARA LA UNIFICACION DE CIERTAS REGLAS RELATIVAS AL TRANSPORTE AEREO INTERNACIONAL, ULTIMADO EL 12 DE OCTUBRE DE 1929. RATIFICADO POR ESPAÑA EL 31 DE ENERO DE 1930.

(*Gaceta de Madrid* 233, de fecha de 21 de agosto de 1931).

CAPITULO PRIMERO

OBJETO. DEFINICIONES

Artículo 1.º 1. El presente Convenio se aplica a todo transporte internacional de personas, equipajes o mercancías efectuado, contra remuneración, en aeronave. Se aplica igualmente a los transportes gratuitos efectuados en aeronave por una Empresa de transportes aéreos.

2. Se califica como «transporte internacional», en el sentido del presente Convenio, todo transporte en el cual con arreglo a las estipulaciones de las Partes, el punto de partida y el punto de destino, haya o no interrupción de transporte o transbordo, estén situados ya en el territorio de dos Altas Partes Contratantes, ya en el territorio de una sola Alta Parte Contratante, con tal de que se prevea una escala intermedia, bien en territorio sometido a la soberanía, jurisdicción, mandato o autoridad de cualquier otra Potencia, aunque no sea Contratante. El transporte sin la susodicha escala entre territorios sometidos a la soberanía, jurisdicción, mandato o autoridad de la misma Alta Parte Contratante no se considerará como internacional en el sentido del presente Convenio.

3. El transporte que haya de ejecutarse por varios porteadores por vía aérea, sucesivamente se considerará para la aplicación de este Convenio como transporte único cuando haya sido considerado por las Partes como una sola operación, bien que haya sido ultimado por me-

---

Art. 1.º: V. art. 1.º del Protocolo de La Haya de 1955, que ha modificado el párr. 2 de este artículo.

dio de un solo contrato o por una serie de contratos, y no perderá su carácter internacional por el hecho de que un solo contrato o una serie de ellos deban ejecutarse íntegramente dentro de un territorio reducido a la soberanía, jurisdicción, mandato o autoridad de una misma Alta Parte Contratante.

Art. 2.º 1. Este Convenio se aplicará a los transportes efectuados por el Estado o las demás personas jurídicas de Derecho público, en las condiciones señaladas en el artículo 1.º

2. Quedan exceptuados de la aplicación del presente Convenio los transportes efectuados con arreglo a lo establecido en los Convenios postales internacionales.

CAPITULO II

TITULOS DE TRANSPORTE

SECCION PRIMERA.

Billete de pasaje

Art. 3.º 1. En el transporte de viajeros el porteador está obligado a expedir un billete de pasaje, que deberá contener las indicaciones siguientes:

a) Lugar y fecha de emisión.

b) Puntos de partida y de destino.

c) Las paradas previstas, bajo reserva de la facultad para el porteador de estipular que podrá modificarlas en caso de necesidad, y sin que dicha modificación pueda hacer perder al transporte su carácter internacional.

d) El nombre y la dirección del porteador o de los porteadores.

e) Indicación de que el transporte está sometido al régimen de responsabilidad establecido por el presente Convenio.

2. La falta, irregularidad o pérdida del billete no afectará ni a la existencia ni a la validez del contrato de transporte, que no dejará por ello de estar sometido a las reglas del presente Convenio. Sin embargo, si el portador admite al viajero sin que se le haya expedido un billete de pasaje, no tendrá derecho a prevalerse de las disposiciones de este Convenio que excluyan o limiten su responsabilidad.

SECCION SEGUNDA

Talón de Equipajes

Art. 4.º 1. Para el transporte de equipajes que no sean

Art. 2.º: El art. 2.º del Protocolo ha sustituido al párrafo 2 mediante la disposición contenida en el mismo.

Art. 3.º: V. art. 3.º del Protocolo de La Haya.

Art. 4.º: V. art. 4.º del Protocolo de La Haya, que ha suprimido y sustituido los párrs. 1, 2 y 3 del presente.

los objetos menudos personales que el viajero conserva bajo su custodia, el porteador está obligado a expedir un talón de equipajes.

2. El talón de equipajes estará constituido por dos ejemplares: uno para el viajero y otro para el porteador.

3. Deberá contener las indicaciones siguientes:

a) Lugar y fecha de la emisión.

b) Punto de partida y de destino.

c) Nombre y dirección del porteador o de los porteadores.

d) Número del billete de pasaje.

e) Indicación de que la entrega de los equipajes se hará al portador del talón.

f) Número y peso de las mercancías.

g) Importe del valor declarado, conforme al artículo 22, párrafo 2.

h) Indicación de que el transporte queda sometido al régimen de responsabilidad establecido por el presente Convenio.

4. La falta, irregularidad o pérdida del talón no afecta a la existencia ni a la validez del contrato de transporte, que no dejará por ello de estar sometido a las reglas del presente Convenio. Sin embargo, si el porteador aceptare los equipajes sin expedir un talón, o si el talón no contiene las indicaciones señaladas en las letras *d)*, *f)* y *h)*, el porteador no tendrá derecho a prevalerse de las disposiciones de este Convenio que excluyan o limiten su responsabilidad.

SECCION TERCERA

Carta de porte aéreo

Art. 5.ª 1. Todo porteador de mercancías tiene derecho a pedir al expedidor la relación y entrega de un documento titulado «carta de porte aéreo»; todo expedidor tiene el derecho de pedir al porteador la aceptación de dicho documento.

2. Sin embargo, la falta, irregularidad o pérdida de dicho título no afecta a la existencia ni a la validez del contrato de transporte, que no dejará por ello de estar sometido a las reglas del presente Convenio, a reserva de las disposiciones del artículo 9.º

Art. 6.º 1. La carta de porte aéreo se extenderá por el expendidor en tres ejemplares originales y se entregará con la mercancía.

Art. 6.º: El art. 5.º del Protocolo suscrito en La Haya ha suprimido el párr. 3, que ha sido sustituido por otro, con igual número.

2. El primer ejemplar llevará la indicación «para el porteador»; será firmado por el expedidor. El segundo ejemplar llevará la indicación «para el destinatario»; será firmado por el expedidor y el porteador y acompañará a la mercancía. El tercer ejemplar será firmado por el porteador y remitido por éste al expedidor, previa la aceptación de la mercancía.

3. La firma del porteador deberá ser estampada desde el momento de la aceptación de la mercancía.

4. La firma del porteador podrá ser reemplazada por un sello; la del expedidor podrá ser impresa o reemplazada por un sello.

5. Si, a petición del expedidor, el porteador extendiere la carta de porte aéreo, se considerará, salvo prueba en contrario, como obrando por cuenta del expedidor.

Art. 7.º El Porteador de mercancías tiene derecho a solicitar del expedidor la extensión de cartas de porte aéreo diferentes cuando hubiere diversos bultos.

Art. 8.º La carta de porte aéreo deberá contener las indicaciones siguientes:

a) El lugar donde ha sido extendido el documento y la fecha de su extensión.

b) Los puntos de partida y de destino.

c) Las detenciones previstas, con reserva de la facultad para el porteador de estipular que podrá modificarlas en caso de necesidad, y sin que dicha modificación pueda hacer perder al transporte su carácter de internacional.

d) El nombre y dirección del expedidor.

e) El nombre y dirección del primer porteador.

f) El nombre y dirección del destinatario, si ha lugar.

g) La naturaleza de la mercancía.

h) El número, forma de embalaje, marcas particulares o números de los bultos.

i) El peso, cantidad, volumen o dimensiones de la mercancía.

j) El estado aparente de la mercancía y del embalaje.

k) El precio del transporte y, si se ha estipulado, la fecha y el lugar de pago y la persona que deba pagar.

l) Si el envío se hiciere contra reembolso, el precio de las mercancías y, eventualmente, el importe de los gastos.

m) El importe del valor de-

Art. 8.º: Sustituido totalmente por el 6.º del Protocolo de La Haya.

clarado, conforme al artículo 22, párrafo segundo.

n) El número de ejemplares de la carta de porte aéreo.

o) El plazo de transporte e indicación sumaria de la vía que haya de seguir, si han sido estipulados.

q) La indicación de que el transporte queda sometido al régimen de la responsabilidad señalado por el presente Convenio.

Art. 9.º Si el porteador aceptare mercancías sin que le haya sido entregada una carta de porte aéreo, o si ésta no contuviere todas las indicaciones señaladas en el artículo 8.º, *a)* a *i)*, inclusive, y *q)*, el porteador no tendrá derecho a prevalerse de las disposiciones de este Convenio que excluyan o limiten su responsabilidad.

Art. 10. 1. El expedidor es responsable de la exactitud de las indicaciones y declaraciones concernientes a la mercancía que inscriba en la carta de porte aéreo.

2. Quedará a su cargo la responsabilidad de todo daño sufrido por el porteador o cualquiera otra persona en virtud de sus indicaciones y declaraciones irregulares, inexactas o incompletas.

Art. 11. 1. La carta de porte aéreo hace fe, salvo prueba en contrario, de la ultimación del contrato, del recibo de la mercancía y de las condiciones del transporte.

2. Las indicaciones de la carta de porte aéreo relativas al peso, dimensiones y embalajes de la mercancía, así como al número de los bultos, hacen fe, salvo prueba en contrario; las relativas a la cantidad, volumen y estado de la mercancía no constituirán prueba contra el porteador, sino en tanto que la comprobación haya sido hecha por él en presencia del expedidor, y hechas constar en la carta de porte aéreo, o que se trate de indicaciones relativas al estado aparente de la mercancía.

Art. 12. 1. El expedidor tiene derecho, con condición de cumplir todas las obligaciones resultantes del contrato de transporte, a disponer de la mercancía, ya retirándola en el aeródromo de salida o de destino, ya deteniéndola en curso de ruta en caso de aterrizaje, ya entregándola en el lugar del destino o en curso de ruta a persona distinta del destinatario indicado en la carta de porte aéreo, ya pidiendo su vuelta al aeródromo de

---

Art. 9.º: Sustituido íntegramente por cuanto preceptúa el 7.º del Protocolo de La Haya.

Art. 10: El párr. 2 ha sido suprimido y sustituido por otro con idéntica numeración que recoge el art. 8.º del Protocolo de La Haya.

partida, con tal de que el ejercicio de este derecho no perjudique al porteador ni a los otros expedidores, y con la obligación de reembolsar los gastos que de ello resulten.

2. En el caso de que la ejecución de las órdenes del expedidor sea imposible, el porteador deberá avisárselo inmediatamente.

3. Si el porteador se conformare a las órdenes de disposición del expedidor, sin exigirle la exhibición del ejemplar de la carta de porte aéreo entregada a éste, será responsable, salvo recurso contra el expedidor, del perjuicio que pudiere resultar por este hecho a quien se encuentre regularmente en posesión de la carta de porte aéreo.

4. El derecho del expedidor cesará en el momento en que comience el del destinatario, conforme el artículo 13 que sigue a continuación. Sin embargo, si el destinatario rehusare la carta de porte o la mercancía, o si no fuere hallado, el expedidor recobrará su derecho de disposición.

Art. 13. 1. Salvo en los casos indicados en el artículo precedente, el destinatario tiene derecho, desde la llegada de la mercancía al punto de destino, a solicitar del porteador que le remita la carta de porte aéreo y le entregue la mercancía contra el pago del importe de los créditos y el cumplimiento de las condiciones de transporte indicadas en la carta de porte aéreo.

2. Salvo estipulación en contrario, el porteador deberá avisar al destinatario a la llegada de la mercancía.

3. Si se reconociere por el porteador que la mercancía ha sufrido extravío, o si a la expiración de un plazo de siete días, a partir del que hubiera debido llegar la mercancía no hubiere llegado, el destinatario queda autorizado a hacer valer, con relación al porteador, los derechos resultantes del contrato de transporte.

Art. 14. El expedidor y el destinatario podrán hacer valer todos los derechos que les conceden, respectivamente, los artículos 12 y 13, cada uno en su propio nombre, ya se trate de su propio interés o del interés de un tercero, a condición de ejecutar la obligación que el contrato imponga.

Art. 15. 1. Los artículos 12, 13 y 14 no perjudicarán de manera alguna a las relaciones del expedidor y del destinatario entre sí, ni a las relaciones de ter-

---

Art. 15: El art. 9.° del Protocolo de La Haya ha añadido otro párrafo al presente.

ceros cuyos derechos provengan ya del porteador, ya del destinatario.

2. Toda cláusula que derogue las estipulaciones de los artículos 12, 13 y 14 deberá consignarse en la carta de porte aéreo.

Art. 16. 1. El expedidor está obligado a suministrar los informes y a unir a la carta de porte aéreo los documentos que con anterioridad a la entrega de la mercancía al destinatario sean necesarios para el cumplimiento de las formalidades de Aduana, Consumos o Policía. El expedidor es responsable ante el porteador de todos los perjuicios que pudieran resultar de la falta, insuficiencia e irregularidad de dichos informes y documentos, salvo en el caso de que la falta sea imputable al porteador o a sus encargados.

2. El porteador no está obligado a examinar si dichos informes y documentos son exactos o suficientes.

CAPITULO III

Responsabilidad del porteador

Art. 17. El porteador es responsable del daño ocasionado, en caso de muerte, herida o cualquier otra lesión corporal sufrida por cualquier viajero, cuando el accidente que ha causado el daño se haya producido a bordo de la aeronave o en el curso de todas las operaciones de embarque y desembarque.

Art. 18. 1. El Porteador es responsable del daño ocasionado en caso de destrucción, pérdida o avería de equipajes facturados o de mercancías, cuando el hecho que ha causado el daño se produzca durante el transporte aéreo.

2. El transporte aéreo, con arreglo al sentido del párrafo precedente, comprenderá el período durante, el cual los equipajes o mercancías se hallen bajo la custodia del porteador, sea en un aeródromo o a bordo de una aeronave o en un lugar cualquiera, en caso de aterrizaje fuera de un aeródromo.

3. El período del transporte aéreo no comprende ningún transporte terrestre, marítimo o fluvial efectuado fuera de un aeródromo. Sin embargo, cuando dicho transporte se efectuare en ejecución del contrato de transporte aéreo para fines de carga, entrega o transbordo, todo daño se presumirá, salvo prueba en contrario, como resultante de un hecho acaecido durante el transporte aéreo.

Art. 19. El porteador es responsable del daño ocasionado por retrasos en el transporte aéreo de viajeros, mercancías o equipajes.

Art. 20. 1. El porteador no será responsable si prueba que él y sus comisionados han tomado todas las medidas necesarias para evitar el daño o que les fue imposible tomarlas.

2. En el transporte de mercancías y equipajes, el porteador no será responsable si prueba que el daño proviene de falta de pilotaje, de conducción de la aeronave o de navegación, y que en todos los demás aspectos él y sus agentes han tomado todas las medidas necesarias para evitar el daño.

Art. 21. En el caso de que el porteador probare que la persona lesionada ha sido causante del daño o ha contribuido al mismo, el Tribunal podrá, con arreglo a las disposiciones de su propia Ley, descartar o atenuar la responsabilidad del porteador.

Art. 22. 1. En el transporte de personas, la responsabilidad del porteador con relación a cada viajero se limitará a la suma de ciento veinticinco mil francos. En el caso en que, con arreglo a la Ley del Tribunal que entiende en el asunto, la indemnización pudiere fijarse en forma de renta, el capital de la renta no podrá sobrepasar este límite. Sin embargo, por Convenio especial con el porteador, el viajero podrá fijar un límite de responsabilidad más elevado.

2. En el transporte de equipajes facturados y de mercancías, la responsabilidad del porteador se limitará a la suma de doscientos cincuenta francos por kilogramo, salvo declaración especial de interés en el envío hecho por el expedidor en el momento de la entrega de la mercancía al porteador y mediante el pago de una tasa suplementaria eventual. En este caso el porteador estará obligado a pagar hasta el importe de la suma declarada, a menos que pruebe que es superior al interés real del expedidor en la entrega.

3. En lo que concierne a los objetos cuya custodia conserve el viajero, la responsabilidad del porteador se limitará a cinco mil francos por viajero.

4. Las sumas más arriba indicadas se considerarán como refiriéndose al franco francés, integrado por sesenta y cinco miligramos y medio de oro con la ley de novecientas milésimas de fino. Podrá convertirse en cada moneda nacional en números redondos.

Art. 20: El párr. 2 ha quedado suprimido en virtud del art. 10 del Protocolo de La Haya.

Art. 22: V. art. 11 del Protocolo de La Haya, que ha dado nueva redacción al presente.

Art. 23. Toda cláusula que tienda a exonerar de su responsabilidad al porteador o a señalar un límite inferior al que se fija en el presente Convenio, será nula y de ningún efecto; pero la nulidad de dicha cláusula no implica la nulidad del contrato, que permanecerá sometido a las disposiciones del presente Convenio.

Art. 24. 1. En los casos previstos en los artículos 18 y 19, toda acción de responsabilidad no podrá ser ejercida, cualquiera que sea su título, sino dentro de las condiciones y límites señalados en el presente Convenio.

2. En los casos previstos en el artículo 17 se aplicarán igualmente las disposiciones del párrafo anterior, sin perjuicio de la determinación de las personas que tengan derecho a obrar y de sus respectivos derechos.

Art. 25. 1. El porteador no tendrá derecho a prevalerse de las disposiciones del presente Convenio que excluyen o limitan su responsabilidad si el daño proviene por su dolo o de faltas que, con arreglo a la Ley del Tribunal que entiende en el asunto, se consideren como equivalentes a dolo.

2. Les será igualmente rehusado este derecho si el daño ha sido causado en las mismas condiciones por uno de sus agentes obrando en el ejercicio de sus funciones.

Art. 26. 1. El recibo del equipaje y mercancías sin protesta por parte del destinatario constituirá presunción, salvo prueba en contrario, de que las mercancías han sido entregadas en buen estado y conforme al contrato de transporte.

2. En caso de avería, el destinatario deberá dirigir al porteador una protesta inmediatamente después de descubierta la avería y, a más tardar, dentro de un plazo de tres días para el equipaje y de siete días para las mercancías, a partir de su recibo. En caso de retraso, la protesta deberá hacerse, a más tardar, dentro de los catorce días a partir de aquel en que el equipaje o mercancía fueren puestos a su disposición.

3. Toda protesta deberá hacerse por reserva consignada en el documento de transporte o

---

Art. 23: V. art. 12 del Protocolo de La Haya.

Art. 25: Los párrs. 1 y 2 han quedado sustituidos por cuanto determina el art. 13 del Protocolo de La Haya.

Después del presente, el Protocolo ha añadido al art. 25.*a)*, cuyo texto queda recogido íntegramente en el 14 del mismo, que debe consultarse.

Art. 26: Suprimido el párr. 2, que ha sido sustituido por otra disposición con el mismo número. V. art. 15 del Protocolo de La Haya.

por otro escrito expedido dentro del plazo previsto para dicha protesta.

4. A falta de protesta dentro de los plazos establecidos, todas las acciones contra el porteador serán inadmisibles, salvo en el caso de fraude de éste.

Art. 27. En caso de fallecimiento del deudor, la acción de responsabilidad, dentro de los límites previstos por el presente Convenio, se ejercerá contra sus causahabientes.

Art. 28. 1. La acción de responsabilidad deberá suscitarse, a elección del demandante, en el territorio de una de las Altas Partes Contratantes, ya ante el Tribunal del domicilio del porteador, del domicilio principal de su explotación o del lugar donde posea un establecimiento por cuyo conducto haya sido ultimado el contrato, ya ante el Tribunal del lugar de destino.

2. El procedimiento se regulará por la Ley del Tribunal que entiende en el asunto.

Art. 29. 1. La acción de responsabilidad deberá intentarse, bajo pena de caducidad, dentro del plazo de dos años, a partir de la llegada a su destino o del día en que la aeronave hubiere debido llegar o de la detención del transporte.

2. La forma de efectuar el cálculo del plazo se determinará por la Ley del Tribunal que entiende en el asunto.

Art. 30. 1. En los casos de transporte regulados por la definición del tercer párrafo del artículo 1.º que haya de ser ejecutado por diversos porteadores sucesivos, cada porteador que acepte viajeros, equipajes o mercancías se someterá a las reglas establecidas por dicho Convenio y se considerará como una de las Partes Contratantes del contrato de transporte, con tal de que dicho contrato haga referencia a la parte del transporte efectuado bajo su control.

2. En el caso de que se trate de un transporte de tal índole, el viajero o sus causahabientes no podrán recurrir sino contra el porteador que haya efectuado el transporte en el curso del cual se hubiere producido el accidente o el retraso, salvo en el caso en que, por estipulación expresa, el primer porteador haya asegurado la responsabilidad para todo el viaje.

3. Si se trata de equipaje o mercancías, el expedidor tendrá recurso contra el primer porteador, y el destinatario que tenga derecho a la entrega contra el último, y uno y otro podrán además proceder contra el porteador que hubiere efectuado el transporte en el curso del cual se haya producido la destrucción, pérdida, avería o retraso. Dichos porteadores serán solidariamente responsables ante el expedidor y el destinatario.

CAPITULO IV

DISPOSICIONES RELATIVAS A LOS TRANSPORTES COMBINADOS

Art. 31. 1. En el caso de transportes combinados efectuados en parte por el aire y en parte por cualquier otro medio de transporte, las estipulaciones del presente Convenio no se aplicarán más que al transporte aéreo, y si éste responde a las condiciones del artículo 1.º.

2. Nada en el presente Convenio impide a las Partes, en el caso de transportes combinados, insertar en el documento de transporte aéreo condiciones referentes a otros medios de transporte, a condición de que las estipulaciones del presente Convenio sean respetadas en lo que concierne al transporte por el aire.

CAPITULO V

DISPOSICIONES GENERALES Y FINALES

Art. 32. Serán nulas todas las cláusulas del contrato de transporte y todos los Convenios particulares anteriores al daño por medio de los cuales las Partes derogasen las reglas del presente Convenio, ya que por determinación de la ley aplicable, ya por una modificación de las reglas de competencia. Sin embargo, en el transporte de mercancías se admitirán las cláusulas de arbitraje, dentro de los límites del presente Convenio, cuando el arbitraje deba efectuarse en lugares de la competencia de los Tribunales previstos en el artículo 28, párrafo primero.

Art. 33. Nada en el presente Convenio podrá impedir al porteador rehusar la conclusión de un contrato de transporte o formular reglamentos que no estén en contradicción con las disposiciones del presente Convenio.

Art. 34. El presente Convenio no se aplicará a los transportes aéreos internacionales ejecutados a título de primeros ensayos por Empresas de navegación aérea con vistas al establecimiento de líneas regulares de navegación aérea, ni a los transportes efectuados en circunstancias extraordinarias, fuera de toda operación normal de la explotación aérea.

Art. 34: V. art. 16 del Protocolo de La Haya que modifica el presente.

Art. 35. Cuando en el presente Convenio se emplea la palabra «días», se trata de días corrientes y no de días laborales.

Art. 36. El presente Convenio está redactado en francés en un solo ejemplar, que quedará depositado en los archivos del Ministerio de Negocios Extranjeros de Polonia, y del que se remitirán copias certificadas conformes por intermedio del Gobierno polaco a los Gobiernos de cada una de las Altas Partes Contratantes.

Art. 37. 1. El presente Convenio será ratificado. Los instrumentos de ratificación se depositarán en los archivos del Ministerio de Negocios Extranjeros de Polonia, el cual notificará dicho depósito a los Gobiernos de cada una de las Altas Partes Contratantes.

2. Cuando el presente Convenio haya sido ratificado por cinco de las Altas Partes Contratantes, entrará en vigor, entre ellas, el nonagésimo día después del depósito de la quinta ratificación. Ulteriormente entrará en vigor entre las Altas Partes Contratantes que lo hubieran ratificado y la Alta Parte Contratante que deposite su instrumento de ratificación el nonagésimo día a contar de su depósito.

3. Corresponde al Gobierno de la República de Polonia notificar a los Gobiernos de cada una de las Altas Partes Contratantes la fecha de la entrada en vigor del presente Convenio, así como la del depósito de cada ratificación.

Art. 38. 1. A partir de su entrada en vigor, el presente Convenio quedará abierto a la adhesión de todos los Estados.

2. La adhesión se efectuará por una notificación dirigida al Gobierno de la República de Polonia, el cual la participará al Gobierno de cada una de las Altas Partes Contratantes.

3. La adhesión surtirá sus efectos a partir del nonagésimo día de la notificación hecha al Gobierno de la República de Polonia.

Art. 39. 1. Cada una de las Altas Partes Contratantes podrá denunciar el presente Convenio por medio de una notificación hecha al Gobierno de la República de Polonia, el cual dará cuenta de ella inmediatamente al Gobierno de cada una de las Altas Partes Contratantes.

2. La denuncia surtirá sus efectos seis meses después de la notificación de la denunica y únicamente respecto de la Parte que la haya efectuado.

Art. 40. 1. Las Altas Par-

Art. 40: A continuación de este artículo, el Protocolo de La Haya ha añadido el 40.*a)*, cuyo texto puede verse inserto en el 17 del mencionado Protocolo.

tes Contratantes podrán, en el momento de la firma del depósito de las ratificaciones o de su adhesión, declarar que la aceptación por ellas prestada al presente Convenio no se aplicará a todas o parte de sus colonias, protectorados, territorios bajo mandato o cualquier otro territorio sometido a su soberanía o su autoridad, o a cualquier otro territorio bajo su jurisdicción.

2. En su consecuencia, podrán ulteriormente adherirse separadamente en nombre de todas o parte de sus colonias, protectorados, territorios bajo mandato o cualquier otro territorio sometido a su soberanía o su autoridad, o cualquier otro territorio bajo su jurisdicción que hubieren sido excluidos en su primitiva declaración.

3. Podrán también, conformándose a sus disposiciones, denunciar el presente Convenio separadamente o para todas o parte de sus colonias, protectorados, territorios o bajo mandato o cualquier otro territorio sometido a su soberanía o autoridad, o cualquier otro territorio sometido a su jurisdicción.

Art. 41. Cada una de las Altas Partes Contratantes tendrá la facultad, lo más pronto dos años después de la entrada en vigor del presente Convenio, de provocar la reunión de una nueva Conferencia Internacional con el fin de estudiar las mejoras que podrían introducirse en el presente Convenio. Con este objeto se dirigirá al Gobierno de la República Francesa, el cual adoptará las medidas necesarias para preparar dicha Conferencia.

El presente Convenio, hecho en Varsovia el 12 de octubre de 1929, permanecerá abierto a la firma hasta el 31 de enero de 1930.

Protocolo adicional

Adición artículo 2. Las Altas Partes Contratantes se reservan el derecho de declarar en el momento de la ratificación o de la adhesión, que el artículo 2, primer párrafo, del presente Convenio no se aplicará a los transportes internacionales aéreos efectuados directamente por el Estado, sus colonias, protectorados, territorios bajo mandato o cualquier otro territorio bajo su soberanía, jurisdicción o autoridad.

5. PROTOCOLO DE LA HAYA DE 28 DE SEPTIEMBRE DE 1955, RATIFICADO POR ESPAÑA EN 6 DE DICIEMBRE DE 1965

(*B.O.E.* núm. 133, de 4 de junio de 1973)

CAPITULO PRIMERO

MODIFICACIONES AL CONVENIO

Artículo 1.º En el artículo 1.º del Convenio:

a) Se suprime el párrafo 2 y se sustituye por la siguiente disposición:

«2. A los fines del presente Convenio, la expresión transporte internacional significa todo transporte en el que, de acuerdo con lo estipulado por las Partes, el punto de partida y el punto de destino, haya o no interrupción en el transporte o transbordo, están situados, bien en el territorio de dos Altas Partes Contratantes, bien en el territorio de una sola Alta Parte Contratante si se ha previsto una escala en el territorio de cualquier otro Estado, aunque éste no sea una Alta Parte Contratante. El transporte entre dos puntos dentro del territorio de una sola Alta Parte Contratante, sin una escala convenida en el territorio de otro Estado, no se considerará transporte internacional a los fines del presente Convenio.»

b) Se suprime el párrafo 3 y se sustituye por la siguiente disposición:

«3. El transporte que haya de efectuarse por varios transportistas aéreos sucesivamente, constituirá, a los fines del presente Convenio, un solo transporte cuando haya sido considerado por las Partes como una sola operación, tanto si ha sido objeto de un solo contrato como de una serie de contratos, y no perderá su carácter internacional por el hecho de que un solo contrato o una serie de contratos deban ejecutarse íntegramente en el territorio del mismo Estado.»

Art. 2. En el artículo 2 del Convenio:

Se suprime el párrafo 2 y se sustituye por la siguiente disposición:

«2. El presente Convenio no se aplicará al transporte de correo y paquetes postales.»

Art. 3.º En el artículo 3 del Convenio:

a) Se suprime el párrafo 1 y

se sustituye por la siguiente disposición:

«1. En el transporte de pasajeros deberá expedirse un billete de pasaje, que contenga:

a) La indicación de los puntos de partida y destino.

b) Si los puntos de partida y destino están situados en el territorio de una sola Alta Parte Contratante, y se ha previsto una o más escalas en el territorio de otro Estado, deberá indicarse una de esas escalas.

c) Un aviso indicando que si los pasajeros realizan un viaje cuyo punto final de destino o una escala, se encuentra en un país que no sea el de partida, el transporte podrá ser regulado por el Convenio de Varsovia, el cual, en la mayoría de los casos, limita la responsabilidad del transportista, por muerte o lesiones, así como por pérdidas o averías del equipaje.»

b) Se suprime el párrafo 2 y se sustituye por la siguiente disposición:

«2. El billete de pasaje hace fe, salvo prueba en contrario, de la celebración y de las condiciones del contrato de transporte. La ausencia, irregularidad o pérdida del billete no afectará a la existencia ni a la validez del contrato de transporte, que quedará sujeto a las reglas del presente Convenio. Sin embargo, si, con el consentimiento del transportista, el pasajero se embarca sin que se haya expedido el billete de pasaje, o si este billete no comprende el aviso exigido por el párrafo 1, *c)*, el transportista no tendrá derecho a ampararse en las disposiciones del artículo 22.»

Art. 4.º En el artículo 4 del Convenio:

a) Se suprimen los párrafos 1, 2 y 3 y se sustituyen por la siguiente disposición:

«1. En el transporte de equipaje facturado, deberá expedire un talón de equipaje que, si no está combinado con un billete de pasaje que cumpla con los requisitos del artículo 3, párrafo 1, *c)*, o incorporado al mismo, deberá contener:

a) La indicación de los puntos de partida y destino.

b) Si los puntos de partida y destino están situados en el territorio de una sola Alta Parte Contratante, y se ha previsto una o más escalas en el territorio de otro Estado, deberá indicarse una de esas escalas.

c) Un aviso indicando que, si el transporte cuyo punto final de destino o una escala, se encuentra en un país que no sea el de partida, podrá ser regulado por el Convenio de Varsovia, el cual, en la mayoría de los casos, limita la responsabilidad del transportista por pérdidas o averías del equipaje.»

b) Se suprime el párrafo 4 y

se sustituye por la siguiente disposición:

«2. El talón de equipaje hace fe, salvo prueba en contrario, de haberse facturado el equipaje y de las condiciones del contrato de transporte. La ausencia, irregularidad o pérdida del talón no afecta a la existencia ni a la validez del contrato de transporte, que quedará sujeto a las reglas del presente Convenio. Sin embargo, si el transportista recibe bajo custodia el equipaje sin que se haya expedido un talón de equipaje, o si éste, en el caso de que no esté combinado con un billete de equipaje que cumpla con los requisitos del artículo 3, párrafo 1, *c)*, o incorporado al mismo, no comprende el aviso exigido por el párrafo 1, *c)*, no tendrá derecho a ampararse en las disposiciones del artículo 22, párrafo 2.»

Art. 5.º En el artículo 6.º del Convenio:

Se suprime el párrafo 3 y se sustituye por la siguiente disposición:

«3. El transportista pondrá su firma antes del embarque de la mercancía a bordo de la aeronave.»

Art. 6.º Se suprime el artículo 8.º del Convenio y se sustituye por la siguiente disposición:

«La carta de porte aéreo deberá contener:

a) La indicación de los puntos de partida y destino.

b) Si los puntos de partida y destino están situados en el territorio de una sola Alta Parte Contratante, y se ha previsto una o más escalas en el territorio de otro Estado, deberá indicarse una de esas escalas.

c) Un aviso indicando a los expedidores que si el transporte cuyo punto final de destino o una escala, se encuentra en un país que no sea el de partida, podrá ser regulado por el Convenio de Varsovia, el cual, en la mayoría de los casos, limita la responsabilidad del transportista por pérdida o averías de las mercancías.»

Art. 7.º Se suprime el artículo 9.º del Convenio y se sustituye por la siguiente disposición:

«Si, con el consentimiento del transportista, se embarcan mercancías sin que se haya expedido una carta de porte aéreo, o si ésta no contiene el aviso prescrito en el párrafo *c)* del artículo 8.º, el transportista no tendrá derecho a ampararse en las disposiciones del párrafo 2 del artículo 22.»

Art. 8.º En el artículo 10 del Convenio:

Se suprime el párrafo 2 y se sustituye por la siguiente disposición:

«2. Deberá indemnizar al

transportista, o a cualquier persona con respecto de la cual éste sea responsable, por cualquier daño que sea consecuencia de sus indicaciones y declaraciones irregulares, inexactas o incompletas.»

Art. 9.º Se añade el siguiente párrafo al artículo 15 del Convenio:

«3. Nada en el presente Convenio impedirá la expedición de una carta de porte aéreo negociable.»

Art. 10. En el artículo 20 del Convenio se suprime el párrafo 2.

Art. 11. Se suprime el artículo 22 del Convenio y se sustituye por las siguientes disposiciones:

«Artículo 22. 1. En el transporte de personas la responsabilidad del transportista con respecto a cada pasajero se limitará a la suma de doscientos cincuenta mil francos. En el caso de que, con arreglo a la Ley del Tribunal que conozca del asunto, la indemnización pueda ser fijada en forma de renta, el capital de la renta no podrá sobrepasar este límite. Sin embargo, por convenio especial con el transportista, el pasajero podrá fijar un límite de responsabilidad más elevado.

2. *a)* En el transporte de equipaje facturado y de mercancías, la responsabilidad del transportista se limitará a la suma de doscientos cincuenta francos por kilogramo, salvo declaración especial de valor hecha por el expedidor en el momento de la entrega del bulto al transportista, y mediante el pago de una tasa suplementaria, si hay lugar a ello. En este caso, el transportista estará obligado a pagar hasta el importe de la suma declarada, a menos que pruebe que éste es superior al valor real en el momento de la entrega.

b) En el caso de pérdidas, averías o retrasos de una parte del equipaje facturado o de las mercancías o de cualquier objeto en ellos contenido, solamente se tendrá en cuenta el peso total del bulto afectado para determinar el límite de responsabilidad del transportista. Sin embargo, cuando la pérdida, avería o retraso de una parte del equipaje facturado, de las mercancías o de un objeto en ellos contenido, afecte al valor de otros bultos comprendidos en el mismo talón de equipaje o carta de porte aéreo, se tendrá en cuenta el peso total de tales bultos para determinar el límite de responsabilidad.

3. En lo que concierne a los objetos cuya custodia conserve el pasajero, la responsabilidad del transportista se limitará a cinco mil francos por pasajero.

4. Los límites establecidos

en el presente artículo no tendrán por efecto el restar al Tribunal la facultad de acordar además, conforme a su propia Ley, una suma que corresponda a todo o parte de las costas y otros gastos del litigio en que haya incurrido el demandante. La disposición anterior no regirá cuando el importe de la indemnización acordada, con exclusión de las costas y otros gastos del litigio, no exceda de la suma que el transportista haya ofrecido por escrito al demandante, dentro de un período de seis meses, a contar del hecho que causó los daños, o antes de comenzar el juicio, si la segunda fecha es posterior.

5. Las sumas en francos mencionados en este artículo se considerarán que se refieren a una unidad de moneda consistente en sesenta y cinco miligramos y medio de oro con ley de novecientas milésimas. Podrán ser convertidos en moneda nacional en números redondos. Esta conversión a moneda nacional distinta de la moneda oro se efectuará, si hay procedimiento judicial, con sujeción al valor oro de dicha moneda nacional en la fecha de la sentencia.»

Art. 12. En el artículo 23 del Convenio, la disposición existente aparecerá como párrafo 1, y se añadirá otro párrafo que diga:

«2. Lo previsto en el párrafo 1 del presente artículo no se aplicará a las cláusulas referentes a pérdida o daño resultante de la naturaleza o vicio propio de las mercancías transportadas.»

Art. 13. En el artículo 25 del Convenio:

Se suprimen los párrafos 1 y 2, quedando reemplazados por lo siguiente:

«Los límites de responsabilidad previstos en el artículo 22 no se aplicarán si se prueba que el daño es resultado de una acción u omisión del transportista o de sus dependientes, con intención de causar el daño, o con temeridad y sabiendo que probablemente causaría daño; sin embargo, en el caso de una acción u omisión de los dependientes, habrá que probar también que éstos actuaban en el ejercicio de sus funciones.»

Art. 14. Después del artículo 25 del Convenio se añade el siguiente artículo:

«Art. 25 *a)* 1. Si se intenta una acción contra un dependiente del transportista por daños a que se refiere el presente Convenio, dicho dependiente, si prueba que actuaba en el ejercicio de sus funciones, podrá ampararse en los límites de responsabilidad que pudiera invocar el transportista en virtud del artículo 22.

2. El total de la indemnización obtenible del transportista

y de sus dependientes, en este caso, no excederá de dichos límites.

3. Las disposiciones anteriores del presente artículo no regirán si se prueba que el daño es resultado de una acción u omisión del dependiente, con intención de causar el daño, o con temeridad y sabiendo que probablemente causaría daño.»

Art. 15. En el artículo 26 del Convenio:

Se suprime el párrafo 2 y se sustituye por la siguiente disposición.

«2. En caso de avería, el destinatario deberá presentar una protesta inmediatamente después de haber sido notada dicha avería y, a más tardar, dentro de siete días para los equipajes, y de catorce días para las mercancías, a contar desde la fecha de su recibo. En caso de retraso, la protesta deberá hacerse, a más tardar, dentro de los veintiún días, a contar del día en que el equipaje o la mercancía hayan sido puestos a disposición del destinatario.»

Art. 16. Se suprime el artículo 34 del Convenio y se sustituye por lo siguiente:

«Las disposiciones de los artículos 3.° a 9.°, inclusive, relativos a títulos de transporte, no se aplicarán en caso de transportes efectuados en circunstancias extraordinarias, fuera de toda operación normal de la explotación aérea.»

Art. 17. Después del artículo 40 del Convenio se añade el siguiente artículo:

«Artículo 40 *a)* 1. En el artículo 37, párrafo 2, y en el artículo 40, párrafo 1, la expresión Alta Parte Contratante significa Estado. En todos los demás casos, la expresión Alta Parte Contratante significa el Estado cuya ratificación o adhesión al Convenio ha entrado en vigor y cuya denuncia del mismo no ha surtido efecto.

2. A los fines del Convenio, el término territorio significa no solamente el territorio metropolitano de un Estado, sino también todos los demás territorios de cuyas relaciones exteriores sea responsable dicho Estado.»

CAPITULO II

Campo de aplicación del Convenio modificado por el Protocolo, según los artículos de éste que se reproducen

Art. 18. El Convenio, modificado por este Protocolo, se aplicará al transporte internacional definido en el artículo 1.° del Convenio si los puntos de partida y de destino mencionados en ese artículo se encuentran en los territorios de dos Partes del presente Protocolo o del territorio de una sola Parte, si hay una escala prevista en el territorio de cualquier otro Estado.

CAPITULO III

CLÁUSULAS FINALES

Art. 19. Para las Partes de este Protocolo, el Convenio y el Protocolo se considerarán e interpretarán como un solo instrumento, el que se designará con el nombre de «Convenio de Varsovia modificado en La Haya en 1955».

Art. 20. Hasta la fecha en que entre en vigor, de acuerdo con lo previsto en el artículo 22, párrafo 1, el presente Protocolo permanecerá abierto a la firma por parte de todo Estado que hasta dicha fecha haya ratificado o se haya adherido al Convenio o que haya participado en la Conferencia en que se adoptó el presente Protocolo.

Art. 21. 1. El presente Protocolo se someterá a ratificación de los Estados signatarios.

2. La ratificación del presente Protocolo por todo Estado que no sea parte del Convenio tendrá el efecto de una adhesión al Convenio, modificado por el presente Protocolo.

3. Los instrumentos de ratificación serán depositados ante el Gobierno de la República Popular de Polonia.

Art. 22. 1. Tan pronto como treinta Estados signatarios hayan depositado sus instrumentos de ratificación del presente Protocolo, éste entrará en vigor entre ellos al nonagésimo día, a contar del depósito del trigésimo instrumento de ratificación. Para cada uno de los Estados que ratifiquen después de esa fecha entrará en vigor al nonagésimo día, a contar del depósito de su instrumento de ratificación.

2. Tan pronto como entre en vigor el presente Protocolo será registrado en la Organización de las Naciones Unidas por el Gobierno de la República Popular de Polonia.

Art. 23. 1. Después de su entrada en vigor, el presente Protocolo quedará abierto a la adhesión de todo Estado no signatario.

2. La adhesión al presente Protocolo por un Estado que no sea parte en el Convenio implica la adhesión a dicho Convenio, modificado por el presente Protocolo.

3. La adhesión se efectuará mediante el depósito de un instrumento de adhesión ante el Gobierno de la República Popular de Polonia, el cual surtirá efecto al nonagésimo día a contar de la fecha de depósito.

Art. 24. 1. Toda Parte en

el presente Protocolo podrá denuciarlo mediante notificación dirigida al Gobierno de la República Popular de Polonia.

2. La denuncia surtirá efecto seis meses después de la fecha de recepción por el Gobierno de la República Popular de Polonia de la notificación de dicha denuncia.

3. Para las Partes en el presente Protocolo, la denuncia por cualquiera de ellas del Convenio, de acuerdo con el artículo 39 del mismo, no podrá ser interpretada como una denuncia de dicho Convenio, modificado por el presente Protocolo.

Art. 25. 1. El presente Protocolo se aplicará a todos los territorios de cuyas relaciones exteriores sea responsable un Estado Parte en el presente Protocolo, con la excepción de los territorios respecto a los cuales se haya formulado una declaración conforme al párrafo 2 del presente artículo.

2. Todo Estado podrá declarar, en el momento del depósito de su instrumento de ratificación o adhesión, que la aceptación del presente Protocolo no comprende alguno o algunos de los territorios de cuyas relaciones exteriores sea responsable.

3. Todo Estado podrá posteriormente, por medio de una comunicación dirigida al Gobierno de la República Popular de Polonia, hacer extensiva la aplicación del presente Protocolo a cualquiera de los territorios con respecto a los cuales haya formulado una declaración de acuerdo con lo estipulado en el párrafo 2 del presente artículo. Esta notificación surtirá efecto al nonagésimo día, a contar de la fecha de recepción de la misma por dicho Gobierno.

4. Todo Estado Parte en el presente Protocolo podrá denunciarlo conforme a las disposiciones del artículo 24, párrafo 1, separadamente con respecto a cualquiera de los territorios de cuyas relaciones exteriores tal Estado sea responsable.

Art. 26. El presente Protocolo no podrá ser objeto de reservas, pero todo Estado podrá declarar en cualquier momento, por notificación dirigida al Gobierno de la República Popular de Polonia, que el Convenio, en la forma modificada por el presente Protocolo, no se aplicará al transporte de personas, mercancías y equipaje por sus autoridades militares, en las aeronaves matriculadas en tal Estado y cuya capacidad total haya sido reservada por tales autoridades o por cuenta de las mismas.

Art. 27. El Gobierno de la República Popular de Polonia notificará inmediatamente a los Gobiernos de todos los Estados signatarios del Convenio o del presente Protocolo, de todos los

Estados Partes en el Convenio o en el presente Protocolo, y de todos los Estados Miembros de la Organización de Aviación Civil Internacional o de la Organización de las Naciones Unidas, así como a la Organización de Aviación Civil Internacional.

a) Toda firma del presente Protocolo y la fecha de la misma.

b) El depósito de todo instrumento de ratificación o adhesión de dicho Protocolo y la fecha en que se hizo.

c) La fecha en que el presente Protocolo entre en vigor, de acuerdo con el párrafo 1 del artículo 22.

d) Toda notificación de denuncia y la fecha de su recepción.

e) Toda declaración o notificación hecha de acuerdo con el artículo 25, y la fecha de recepción de la misma.

f) Toda notificación hecha de acuerdo con el artículo 26, y la fecha de recepción de la misma.

EN TESTIMONIO DE LO CUAL, los Plenipotenciarios que suscriben, debidamente autorizados, firman el presente Protocolo.

HECHO en La Haya el vigésimo octavo día del mes de septiembre del año mil novecientos cincuenta y cinco, en tres textos auténticos, en español, francés e inglés. En caso de divergencias, hará fe el texto en idioma francés en que fue redactado el Convenio.

El presente Protocolo será depositado ante el Gobierno de la República Popular de Polonia, donde, de acuerdo con el artículo 20, quedará abierto a la firma, y dicho Gobierno remitirá ejemplares certificados del mismo a los Gobiernos de todos los Estados signatarios del Convenio o del presente Protocolo, de todos los Estados Partes en el Convenio o en el presente Protocolo, y de todos los Estados Miembros de la Organización de Aviación Civil Internacional o de la Oganización de las Naciones Unidas, así como a la Organización de Aviación Civil Internacional.

6. CONVENIO REFERENTE A LA UNIFICACION DE CIERTAS REGLAS RELATIVAS A LOS DAÑOS CAUSADOS POR LA AERONAVE A TERCEROS EN LA SUPERFICIE FIRMADO EN ROMA EL 7 DE OCTUBRE DE 1952. INSTRUMENTO DE RATIFICACION POR ESPAÑA DE 1 DE MARZO DE 1957

(*B.O.E.* núm. 117, de 17 de mayo de 1961)

CAPITULO PRIMERO

PRINCIPIOS DE RESPONSABILIDAD

Artículo 1.º 1. La persona que sufra daños en la superficie tiene derecho a reparación en las condiciones fijadas en este Convenio con sólo probar que los daños provienen de una aeronave en vuelo o de una persona o una cosa caída de la misma. Sin embargo, no habrá lugar a reparación si los daños no son consecuencia directa del acontecimiento que los ha originado, o si se deben al mero hecho del paso de la aeronave a través del espacio aéreo, de conformidad con los reglamentos de tránsito aéreo aplicables.

2. A los fines del presente Convenio se considera que una aeronave se encuentra en vuelo desde que se aplica la fuerza motriz para despegar hasta que termina el recorrido de aterrizaje. Si se trata de una aeronave más ligera que el aire, la expresión «en vuelo» se aplica al período comprendido desde el momento en que se desprende de la superficie hasta aquél en que queda amarrada nuevamente a ésta.

Art. 2.º 1. La obligación de reparar los daños previstos en el artículo 1.º del presente Convenio incumbe al operador de la aeronave.

2. *a)* A los fines del presente Convenio, se considera «el operador» a quien usa la aeronave cuando se causan los daños. Sin embargo, se considera «el operador» a quien, habiendo conferido directa o indirectamente el derecho a usar la aeronave, se ha reservado el control de su navegación.

b) Se considera que usa una aeronave a quien lo hace personalmente o por medio de sus dependientes en el ejercicio de sus funciones, actúen o no dentro de los límites de sus atribuciones.

3. El propietario inscrito en el registro de matrícula se presume operador y responsable como tal, a menos que pruebe, en el juicio para determinar su responsabilidad, que otra persona es el operador, y en cuanto lo permitan los procedimientos aplicables tome las medidas apropiadas para traerla al juicio.

Art. 3.° Si la persona que sea el operador cuando se causen los daños no tuviera el derecho exclusivo a usar la aeronave por un período de más de catorce días, contados a partir del momento en que nació el derecho a usarla, quien lo ha conferido es solidariamente responsable con el operador, estando obligado cada uno de ellos en las condiciones y límites de responsabilidad previstos en este Convenio.

Art. 4.° Si una persona usa una aeronave sin el consentimiento de la que tenga derecho al control de su navegación, esta última, si no prueba que tomó las medidas debidas para evitar el uso, es solidariamente responsable con el usuario ilegítimo de los daños reparables según el artículo 1.°, cada uno de ellos en las condiciones y límites de responsabilidad previstos en este Convenio.

Art. 5.° La persona que sería responsable conforme a este Convenio no está obligada a reparar los daños que sean consecuencia directa de conflictos armados o disturbios civiles, o si ha sido privada del uso de la aeronave por acto de la autoridad pública.

Art. 6.° 1. La persona que sería responsable según este Convenio estará exenta de responsabilidad si prueba que los daños fueron causados únicamente por culpa de la persona que los sufra o de sus dependientes. Si la persona responsable prueba que los daños han sido causados en parte por culpa de la persona que los sufra o de sus dependientes, la indemnización se reducirá en la medida en que tal culpa ha contribuido a los daños. Sin embargo, no habrá lugar a exención o reducción si, en caso de culpa de sus dependientes, la persona que sufra los daños prueba que actuaron fuera de los límites de sus atribuciones.

2. Si los daños resultantes de la muerte o lesiones de una persona sirven de fundamento a una acción de reparación intentada por otra, la culpa de aquélla o de sus dependientes producirá también los efectos previstos en el párrafo anterior.

Art. 7.° Si dos o más aeronaves en vuelo entran en colisión o se perturban entre sí y resultan daños reparables según el artículo 1.°, o si dos o más aeronaves ocasionan conjuntamente tales daños, cada una de las aeronaves se considera como causante del daño, y el operador respectivo será responsable en las condiciones y límites de responsabilidad previstos en este Convenio.

Art. 8.° Las personas mencionadas en el párrafo 3 del artículo 2.° y en los artículos 3.° y 4.°, podrán oponer las excepciones que correspondan al operador según este Convenio.

Art. 9.° El operador, el propietario, la persona responsable de acuerdo con los artículos 3.° y 4.°, o sus dependientes, no serán responsables de los daños causados por una aeronave en vuelo o personas o cosas caídas de la misma que no sean los expresamente previstos en el presente Convenio. Esta disposición no se aplica a la persona que tenga la intención deliberada de provocar un daño.

Art. 10. Ninguna de las disposiciones del presente Convenio prejuzga la cuestión de si la persona responsable de acuerdo con el mismo tiene o no derecho a repetir contra alguna otra persona.

CAPITULO II

EXTENSIÓN DE LA RESPONSABILIDAD

Art. 11. 1. Sin perjuicio de lo dispuesto en el artículo 12, la cuantía de la indemnización por los daños reparables según el artículo 1.°, a cargo del conjunto de personas responsables de acuerdo con el presente Convenio, no excederá, por aeronave y accidente, de:

a) Quinientos mil francos para las aeronaves cuyo peso no exceda de mil kilogramos.

b) Quinientos mil francos, más 400 francos por kilogramo que pase de los mil, para aeronaves que pesen más de mil y no excedan de seis mil kilogramos.

c) Dos millones quinientos mil francos, más 250 francos por kilogramo que pase de los seis mil, para aeronaves que pesen más de seis mil kilogramos y no excedan de veinte mil kilogramos.

d) Seis millones de francos, más 150 francos por kilogramo que pase de los veinte mil kilogramos, para aeronaves que pesen más de veinte mil y no excedan de cincuenta mil kilogramos.

e) Diez millones quinientos mil francos, más 100 francos por kilogramo que pase de los cincuenta mil kilogramos, para aeronaves que pesen más de cincuenta mil kilogramos.

2. La indemnización en caso de muerte o lesiones no excederá de quinientos mil francos por persona fallecida o lesionada.

3. «Peso» significa el peso máximo de la aeronave autorizado para el despegue por el certificado de navegabilidad, excluyendo el efecto del gas ascensional cuando se use.

4. Las sumas en francos mencionadas en este artículo se refieren a una unidad de moneda consistente en sesenta y cinco y medio miligramos de oro con ley de novecientas milésimas. Podrán ser convertidas en moneda nacional en números redondos. Esta conversión en moneda nacional distinta de la moneda-oro se efectuará, si hay procedimiento judicial, con sujeción al valor-oro de dicha moneda nacional en la fecha de la sentencia o, en el caso del artículo 14, en la fecha de la distribución.

Art. 12. 1. Si la persona que sufre los daños prueba que éstos fueron causados por una acción u omisión deliberada del operador o de sus dependientes, realizado con intención de causar daño, la responsabilidad del operador será ilimitada, a condición de que, en el caso de acción u omisión de los dependientes, se pruebe también que actuaban en el ejercicio de sus funciones y dentro de los límites de sus atribuciones.

2. Si una persona se apodera ilícitamente de una aeronave y la usa sin el consentimiento de la persona que tenga derecho a hacerlo, su responsabilidad será ilimitada.

Art. 13. 1. Cuando de acuerdo con lo previsto en los artículos 3.° y 4.°, dos o más personas sean responsables de un daño, en el caso de un propietario inscrito, que sin ser el operador sea considerado responsable en virtud de lo dispuesto en el párrafo 3 del artículo 2.°, las personas que sufran el daño tendrán derecho a una indemnización total superior a la máxima que en virtud de las disposiciones de este Convenio pudiera señalarse contra una cualquiera de las personas responsables.

2. En los casos previstos en el artículo 7.° la persona que sufra los daños tendrá derecho a ser indemnizada hasta la suma de los límites correspondientes a cada una de las aeronaves en cuestión, pero ningún operador será responsable por una suma que exceda de los límites aplicables a su aeronave, a menos que su responsabilidad sea ilimitada, según el artículo 12.

Art. 14. Si el importe de las indemnizaciones fijadas excede del límite de responsabilidad aplicable según las disposiciones de este Convenio, se observarán las siguientes reglas, teniendo en cuenta lo previsto en el párrafo 2 del artículo 11:

a) Si las indemnizaciones se

refieren solamente al caso de muerte o lesiones, o solamente a daños en los bienes, serán reducidas en proporción a sus importes respectivos.

b) Si las indemnizaciones se refieren tanto a muerte o lesiones como a daños a los bienes, la mitad de la cantidad a distribuir se destinará preferentemente a cubrir las indemnizaciones por muerte y lesiones, y de ser insuficiente, dicha cantidad se distribuirá proporcionalmente entre los créditos del caso. El remanente de la cantidad total a distribuir se prorrateará entre las indemnizaciones relativas a daños a los bienes y a la parte no cubierta de las demás indemnizaciones.

CAPITULO III

GARANTÍAS DE RESPONSABILIDAD DEL OPERADOR

Art. 15. 1. Los Estados Contratantes pueden exigir que el operador de una aeronave matriculada en otro Estado Contratante esté asegurado con respecto a su responsabilidad por los daños reparables, según el artículo 1.º, que se causen en el territorio de dichos Estados, hasta los límites que correspondan, según el artículo 11.

2. *a)* El seguro será considerado como satisfactorio si se conforma a las disposiciones del presente Convenio y ha sido contratado con un asegurador autorizado a tal efecto conforme a las leyes del Estado de matrícula de la aeronave o en el que el asegurador tenga su domicilio o la sede principal de sus negocios, y cuya solvencia haya sido comprobada por el Estado respectivo.

b) Si en el Estado que exija un seguro conforme al párrafo 1 de este artículo se ha dictado una sentencia definitiva y no se ha cumplido mediante pago en la moneda de dicho país, los Estados Contratantes pueden negarse a aceptar como solvente al asegurador hasta que el mencionado pago, si se ha reclamado, sea efectuado.

3. No obstante lo dispuesto en el párrafo anterior, el Estado sobrevolado podrá negarse a considerar satisfactorio el seguro contratado por un asegurador que no esté autorizado en un Estado Contratante.

4. En vez del seguro, cualquiera de las siguientes garantías será considerada satisfactoria si cumple los requisitos señalados en el artículo 17:

a) Un depósito en efectivo constituido en una Caja pública o en un Banco autorizado en el Estado Contratante de la matrícula de la aeronave.

b) Una fianza otorgada por

un Banco autorizado para este fin por el Estado Contratante de la matrícula de la aeronave, y cuya solvencia haya sido probada por dicho Estado.

c) Una garantía del Estado Contratante donde esté matriculada la aeronave, si dicho Estado se compromete a no invocar inmunidad en cualquier acción entablada con respecto a dicha garantía.

5. Sin perjuicio de lo dispuesto en el párrafo 6 del presente artículo, el Estado sobrevolado también podrá exigir que la aeronave lleve consigo un documento expedido por el asegurador en el que se haga constar que el seguro ha sido contratado de acuerdo con las disposiciones del presente Convenio y se especifique la persona cuya responsabilidad cubre tal seguro, acompañado de un certificado, expedido por las autoridades competentes del Estado de matrícula de la aeronave o del Estado donde el asegurador tenga su domicilio o la sede principal de negocios, declarando que se ha comprobado la solvencia económica del asegurador. Si se ha constituido otra garantía conforme al párrafo 4 del presente artículo, se expedirá un certificado al respecto por la autoridad competente del Estado de matrícula dc la aeronave.

6. La aeronave no necesitará llevar los documentos a que se refiere el párrafo 5 del presente artículo, si se ha entregado una copia legalizada a la autoridad competente designada por el Estado sobrevolado o a la Organización de Aviación Civil Internacional, si ésta acepta este cometido, en cuyo caso enviará un duplicado a los Estados Contratantes.

7. *a)* Si el Estado sobrevolado tuviera razones fundadas para dudar de la solvencia del asegurador o del Banco que haya prestado una fianza conforme al párrafo 4 del presente artículo, puede exigir pruebas adicionales de tal solvencia y, si surge alguna cuestión respecto al valor de dichas pruebas, se someterá la controversia, a petición de uno de los Estados, a un Tribunal arbitral, que será el Consejo de la Organización de Aviación Civil Internacional o cualquier otro designado por acuerdo de las Partes.

b) Hasta que dicho Tribunal emita su fallo, el seguro o la garantía tendrán validez provisional en el Estado sobrevolado.

8. Cualquier requisito impuesto de acuerdo con el presente artículo será notificado al Secretario General de la Organización de la Aviación Civil Internacional, quien lo comunicará a los Estados Contratantes.

9. A los efectos de este artículo, el término «asegurador» comprende un grupo de asegu-

radores y, a los fines del párrafo 5 de este artículo, la expresión «autoridades competentes de un Estado» incluye a las autoridades correspondientes en la subdivisión política de jerarquía superior de tal Estado que reglamenten las actividades del seguro.

Art. 16. 1. El asegurador y quienes garanticen, conforme al artículo 15, la responsabilidad del operador, solamente podrán oponer a las reclamaciones basadas en la aplicación de este Convenio, además de las excepciones que correspondan al operador y la de falsedad, las siguientes excepciones:

a) Que el daño ha ocurrido después que el seguro o la garantía han dejado de estar en vigor. Sin embargo, si su plazo expira durante un vuelo, subsistirán hasta el primer aterrizaje incluido en el plan de vuelo, pero sin exceder de veinticuatro horas; si dejan de estar en vigor por una razón distinta de la expiración del plazo por el que fueron constituidas o cambio del operador, subsistirán hasta quince días después de la notificación a la autoridad del Estado que certificó la solvencia del asegurador que la garantía ha dejado de surtir efecto o hasta que se retire el certificado que se haya exigido en virtud de lo dispuesto en el párrafo 5 del artículo 15, si ello tiene lugar antes de que transcurran los quince días mencionados.

b) Que el daño ha ocurrido fuera de los límites territoriales previstos en el seguro o la garantía, salvo que el vuelo, fuera de tales límites, se deba a fuerza mayor, asistencia justificada o a una falta de pilotaje, de conducción o navegación.

2. Si el seguro o la garantía cesan de estar en vigor por causa distinta de la expiración del plazo, el Estado que expida el certificado previsto en el párrafo 5 del artículo 15 lo notificará, tan pronto como sea posible, a los demás Estados Contratantes.

3. Cuando se exija un certificado de seguro o garantía de acuerdo con el párrafo 5 del artículo 15 y cambie la persona del operador durante el período de validez del seguro o garantía, éstos cubrirán la responsabilidad en que incurra, de acuerdo con el presente Convenio, el nuevo operador, salvo que sea un usuario ilegítimo o ya esté cubierto por otro seguro o garantía, pero no por más de quince días a partir de la fecha en que el asegurador o fiador notifique a la autoridad que expidió el certificado que tal seguro o garantía ha dejado de surtir efecto, o hasta que se retire el certificado, si ello tiene lugar antes de que venza dicho plazo.

4. La subsistencia del segu-

ro o garantía con arreglo al párrafo 1 de este artículo surtirá efectos solamente en beneficio de la persona que sufra los daños.

5. Sin perjuicio de la acción que directamente pueda ejercitar en virtud de la ley aplicable al contrato de seguro o de garantía, el tercero perjudicado puede intentar la acción directamente contra el asegurador o quien haya prestado la garantía solamente en los siguientes casos:

a) Cuando el seguro o garantía continúen en vigor con sujeción a lo dispuesto en el párrafo 1 *a)* y *b)* de este artículo.

b) Quiebra del operador.

6. En caso de acción directa intentada por la persona que sufra los daños, el asegurador o quien preste la garantía no podrá, aparte de las excepciones previstas en el número 1 del presente artículo, prevalecerse de ninguna causa de nulidad o de rescisión retroactiva.

7. Las disposiciones del presente artículo no prejuzgan si el asegurador o el fiador tiene derecho a repetir contra otra persona.

Art. 17. 1. La garantía prestada en la forma prevista en el párrafo 4 del artículo 15 deberá estar afectada especial y preferentemente al pago de las indemnizaciones en virtud de las disposiciones del presente Convenio.

2. En el caso de un operador de una sola aeronave, la garantía será suficiente si su importe es igual al límite aplicable conforme a las disposiciones del artículo 11. Si se trata de un operador de varias aeronaves, el importe de la garantía será igual, por lo menos, a la suma de los límites aplicables a las dos aeronaves sujetas a los límites más elevados.

3. Tan pronto como se notifique al operador una reclamación, la garantía se aumentará hasta una suma total equivalente:

a) El importe de la garantía requerida por el párrafo 2 del presente artículo; y

b) El importe de la reclamación, sin que se exceda el límite de responsabilidad aplicable.

La garantía así aumentada se mantendrá hasta que la reclamación sea resuelta.

Art. 18. Las cantidades adeudadas al operador por el asegurador quedan exentas de embargo y ejecución por los acreedores del operador hasta que hayan sido satisfechas las reclamaciones de las personas que sufran los daños con sujeción a este Convenio.

CAPITULO IV

PROCEDIMIENTO Y PRESCRIPCIÓN DE ACCIONES

Art. 19. Si en el plazo de seis

meses, a contar de la fecha del acontecimiento que originó el daño, el demandante no ha entablado la acción judicial o no ha hecho saber su reclamación al operador, sólo tendrá derecho a ser indemnizado con cargo a la cantidad que quede sin distribuir después de que sean satisfechas las demandas en que se hayan observado dichos requisitos.

Art. 20. 1. Las acciones que se intenten en virtud de las disposiciones del presente Convenio son aceptables solamente ante los Tribunales del Estado Contratante donde hayan ocurrido los daños. No obstante, por acuerdo entre uno o varios demandantes y uno o varios demandados, las acciones pueden intentarse ante los Tribunales de cualquier otro Estado Contratante, sin que los procedimientos respectivos tengan efecto alguno sobre los derechos de las personas que intenten su acción ante los Tribunales del Estado Contratante donde ocurrieron los daños. Las partes interesadas pueden asimismo someter sus diferencias al arbitraje en cualquier Estado Contratante.

2. Los Estados Contratantes tomarán todas las medidas necesarias para que el demandado y las demás partes sean notificados de las actuaciones que les conciernan y puedan tener una justa oportunidad de defender debidamente sus intereses.

3. Los Estados Contratantes procurarán, en la medida de lo posible, que un solo Tribunal decida en un solo juicio sobre todas las acciones mencionadas en el párrafo 1 del presente artículo que se refieran a un mismo hecho.

4. Cuando una sentencia pronunciada, incluso en rebeldía, por un Tribunal competente en virtud de las disposiciones del presente Convenio sea ejecutoria de acuerdo con la Ley de tal Tribunal, se ejecutará, cumplidas las formalidades prescritas por la Ley del Estado Contratante o de cualquiera de sus territorios. Estados o provincias en donde se pida la ejecución:

a) En el Estado Contratante donde la parte condenada tenga su domicilio o la sede principal de sus negocios; o

b) Si los bienes disponibles en ese Estado o en el que se pronunció sentencia son insuficientes, en cualquier otro Estado Contratante en el cual la parte condenada tenga bienes.

5. No obstante las disposiciones del párrafo 4 del presente artículo, podrá negarse la ejecución de la sentencia si el Tribunal requerido recibe pruebas de cualquiera de las circunstancias siguientes:

a) La sentencia ha sido dictada en rebeldía y el demandado no tuvo conocimiento del proceso con tiempo suficiente para comparecer.

b) No se ha dado al demandado una justa oportunidad de defender debidamente sus intereses.

c) La sentencia se refiere a un litigio entre las mismas partes que ha sido ya objeto de un fallo o laudo arbitral que, según la Ley del Estado requerido, tienen la autoridad de cosa juzgada.

d) La sentencia ha sido obtenida por fraude de alguna de las partes.

c) La persona que haya solicitado la ejecución de la sentencia no reúne las condiciones para hacerlo.

6. No se podrá revisar el fondo del asunto en el procedimiento de ejecución previsto en el párrafo 4 de este artículo.

7. Podrá negarse igualmente la ejecución si la sentencia va en contra del orden público del Estado requerido.

8. Si en el procedimiento emprendido conforme al párrafo 4 de este artículo se rehusa la ejecución de cualquier sentencia por cualquiera de las causas previstas en los incisos *a), b)* o *d)* del párrafo 5 o en el párrafo 7 de este artículo, el actor tendrá derecho a ejercitar una nueva acción ante los Tribunales del Estado donde se negó la ejecución. La sentencia que se dicte no podrá conceder una indemnización que tenga por consecuencia que la totalidad de las indemnizaciones sobrepase los límites aplicables según las disposiciones de este Convenio. En tal acción, la sentencia anterior constituirá una excepción oponible solamente por la cuantía que se haya pagado. La sentencia anterior no podrá ser ejecutada desde el momento en que se presente la nueva demanda.

El derecho a intentar una nueva acción de acuerdo con el presente párrafo prescribirá, no obstante lo dispuesto en el artículo 21, al año de la fecha en que el actor sea notificado de la negativa a ejecutar la sentencia.

9. No obstante las disposiciones del párrafo 4 del presente artículo, el Tribunal requerido denegará la ejecución en cualquier sentencia dictada por un Tribunal que no sea el del Estado en que ocurrieron los daños mientras que no hayan sido ejecutadas las sentencias dictadas en dicho Estado.

Asimismo denegará la ejecución hasta que no se dicte sentencia definitiva sobre todas las acciones intentadas por las personas que hayan observado el plazo señalado en el artículo 19, si el demandado prueba que el total de las indemnizaciones que pudieran concederse por virtud de tal sentencia excedería del límite de responsabilidad aplicable según este Convenio.

Si el importe total de la condena referente a acciones intentadas en el Estado donde han ocurrido los daños por las personas que hayan observado el plazo señalado en el artículo 19 excede de los límites de responsabilidad aplicables, el Tribunal requerido denegará la ejecución en tanto no sean reducidas las indemnizaciones conforme al artículo 14.

10. El acuerdo de ejecución de una sentencia lleva aparejada la de la condena en costas; sin embargo, a petición de la parte condenada, el Tribunal requerido podrá limitar el importe de la condena a un 10 por 100 de la cantidad cuya ejecución se haya concedido. Las costas no quedan comprendidas dentro de los límites de responsabilidad establecidos por este Convenio.

11. Las indemnizaciones acordadas en una sentencia podrán devengar interés de hasta el 4 por 100 anual a partir de la fecha de la sentencia cuya ejecución se solicite.

12. La ejecución de las sentencias mencionadas en el párrafo 4 de este artículo sólo puede pedirse dentro del plazo de cinco años a partir de la fecha en que quedaron firmes.

Art. 21. 1. Las acciones fundadas en este Convenio prescribirán a los dos años, contados a partir de la fecha en que ocurrió el hecho que dio lugar a los daños.

2. Las causas de suspensión o interrupción del período previsto en el párrafo 1 de este artículo serán las determinadas por la Ley del Tribunal que conozca del juicio, pero en todo caso la acción caducará pasados tres años a partir de la fecha en que ocurrió el hecho que dio lugar a los daños.

Art. 22. En caso de muerte de la persona responsable, la acción por daños, conforme a las disposiciones del presente Convenio, será ejercitable contra sus derechohabientes.

CAPITULO V

Aplicación del Convenio y disposiciones generales

Art. 23. 1. El presente Convenio se aplica a los daños definidos en el artículo 1.º, causados en el territorio de un Estado Contratante por una aeronave matriculada en otro Estado Contratante.

2. A los fines del presente Convenio, todo buque o aeronave en alta mar se considera como parte del territorio del Estado donde estén matriculados.

Art. 24. El presente Convenio no se aplica a los daños causados a una aeronave en vuelo o a las personas o bienes a bordo de la misma.

Art. 25. El presente Convenio no se aplica a los daños en la superficie si la responsabilidad por los mismos se regula por un contrato entre las personas que los sufren y el operador o la persona que tenga derecho a usar la aeronave cuando ocurran los daños, o por la Ley de protección al trabajador aplicable al contrato de trabajo celebrado entre tales personas.

Art. 26. El presente Convenio no se aplica a los daños causados por aeronaves militares, de Aduanas o de Policía.

Art. 27. Los Estados Contratantes facilitarán, en la medida de lo posible, que el pago de la indemnización prevista en este Convenio se efectúe en la moneda del Estado en que ocurrió el daño.

Art. 28. Si para poner en vigor el presente Convenio fuera necesario tomar medidas de carácter legislativo en cualquier Estado Contratante, las mismas serán comunicadas inmediatamente al Secretario General de la Organización de la Aviación Civil Internacional.

Art. 29. Entre los Estados Contratantes que ratificaron también el Convenio internacional para la unificación de ciertas reglas relativas a los daños causados por aeronaves a terceros en la superficie, abierto a la firma en Roma el 9 de mayo de 1933, el presente Convenio, desde que entre en vigor, deroga dicho Convenio de Roma.

Art. 30. A los fines del presente Convenio, las expresiones siguientes significarán:

«Persona», cualquier persona física o jurídica, incluso Estados.

«Estado Contratante», cualquier Estado que haya ratificado o se haya adherido a este Convenio, hasta que la denuncia que hiciere entre en vigor.

«Territorio de un Estado», el territorio metropolitano de un Estado y los demás territorios de cuyas relaciones exteriores sea responsable dicho Estado, a reserva de lo dispuesto en el artículo 36.

CAPITULO VI

Disposiciones finales

Art. 31. El presente Convenio quedará abierto a la firma de cualquier Estado hasta que entre en vigor de acuerdo con lo previsto en el artículo 33.

Art. 32. 1. El presente Convenio se someterá a ratificación por los Estados signatarios.

2. Los instrumentos de ratifiación serán depositados en la Organización de Aviación Civil Internacional.

Art. 33. 1. Tan pronto como cinco Estados signatarios depositen sus instrumentos de ratificación del presente Convenio, éste entrará en vigor entre ellos el nonagésimo día del depósito del quinto instrumento de ratificación. Para cada uno de los Estados que depositen su instrumento de ratificación después de esa fecha, entrará en vigor el nonagésimo día del depósito de tal instrumento.

2. Tan pronto como entre en vigor el presente Convenio, será registrado en las Naciones Unidas por el Secretario General de la Organización de Aviación Civil Internacional.

Art. 34. 1. Al entrar en vigor este Convenio quedará abierto a la adhesión de cualquier Estado no signatario.

2. La adhesión se efectuará mediante el depósito del instrumento de adhesión en la Organización de Aviación Civil Internacional y producirá efectos a partir del nonagésimo día de dicho depósito.

Art. 35. 1. Los Estados Contratantes podrán denunciar este Convenio, notificando esta denuncia a la Organización de Aviación Civil Internacional.

2. La denuncia surtirá efecto seis meses después de la fecha en que la Organización de Aviación Civil Internacional reciba la notificación de dicha denuncia; sin embargo, en cuanto a los daños definidos en el artículo 1.º que resulten de un hecho ocurrido antes de haberse cumplido el plazo de seis meses, el Convenio continuará rigiendo como si no se hubiere denunciado.

Art. 36. 1. El presente Convenio se aplicará a todos los territorios de cuyas relaciones exteriores sea responsable un Estado Contratante, con la excepción de los territorios respecto a los cuales se ha formulado una declaración conforme al inciso 2 del presente artículo o al párrafo 3 del artículo 37.

2. Los Estados podrán declarar, en el momento del depósito de su instrumento de ratificación o adhesión, que la aceptación del presente Convenio no se extiende a alguno o algunos de los territorios de cuyas relaciones exteriores sea responsable.

3. Los Estados Contratantes pueden, por medio de una comunicación a la Organización de la Aviación Civil Internacional, hacer extensiva la aplicación del presente Convenio a cualquiera de los territorios con respecto a los cuales han formulado una declaración de acuerdo con lo establecido en el párrafo 2 del presente artículo o en el párrafo 3 del artículo 37. Esta notificación entrará en vigor a partir del nonagésimo día de la fecha de recibo de la misma por la Organización.

4. Los Estados podrán denunciar el presente Convenio

conforme a las disposiciones del artículo 35, separadamente con respecto a cualquiera de los territorios de cuyas relaciones exteriores este Estado sea responsable.

Art. 37. 1. Cuando todo o parte de un Estado Contratante pase a formar parte de un Estado no contratante, el presente Convenio dejará de aplicarse al territorio desde la fecha de su incorporación.

2. Cuando parte del territorio de un Estado Contratante se convierta en un Estado independiente y asuma sus propias relaciones exteriores, el presente Convenio dejará de aplicarse a dicho territorio desde la fecha de su independencia.

3. Cuando todo o parte del territorio de un Estado pase a formar parte de un Estado Contratante, el presente Convenio se aplicará al territorio incorporado desde la fecha de su incorporación, teniendo en cuenta, sin embargo, que si dicho territorio no forma parte del territorio metropolitano del Estado Contratante, éste puede, antes de su incorporación o en el momento en que ésta se haga efectiva, declarar por medio de una comunicación a la Organización de Aviación Civil Internacional, que el Convenio no será aplicable al territorio incorporado, a menos que se haga una declaración conforme a las disposiciones del párrafo 3 del artículo 36.

Art. 38. El Secretario General de la Aviación Civil Internacional notificará a todos los Estados signatarios y adheridos y a todos los Estados Miembros de la Organización o de las Naciones Unidas:

a) El depósito de los instrumentos de ratificación o adhesión y la fecha en que se hizo, dentro de los treinta días siguientes.

b) Las denuncias o cualquier declaración o notificación hecha con relación a lo previsto en los artículos 36 y 37 y la fecha de su recibo, dentro de los treinta días siguientes.

El Secretario General de la Organización informará también a los Estados mencionados de la fecha en que el Convenio entre en vigor de acuerdo con lo dispuesto por el párrafo 1 del artículo 33.

Art. 39. El presente Convenio no podrá ser objeto de reservas.

EN TESTIMONIO DE LO CUAL, los Plenipotenciarios que suscriben, debidamente autorizados, firman el presente Convenio.

HECHO en Roma el día séptimo del mes de octubre del año mil novecientos cincuenta y dos, en los idiomas español, francés e inglés, cada uno de cuyos textos tiene igual autenticidad.

El presente Convenio será depositado en la Organización de Aviación Civil Internacional, donde quedará abierto a la firma conforme al artículo 3.º, y el Secretario General de la Organización transmitirá ejemplares certificados del mismo a todos los Estados signatarios y adherentes y a todos los Estados Miembros de la Organización o de las Naciones Unidas.

7. CONVENIO DE TOKIO SOBRE INFRACCIONES Y CIERTOS OTROS ACTOS COMETIDOS A BORDO DE LAS AERONAVES, DE 14 DE SEPTIEMBRE DE 1963, RATIFICADO POR ESPAÑA EL 20 DE FEBRERO DE 1969

(*B.O.E.* núm. 308, de 25 de octubre de 1969)

CAPITULO PRIMERO

Campo de aplicación del Convenio

Artículo 1.º 1. El presente Convenio se aplicará a:

a) Las infracciones a las leyes penales.

b) Los actos que, sean o no infracciones, puedan poner o pongan en peligro la seguridad de la aeronave o de las personas o bienes en la misma, o que pongan en peligro el buen orden y la disciplina a bordo.

2. A reserva de lo dispuesto en el capítulo III, este Convenio se aplicará a las infracciones cometidas y a los actos ejecutados por una persona a bordo de cualquier aeronave matriculada en un Estado Contratante mientras se halle en vuelo, en la superficie de alta mar o en la de cualquier otra zona situada fuera del territorio de un Estado.

3. A los fines del presente Convenio, se considera que una aeronave se encuentra en vuelo desde que se aplica la fuerza motriz para despegar hasta que termina el recorrido de aterrizaje.

4. El presente Convenio no se aplicará a las aeronaves utilizadas en servicios militares, de Aduanas y de Policía.

Art. 2.º Sin perjuicio de las disposiciones del artículo 4.º, y salvo que lo requiera la seguridad de la aeronave y de las personas o bienes a bordo, ninguna disposición de este Convenio se interpretará en el sentido de que autoriza o exige medida alguna en caso de infracciones a las leyes penales de carácter político o basadas en discriminación racial o religiosa.

CAPITULO II

Jurisdicción

Art. 3.º 1. El Estado de matrícula de la aeronave será

competente para conocer de las infracciones y actos cometidos a bordo.

2. Cada Estado Contratante deberá tomar las medidas necesarias a fin de establecer su jurisdicción como Estado de matrícula sobre las infracciones cometidas a bordo de las aeronaves matriculadas en tal Estado.

3. El presente Convenio no excluye ninguna jurisdicción penal ejercida de acuerdo con las leyes nacionales.

Art. 4.º El Estado Contratante que no sea el de matrícula no podrá perturbar el vuelo de una aeronave a fin de ejercer su jurisdicción penal sobre una infracción cometida a bordo más que en los casos siguientes:

a) La infracción produce efectos en el territorio de tal Estado.

b) La infracción ha sido cometida por o contra un nacional de tal Estado o una persona que tenga su residencia permanente en el mismo.

c) La infracción afecta a la seguridad de tal Estado.

d) La infracción constituye una violación de los reglamentos sobre vuelo o maniobra de las aeronaves vigentes en tal Estado.

e) Cuando sea necesario ejercer la jurisdicción para cumplir las obligaciones de tal Estado, de conformidad con un acuerdo internacional multilateral.

CAPITULO III

FACULTADES DEL COMANDANTE DE LA AERONAVE

Art. 5.º 1. Las disposiciones de este capítulo no se aplicarán a las infracciones ni a los actos cometidos o a punto de cometerse por una persona a bordo de una aeronave en vuelo en el espacio aéreo del Estado de matrícula o sobre alta mar u otra zona situada fuera del territorio de un Estado, a no ser que el último punto de despegue o el próximo punto de aterrizaje previsto se hallen en un Estado distinto del de matrícula o si la aeronave vuela posteriormente en el espacio aéreo de un Estado distinto del de matrícula con dicha persona a bordo.

2. No obstante lo previsto en el artículo 1.º, párrafo 3, se considerará a los fines del presente capítulo, que una aeronave se encuentra en vuelo desde el momento en que se cierren todas las puertas externas después del embarque y el momento en que se abra cualquiera de dichas puertas para el desembarque. En caso de aterrizaje forzoso, las disposiciones de este capítulo continuarán aplicándose a las infracciones y actos cometidos a bordo, hasta que las autoridades competentes de un Estado se hagan cargo de la aeronave y de las personas y bienes en la misma.

Art. 6.º 1. Cuando el comandante de la aeronave tenga razones fundadas para creer que una persona ha cometido o está a punto de cometer a bordo una infracción o un acto previstos en el artículo 1.º, párrafo 1, podrá imponer a tal persona las medidas razonables, incluso coercitivas, que sean necesarias:

a) Para proteger la seguridad de la aeronave y de las personas y bienes en la misma.

b) Para mantener el buen orden y la disciplina a bordo.

c) Para permitirle entregar tal persona a las autoridades competentes o desembarcarla, de acuerdo con las disposiciones de este capítulo.

2. El comandante de la aeronave puede exigir o autorizar la ayuda de los demás miembros de la tripulación y solicitar o autorizar, pero no exigir, la ayuda de los pasajeros con el fin de tomar medidas coercitivas contra cualquier persona sobre la que tenga tal derecho. Cualquier miembro de la tripulación o pasajero podrá tomar igualmente medidas preventivas razonables sin tal autorización, cuando tenga razones fundadas para creer que tales medidas son urgentes a fin de proteger la seguridad de la aeronave, de las personas y de los bienes en la misma.

Art. 7.º 1. Las medidas coercitivas impuestas a una persona conforme a lo previsto en el artículo 6.º no continuarán aplicándose más allá de cualquier punto de aterrizaje, a menos que:

a) Dicho punto se halle en el territorio de un Estado no Contratante y sus autoridades no permitan desembarcar a tal persona, o las medidas coercitivas se hayan impuesto de acuerdo con lo dispuesto en el artículo 6.º, párrafo 1 *c)*, para permitir su entrega a las autoridades competentes; o

b) La aeronave haga un aterrizaje forzoso y el Comandante de la aeronave no pueda entregar la persona a las autoridades competentes; o

c) Dicha persona acepte continuar el transporte sometida a las medidas coercitivas.

2. Tan pronto como sea factible y, si es posible, antes de aterrizar en el Estado con una persona a bordo sometida a las medidas coercitivas de acuerdo con el artículo 6.º, el comandante de la aeronave notificará a las autoridades de tal Estado el hecho de que una persona se encuentra a bordo sometida a dichas medidas coercitivas y las razones de haberlas adoptado.

Art. 8.º 1. El comandante de la aeronave podrá, siempre que sea necesario a los fines previstos en el artículo 6.º, párrafo 1 *a)* o *b)*, desembarcar en el territorio de cualquier Estado en el que aterrice la aeronave a cualquier persona sobre la que tenga razones fundadas para creer que ha cometido o está a punto de cometer a bordo de la aeronave un acto previsto en el artículo 1.°, párrafo 1 *b)*.

2. El comandante de la aeronave comunicará a las autoridades del Estado donde desembarque a una persona, de acuerdo con lo previsto en el presente artículo, el hecho de haber efectuado tal desembarque y las razones de ello.

Art. 9.° 1. El comandante de la aeronave podrá entregar a las autoridades competentes de cualquier Estado Contratante en cuyo territorio aterrice la aeronave a cualquier persona, si tiene razones fundadas para creer que dicha persona ha cometido a bordo de la aeronave un acto que, en su opinión, constituye una infracción grave de acuerdo con las leyes penales del Estado de matrícula de la aeronave.

2. El comandante de la aeronave, tan pronto como sea factible y, si es posible, antes de aterrizar en el territorio de un Estado Contratante con una persona a bordo a la que se proponga entregar de conformidad con el párrafo anterior, notificará a las autoridades de dicho Estado su intención de entregar dicha persona y los motivos que tenga para ello.

3. El comandante de la aeronave suministrará a las autoridades a las que entregue cualquier presunto delincuente, de conformidad con lo previsto en el presente artículo, las pruebas e informes que, de acuerdo con las leyes del Estado de matrícula de la aeronave, se encuentren en su posesión legítima.

Art. 10. Por las medidas tomadas con sujeción a lo dispuesto en este Convenio, el Comandante de la aeronave, los demás miembros de la tripulación, los pasajeros, el propietario, el operador de la aeronave y la persona en cuyo nombre se realice el vuelo no serán responsables en procedimiento alguno por razón de cualquier trato sufrido por la persona objeto de dichas medidas.

CAPITULO IV

Apoderamiento ilícito de una aeronave

Art. 11. 1. Cuando una persona a bordo, mediante violencia o intimidación, cometa cualquier acto ilícito de apoderamiento, interferencia o ejercicio del control de una aeronave en vuelo, o sea inminente la realización de tales actos, los Estados Contratantes tomarán todas las medidas apropiadas a fin de que el legítimo comandante de la aeronave recobre o mantenga su control.

2. En los casos previstos en el párrafo anterior el Estado Contratante en que aterrice la aeronave permitirá que sus pasajeros y tripulantes continúen su viaje lo antes posible y devolverá la aeronave y su carga a sus legítimos poseedores.

CAPITULO V

FACULTADES Y OBLIGACIONES DE LOS ESTADOS

Art. 12. Todo Estado Contratante permitirá al comandante de una aeronave matriculada en otro Estado Contratante que desembarque a cualquier persona, conforme a lo dispuesto en el artículo 8.º, párrafo 1.

Art. 13. 1. Todo Estado Contratante aceptará la entrega de cualquier persona que el comandante de la aeronave le entregue en virtud del artículo 9.º, párrafo 1.

2. Si un Estado Contratante considera que las circunstancias lo justifican procederá a la detención o tomará otras medidas para asegurar la presencia de cualquier persona que se presuma que ha cometido uno de los actos a que se refiere el artículo 11, párrafo 1, así como de cualquier otra persona que le haya sido entregada. La detención y demás medidas se llevarán a cabo de acuerdo con las leyes de tal Estado y se mantendrán solamente por el período que sea razonablemente necesario a fin de permitir la iniciación de un procedimiento penal o de extradición.

3. La persona detenida de acuerdo con el párrafo anterior tendrá toda clase de facilidades para comunicarse inmediatamente con el representante correspondiente del Estado de su nacionalidad que se encuentre más próximo.

4. El Estado Contratante al que sea entregada una persona en virtud del artículo 9.º, párrafo 1, o en cuyo territorio aterrice una aeronave después de haberse cometido alguno de los actos previstos en el artículo 11, párrafo 1, procederá inmediatamente a una investigación preliminar sobre los hechos.

5. Cuando un Estado, en virtud de este artículo, detenga a una persona, notificará inmediatamente al Estado de matrícula de la aeronave y al Estado del que sea nacional el detenido y, si lo considera conveniente, a todos los demás Estados interesados, tal detención y las circunstancias que la justifican. El Estado que proceda a la investigación preliminar prevista en el párrafo 4 del presente artículo comunicará sin dilación sus resultados a los Estados antes mencionados e indicará si se

propone proceder contra dicha persona.

Art. 14. 1. Cuando una persona desembarcada de conformidad con el artículo 8.°, párrafo 1, entregada de acuerdo con el artículo 9.°, párrafo 1, o desembarcada después de haber cometido alguno de los actos previstos en el artículo 11, párrafo 1, no pueda o no desee proseguir el viaje, el Estado de aterrizaje, si rehusa admitirla y se trata de una persona que no sea nacional del mismo ni tenga en él su residencia permanente, podrá enviarla al territorio del Estado del que sea nacional o residente permanente o al del Estado donde inició su viaje aéreo.

2. El desembarque, la entrega, la detención o la adopción de las medidas aludidas en el artículo 13, párrafo 2, o el envío de la persona conforme al párrafo anterior del presente artículo no se considerarán como admisión en el territorio del Estado Contratante interesado a los efectos de sus leyes relativas a la entrada o admisión de personas, y ninguna disposición del presente Convenio afectará a las leyes de un Estado Contratante que regulen la expulsión de personas de su territorio.

Art. 15. 1. A reserva de lo previsto en el artículo precedente, cualquier persona desembarcada de conformidad con el artículo 8.°, párrafo 1, entregada de acuerdo con el artículo 9.°, párrafo 1, o desembarcada después de haber cometido alguno de los actos previstos en el artículo 11, párrafo 1, que desee continuar su viaje, podrá hacerlo tan pronto como sea posible hacia el punto de destino que elija, salvo que su presencia sea necesaria, de acuerdo con las leyes del Estado de aterrizaje, para la instrucción de un procedimiento penal o de extradición.

2. Sin perjuicio de lo dispuesto en sus leyes sobre entrada, admisión, expulsión y extradición, el Estado Contratante en cuyo territorio sea desembarcada una persona de acuerdo con lo dispuesto en el artículo 8.°,. párrafo 1, o entregada de conformidad con el artículo 9.°, párrafo 1, o desembarque una persona a la que se impute alguno de los actos previstos en el artículo 11, párrafo 1, le concederá, en orden a su protección y seguridad, un trato no menos favorable que el dispensado a sus nacionales en las mismas circunstancias.

CAPITULO VI

OTRAS DISPOSICIONES

Art. 16. 1. Las infracciones cometidas a bordo de aeronaves matriculadas en un Estado Contratante serán consideradas, a los fines de extradición, como si se hubiesen cometido no sólo en el lugar en el que hayan ocurrido, sino también en el territorio del Estado de matrícula de la aeronave.

2. A reserva de lo dispuesto en el párrafo anterior, ninguna disposición de este Convenio se interpretará en el sentido de crear una obligación de conceder la extradición.

Art. 17. Al llevar a cabo cualquier medida de investigación o arresto o al ejercer de cualquier otro modo jurisdicción en materia de infracciones cometidas a bordo de una aeronave, los Estados Contratantes deberán tener muy en cuenta la seguridad y demás intereses de la navegación aérea, evitando el retardar innecesariamente a la aeronave, los pasajeros, los miembros de la tripulación o la carga.

Art. 18. Si varios Estados Contratantes constituyen organizaciones de explotación en común u organismos internacionales de explotación, que utilicen aeronaves no matriculadas en un Estado determinado, designarán, según las modalidades del caso, cuál de ellos se considerará como Estado de matrícula a los fines del presente Convenio y lo comunicarán a la Organización de Aviación Civil Internacional, que lo notificará a todos los Estados Partes en el presente Convenio.

CAPITULO VII

Disposiciones finales

Art. 19. Hasta la fecha en que el presente Convenio entre en vigor de acuerdo con lo previsto en el artículo 21, quedará abierto a la firma de cualquier Estado que, en dicha fecha, sea miembro de la Organización de las Naciones Unidas o de cualquiera de los organismos especializados.

Art. 20. 1. El presente Convenio se someterá a la ratificación de los Estados signatarios de conformidad con sus procedimientos constitucionales.

2. Los instrumentos de ratificación serán depositados en la Organización de Aviación Civil Internacional.

Art. 21. 1. Tan pronto como doce Estados signatarios hayan depositado sus instrumentos de ratificación del presente Convenio, éste entrará en vigor entre ellos el nonagésimo día, a contar del depósito del duodécimo instrumento de ratificación. Para cada uno de los Estados que ratifique después de esa fecha, entrará en vigor el nonagésimo día, a partir de la fecha de depósito de su instrumento de ratificación.

2. Tan pronto como entre en vigor el presente Convenio, será registrado ante el Secretario General de las Naciones Unidas por la Organización de Aviación Civil Internacional.

Art. 22. 1. Después de su entrada en vigor, el presente Convenio quedará abierto a la adhesión de cualquier Estado Miembro de la Organización de las Naciones Unidas o de cualquiera de los organismos especializados.

2. La adhesión de un Estado se efectuará mediante el depósito del correspondiente instrumento de adhesión ante la Organización de Aviación Civil Internacional, el cual tendrá efecto el nonagésimo día, a contar de la fecha de depósito.

Art. 23. 1. Los Estados Contratantes podrán denunciar este Convenio, notificándolo a la Organización de Aviación Civil Internacional.

2. La denuncia surtirá efecto seis meses después de la fecha en que la Organización Civil Internacional reciba la notificación de dicha denuncia.

Art. 24. 1. Las controversias que surjan entre dos o más Estados Contratantes con respecto a la interpretación o aplicación de este Convenio, que no puedan solucionarse mediante negociaciones, se someterán a arbitraje, a petición de uno de ellos. Si en el plazo de seis meses, contados a partir de la fecha de presentación de la solicitud de arbitraje, las partes no consiguen ponerse de acuerdo sobre la forma del mismo, cualquiera de las partes podrá someter la controversia a la Corte Internacional de Justicia mediante una solicitud presentada de conformidad con el Estatuto de la Corte.

2. Todo Estado, en el momento de la firma o ratificación de este Convenio o de su adhesión al mismo, podrá declarar que no se considera obligado por el párrafo anterior. Los demás Estados Contratantes no estarán obligados por el párrafo anterior ante ningún Estado que haya formulado dicha reserva.

3. Todo Estado Contratante que haya formulado la reserva prevista en el párrafo anterior podrá retirarla en cualquier momento, notificándolo a la Organización de Aviación Civil Internacional.

Art. 25. Con excepción de lo dispuesto en el artículo 24, el presente Convenio no podrá ser objeto de reservas.

Art. 26. La Organización de Aviación Civil Internacional notificará a todos los Estados Miembros de la Organización de las Naciones Unidas o de cualquiera de los organismos especializados:

a) Toda firma del presente Convenio y la fecha de la misma.

b) El depósito de todo instrumento de ratificación o adhesión y la fecha en que se hizo.

c) La fecha en que el presente Convenio entre en vigor de acuerdo con el primer párrafo del artículo 21.

d) Toda notificación de denuncia y la fecha de su recepción; y

e) Toda declaración o notificación formulada en virtud del artículo 24 y la fecha de su recepción.

8. CONVENIO PARA LA REPRESION DEL APODERAMIENTO ILICITO DE AERONAVES SUSCRITO EN LA HAYA EL 16 DE DICIEMBRE DE 1970, RATIFICADO POR ESPAÑA MEDIANTE INSTRUMENTO DE FECHA 6 DE OCTUBRE DE 1972

(*B.O.E.* núm. 13, de fecha 15 de enero de 1973)

Art. 1.º Comete un delito (que en adelante se denominará «el delito») toda persona que, a bordo de una aeronave en vuelo,

a) Ilícitamente, mediante violencia, amenaza de violencia o cualquier otra forma de intimidación, se apodere de tal aeronave, ejerza el control de la misma, o intente cometer cualquiera de tales actos.

b) Sea cómplice de la persona que cometa o intente cometer cualquiera de tales actos.

Art. 2.º Los Estados Contratantes se obligan a establecer para el delito penas severas.

Art. 3.º 1. A los fines del presente Convenio, se considerará que una aeronave se encuentra en vuelo desde el momento en que se cierren todas las puertas externas después del embarque hasta el momento en que se abra cualquiera de dichas puertas para el desembarque. En caso de aterrizaje forzoso, se considerará que el vuelo continúa hasta que las autoridades competentes se hagan cargo de la aeronave y de las personas y bienes a bordo.

2. El presente Convenio no se aplicará a las aeronaves utilizadas en servicios militares, de aduanas o de policía.

3. El presente Convenio se aplicará solamente si el lugar de despegue o el de aterrizaje real de la aeronave, a bordo de la cual se cometa el delito, está situado fuera del territorio del Estado de su matrícula, ya se trate de una aeronave en vuelo internacional, ya en vuelo interno.

4. En los casos previstos en el artículo 5, no se aplicará el presente Convenio si el lugar de despegue y el de aterrizaje real de la aeronave, a bordo de la cual se cometa el delito, están situados en el territorio de uno solo de los Estados referidos en dicho artículo.

5. No obstante lo dispuesto

en los párrafos 3 y 4 del presente artículo, se aplicarán los artículos 6, 7, 8 y 10, cualquiera que sea el lugar de despegue o de aterrizaje real de la aeronave, si el delincuente o el presunto delincuente es hallado en el territorio de un Estado distinto del de matrícula de dicha aeronave.

Art. 4.º 1. Cada Estado contratante tomará las medidas necesarias para establecer su jurisdicción sobre el delito y sobre cualquier acto de violencia cometido por el presunto delincuente contra los pasajeros o la tripulación, en relación directa con el delito en los casos siguientes:

a) Si el delito se comete a bordo de una aeronave matriculada en tal Estado;

b) Si la aeronave, a bordo de la cual se comete el delito, aterriza en su territorio con el presunto delincuente todavía a bordo;

c) Si el delito se comete a bordo de una aeronave dada en arrendamiento sin tripulación a una persona que en tal Estado tenga su oficina principal o, de no tener tal oficina, su residencia permanente.

2. Asimismo, cada Estado contratante tomará las medidas necesarias para establecer su jurisdicción sobre el delito en el caso de que el presunto delincuente se halle en su territorio y dicho Estado no conceda la extradición, conforme al artículo 8, a los Estados previstos en el párrafo 1 del presente artículo.

3. El presente Convenio no excluye ninguna jurisdicción penal ejercida de acuerdo con las leyes nacionales.

Art. 5.º Los Estados Contratantes que constituyen organizaciones de explotación en común del transporte aéreo u organismos internacionales de explotación que utilicen aeronaves que sean objeto de una matrícula común o internacional, designarán, con respecto a cada aeronave, según las circunstancias del caso, el Estado de entre ellos que ejercerá la jurisdicción y tendrá las atribuciones del Estado de matrícula de acuerdo con el presente Convenio, y lo comunicarán a la Organización de Aviación Civil Internacional, que lo notificará a todos los Estados Partes en el presente Convenio.

Art. 6.º 1. Todo Estado Contratante en cuyo territorio se encuentre el delincuente o el presunto delincuente, si considera que las circunstancias lo justifican, procederá a la detención o tomará otras medidas para asegurar su presencia. La detención y demás medidas se llevarán a cabo de acuerdo con las leyes de tal Estado, y se mantendrán solamente por el período que sea necesario a fin de permitir la iniciación de un procedimiento penal o de extradición.

2. Tal Estado procederá inmediatamente a una investigación preliminar de los hechos.

3. La persona detenida de acuerdo con el párrafo 1 del presente artículo tendrá toda clase de facilidades para comunicarse inmediatamente con el representante correspondiente del Estado de su nacionalidad que se encuentre más próximo.

4. Cuando un Estado, en virtud de este artículo, detenga a una persona, notificará inmediatamente tal detención y las circunstancias que la justifican, al Estado de matrícula de la aeronave, al Estado mencionado en el artículo 4, párrafo 1.*c)*, al Estado del que sea nacional el detenido y, si lo considera conveniente, a todos los demás Estados interesados. El Estado que proceda a la investigación preliminar prevista en el párrafo 2 del presente artículo comunicará sin dilación sus resultados a los Estados antes mencionados e indicará si se propone ejercer su jurisdicción.

Art. 7.º El Estado Contratante en cuyo territorio sea hallado el presunto delincuente, si no procede a la extradición del mismo, someterá el caso a sus autoridades competentes a efectos de enjuiciamiento, sin excepción alguna y con independencia de que el delito haya sido o no cometido en su territorio. Dichas autoridades tomarán su decisión en las mismas condiciones que las aplicables a los delitos comunes de carácter grave, de acuerdo con la legislación de tal Estado.

Art. 8.º 1. El delito se considerará incluido entre los delitos que den lugar a extradición en todo tratado de extradición celebrado entre Estados Contratantes. Los Estados Contratantes se comprometen a incluir el delito como caso de extradición en todo tratado de extradición que celebren entre sí en el futuro.

2. Si un Estado Contratante, que subordine la extradición a la existencia de un tratado, recibe de otro Estado Contratante, con el que no tiene tratado, una solicitud de extradición, podrá discrecionalmente considerar el presente Convenio como la base jurídica necesaria para la extradición referente al delito. La extradición estará sujeta a las demás condiciones exigidas por el derecho del Estado requerido.

3. Los Estados Contratantes que no subordinen la extradición a la existencia de un tratado reconocerán el delito como caso de extradición entre ellos, sujeto a las condiciones exigidas por el derecho del Estado requerido.

4. A los fines de la extradición entre Estados Contratantes,

se considerará que el delito se ha cometido no solamente en el lugar donde ocurrió, sino también en el territorio de los Estados obligados a establecer su jurisdicción de acuerdo con el artículo 4, párrafo 1.

Art. 9.º 1. Cuando se realice cualquier acto de los mencionados en el artículo 1.*a)* o sea inminente su realización, los Estados Contratantes tomarán todas las medidas apropiadas a fin de que el legítimo comandante de la aeronave recobre o mantenga su control.

2. En los casos previstos en el párrafo anterior, cada Estado Contratante en cuyo territorio se encuentren la aeronave, o los pasajeros o la tripulación, facilitará a los pasajeros y a la tripulación la continuación del viaje lo antes posible y devolverá sin demora la aeronave y su carga a sus legítimos poseedores.

Art. 10. 1. Los Estados Contratantes se prestarán la mayor ayuda posible por lo que respecta a todo proceso penal relativo al delito y a los demás actos mencionados en el artículo 4. En todos los casos la ley aplicable para la ejecución de una petición de ayuda será la del Estado requerido.

2. Sin embargo, lo dipuesto en el párrafo precedente no afectará a las obligaciones derivadas de cualquier tratado bilateral o multilateral que regule, en todo o en parte, lo relativo a la ayuda mutua en materia penal.

Art. 11. Cada Estado Contratante notificará lo antes posible al Consejo de la Organización de Aviación Civil Internacional, de conformidad con su legislación nacional, cualquier información pertinente que tenga en su poder referente a:

a) Las circunstancias del delito;

b) Las medidas tomadas en aplicación del artículo 9;

c) Las medidas tomadas en relación con el delincuente o el presunto delicuente y, especialmente, el resultado de todo procedimiento de extradición u otro procedimiento judicial.

Art. 12 1. Las controversias que surjan entre dos o más Estados Contratantes con respecto a la interpretación o aplicación de este Convenio, que no puedan solucionarse mediante negociaciones, se someterán a arbitraje, a petición de uno de ellos. Si en el plazo de seis meses contados a partir de la fecha de presentación de la solicitud de arbitraje las Partes no consiguen ponerse de acuerdo sobre la forma del mismo, cualquiera de las Partes podrá someter la controversia a la Corte Internacional de Justicia, mediante una solicitud presentada de conformidad con el Estatuto de la Corte.

2. Todo Estado, en el mo-

mento de la firma o ratificación de este Convenio o de su adhesión al mismo, podrá declarar que no se considera obligado por el párrafo anterior. Los demás Estados Contratantes no estarán obligados por el párrafo anterior ante ningún Estado que haya formulado dicha reserva.

3. Todo Estado Contratante que haya formulado la reserva prevista en el párrafo anterior podrá retirarla en cualquier momento notificándolo a los Gobiernos depositarios.

Art. 13. 1. El presente Convenio estará abierto a la firma de los Estados participantes en la Conferencia Internacional de Derecho Aéreo celebrada en La Haya del 1 al 16 de diciembre de 1970 (llamada en adelante «la Conferencia de La Haya»), a partir del 16 de diciembre de 1970, en dicha ciudad. Después del 31 de diciembre de 1970, el Convenio estará abierto a la firma de todos los Estados en Washington, Londres y Moscú. Todo Estado que no firmare el presente Convenio antes de su entrada en vigor de conformidad con el párrafo 3 de este artículo, podrá adherirse a él en cualquier momento.

2. El presente Convenio estará sujeto a ratificación por los Estados signatarios. Los instrumentos de ratificación y los instrumentos de adhesión se depositarán en los archivos de los Gobiernos de los Estados Unidos de América, el Reino Unido de Gran Bretaña e Irlanda del Norte y la Unión de Repúblicas Socialistas Soviéticas, a los que por el presente se designa como Gobiernos depositarios.

3. El presente Convenio entrará en vigor treinta días después de la fecha en que diez Estados signatarios de este Convenio, participantes en la Conferencia de La Haya hayan depositado sus instrumentos de ratificación.

4. Para los demás Estados, el presente Convenio entrará en vigor en la fecha que resulte de la aplicación del párrafo 3 de este artículo, o treinta días después de la fecha de depósito de sus instrumentos de ratificación o adhesión, si esta última fecha fuese posterior a la primera.

5. Los Gobiernos depositarios informarán sin tardanza a todos los Estados signatarios y a todos los Estados que se hayan adherido a este Convenio de la fecha de cada firma, de la fecha de depósito de cada instrumento de ratificación o adhesión, de la fecha de su entrada en vigor y de cualquier otra notificación.

6. Tan pronto como el presente Convenio entre en vigor, los Gobiernos depositarios lo registrarán de conformidad con el artículo 102 de la Carta de las Naciones Unidas y de conformidad con el artículo 83 del Con-

venio sobre Aviación Civil Internacional (Chicago, 1944).

Art. 14. 1. Todo Estado contratante podrá denunciar el presente Convenio mediante notificación por escrito dirigida a los Gobiernos depositarios.

2. La denuncia surtirá efecto seis meses después de la fecha en que los Gobiernos depositarios reciban la notificación.

9. CONVENIO PARA LA REPRESION DE ACTOS ILICITOS CONTRA LA SEGURIDAD DE LA AVIACION CIVIL HECHO EN MONTREAL EL 23 DE SEPTIEMBRE DE 1971. INSTRUMENTO DE RATIFICACION POR PARTE DE ESPAÑA

(*B.O.E.* núm. 9, de 10 de enero de 1974)

Art. 1.º 1. Comete un delito toda persona que ilícita e intencionalmente:

a) Realice contra una persona a bordo de una aeronave en vuelo actos de violencia que, por su naturaleza, constituyan un peligro para la seguridad de la aeronave.

b) Destruya una aeronave en servicio o le cause daños que la incapaciten para el vuelo o que, por su naturaleza, constituyan un peligro para la seguridad de la aeronave en vuelo.

c) Coloque o haga colocar en una aeronave en servicio, por cualquier medio, un artefacto o sustancia capaz de destruir tal aeronave o de causarle daños que la incapaciten para el vuelo o que, por su naturaleza, constituyan un peligro para la seguridad de la aeronave en vuelo.

d) Destruya o dañe las instalaciones o servicios de la navegación aérea o perturbe su funcionamiento, si tales actos, por su naturaleza, constituyen un peligro para la seguridad de las aeronaves en vuelo.

e) Comunique, a sabiendas, informes falsos, poniendo con ello en peligro la seguridad de una aeronave en vuelo.

2. Igualmente comete un delito toda persona que:

a) Intente cometer cualquiera de los delitos mencionados en el párrafo 1 del presente artículo.

b) Sea cómplice de la persona que los cometa o intente cometerlos.

Art. 2.º A los fines del presente Convenio:

a) Se considerará que una aeronave se encuentra en vuelo desde el momento en que se cierren todas las puertas externas después del embarque hasta el momento en que se abra cualquiera de dichas puertas para el desembarque; en caso de aterrizaje forzoso se considerará que el vuelo continúa hasta que las autoridades competentes se hagan cargo de la aeronave y de las personas y bienes a bordo.

b) Se considerará que una aeronave se encuentra en servicio desde que el personal de tierra o la tripulación comienza las operaciones previas a un determinado vuelo hasta veinticuatro horas después de cualquier aterrizaje; el período en servicio se prolongará en cualquier caso por todo el tiempo que la aeronave se encuentre en vuelo conforme al párrafo *a)* del presente artículo.

Art. 3.º Los Estados contratantes se obligan a establecer penas severas para los delitos mencionados en el artículo 1.º.

Art. 4.º 1. El presente Convenio no se aplicará a las aeronaves utilizadas en servicios militares, de aduanas o de policía.

2. En los casos previstos en los incisos *a)*, *b)*, *c)* y *e)* del párrafo 1 del artículo 1.º, el presente Convenio solamente se aplicará, ya se trate de una aeronave en vuelo internacional, ya en vuelo interno, si:

a) El lugar, real o previsto, de despegue o de aterrizaje de la aeronave está situado fuera del Estado de matrícula; o

b) El delito se comete en el territorio de un Estado distinto del de matrícula de la aeronave.

3. No obstante lo dispuesto en el párrafo 2 del presente artículo, en los casos previstos en los incisos *a)*, *b)*, *c)* y *e)* del párrafo 1 del artículo 1.º, el presente Convenio se aplicará asimismo si el delincuente o el presunto delincuente es hallado en el territorio de un Estado distinto del de matrícula de la aeronave.

4. Por lo que se refiere a los Estados mencionados en el artículo 9.º, no se aplicará el presente Convenio en los casos previstos en los incisos *a)*, *b)*, *c)* y *e)* del párrafo 1 del artículo 1.º si los lugares mencionados en el inciso *a)* del párrafo 2 del presente artículo están situados en el territorio de uno solo de los Estados referidos en el artículo 9.º, a menos que el delito se haya cometido o el delincuente o el presunto delincuente sea hallado en el territorio de un Estado distinto de dicho Estado.

5. En los casos previstos en el inciso *d)* del párrafo 1 del artículo 1, el presente Convenio se aplicará solamente si las instalaciones y servicios de navegación aérea se utilizan para la navegación aérea internacional.

6. Las disposiciones de los párrafos 2, 3, 4 y 5 del presente artículo se aplicarán también en los casos previstos en el párrafo 2 del artículo 1.º.

Art. 5.º 1. Cada Estado contratante tomará las medidas necesarias para establecer su jurisdicción sobre los delitos en los casos siguientes:

a) Si el delito se comete en el territorio de tal Estado.

b) Si el delito se comete contra o a bordo de una aeronave matriculada en tal Estado.

c) Si la aeronave, a bordo de la cual se cometa el delito, aterriza en su territorio con el presunto delincuente todavía a bordo.

d) Si el delito se comete contra o a bordo de una aeronave dada en arrendamiento sin tripulación a una persona que en tal Estado tenga su oficina principal o, de no tener tal oficina, su residencia permanente.

2. Asimismo, cada Estado contratante tomará las medidas necesarias para establecer su jurisdicción sobre los delitos previstos en los incisos *a)*, *b)* y *c)* del párrafo 1 del artículo 1.º, así como en el párrafo 2 del mismo artículo, en cuanto este último párrafo se refiere a los delitos previstos en dichos incisos, en el caso de que el presunto delincuente se halle en su territorio y dicho Estado no conceda la extradición, conforme al artículo 8.º, a los Estados previstos en el párrafo 1 del presente artículo.

3. El presente Convenio no excluye ninguna jurisdicción penal ejercida de acuerdo con las leyes nacionales.

Art. 6.º 1. Todo Estado contratante en cuyo territorio se encuentre el delincuente o el presunto delincuente, si considera que las circunstancias lo justifican, procederá a la detención o tomará otras medidas para asegurar su presencia. La detención y demás medidas se llevarán a cabo de acuerdo con las leyes de tal Estado, y se mantendrán solamente por el período que sea necesario, a fin de permitir la iniciación de un procedimiento penal o de extradición.

2. Tal Estado procederá inmediatamente a una investigación preliminar de los hechos.

3. La persona detenida, de acuerdo con el párrafo 1 del presente artículo, tendrá toda clase de facilidades para comunicarse inmediatamente con el representante correspondiente del Estado de su nacionalidad que se encuentre más próximo.

4. Cuando un Estado, en virtud del presente artículo, detenga a una persona, notificará inmediatamente tal detención y las circunstancias que la justifican a los Estados mencionado en el párrafo 1 del artículo 5, al Estado del que sea nacional el detenido y, si lo considera conveniente, a todos los demás Estados interesados. El Estado que proceda a la investigación preliminar prevista en el párrafo 2 del presente artículo, comunicará sin dilación sus resultados a los Estados antes mencionados e indicará si se propone ejercer su jurisdicción.

Art. 7.º El Estado contratante en cuyo territorio sea hallado el presunto delincuente, si no procede a la extradición del mismo, someterá el caso a sus autoridades competentes a efectos de enjuiciamiento, sin excepción alguna y con independencia de que el delito haya sido o no cometido en su territorio. Dichas autoridades tomarán su decisión en las mismas condiciones que las aplicables a los delitos comunes de carácter grave, de acuerdo con la legislación de tal Estado.

Art. 8.º 1. Los delitos se considerán incluidos entre los delitos que den lugar a extradición en todo tratado de extradición celebrado entre Estados contratantes. Los Estados contratantes se comprometen a incluir los delitos como caso de extradición en todo tratado de extradición que celebren entre sí en el futuro.

2. Si un Estado contratante, que subordine la extradición a la existencia de un tratado, recibe de otro Estado contratante, con el que no tiene tratado, una solicitud de extradición, podrá discrecionalmente considerar el presente Convenio como la base jurídica necesaria para la extradición referente a los delitos. La extradición estará sujeta a las demás condiciones exigidas por el derecho del Estado requerido.

3. Los Estados contratantes que no subordinen la extradición a la existencia de un tratado, reconocerán los delitos como caso de extradición entre ellos, sujeto a las condiciones exigidas por el derecho del Estado requerido.

4. A los fines de extradición entre Estados contratantes, se considerará que los delitos se han cometido no solamente en el lugar donde ocurrieron, sino también en el territorio de los Estados obligados a establecer su jurisdicción de acuerdo con los incisos *b)*, *c)* y *d)* del párrafo 1 del artículo 5.º.

Art. 9.º Los Estados contratantes que constituyan organizaciones de explotación en común del transporte aéreo u organismos internacionales de explotación que utilicen aeronaves que sean objeto de una matrícula común o internacional, designarán, con respecto a cada aeronave, según las circunstancias del caso, el Estado de entre ellos que ejercerá la jurisdicción y tendrá las atribuciones del Estado de matrícula de acuerdo con el presente Convenio y lo comunicará a la Organización de Aviación Civil Internacional, que lo notificará a todos los Estados partes en el presente Convenio.

Art. 10. 1. Los Estados contratantes procurarán tomar, de acuerdo con el derecho internacional y sus propias leyes, todas las medidas que sean factibles para impedir la comisión de los delitos previstos en el artículo 1.°.

2. Cuando, con motivo de haberse cometido un delito previsto en el artículo 1.°, se produzca retraso o interrupción del vuelo, cada Estado contratante en cuyo territorio se encuentren la aeronave, los pasajeros o la tripulación, facilitará a los pasajeros y a la tripulación la continuación del viaje lo antes posible y devolverá sin demora la aeronave y su carga a sus legítimos poseedores.

Art. 11. 1. Los Estados contratantes se prestarán la mayor ayuda posible por lo que respecta a todo proceso penal relativo a los delitos. En todos los casos, la ley aplicable para la ejecución de una petición de ayuda será la del Estado requerido.

2. Sin embargo, lo dispuesto en el párrafo precedente no afectará a las obligaciones derivadas de cualquier tratado bilateral o multilateral que regule, en todo o en parte, lo relativo a la ayuda mutua en materia penal.

Art. 12. Todo Estado contratante que tenga razones para creer que se vaya a cometer un delito previsto en el artículo 1.°, suministrará, de acuerdo con su ley nacional, toda información pertinente de que disponga a los demás Estados que, en su opinión, sean los mencionados en el párrafo 1 del artículo 5.°.

Art. 13. Cada Estado contratante notificará lo antes posible al Consejo de la Organización de Aviación Civil Internacional, de conformidad con su ley nacional, cualquier información pertinente que tenga en su poder referente a:

a) Las circunstancias del delito.

b) Las medidas tomadas en aplicación del párrafo 2 del artículo 10.

c) Las medidas tomadas en relación con el delincuente o el presunto delincuente y, especialmente, el resultado de todo procedimiento de extradición u otro procedimiento judicial.

Art. 14. 1. Las controversias que surjan entre dos o más Estados contratantes con respecto a la interpretación o aplicación de este Convenio, que no pueden solucionarse mediante negociaciones, se someterán a arbitraje, a petición de uno de ellos. Si en el plazo de seis meses, contados a partir de la fecha de presentación de la solicitud de arbitraje, las partes no consiguen ponerse de acuerdo sobre la forma del mismo, cualquiera de las partes podrá someter la controversia a la Corte Internacional de Justicia mediante una solicitud presentada de conformidad con el Estatuto de la Corte.

2. Todo Estado, en el momento de la firma o ratificación

de este Convenio o de su adhesión al mismo, podrá declarar que no se considera obligado por el párrafo anterior. Los demás Estados contratantes no estarán obligados por el párrafo anterior ante ningún Estado que haya formulado dicha reserva.

3. Todo Estado contratante que haya formulado la reserva prevista en el párrafo anterior, podrá retirarla en cualquier momento notificándolo a los Gobiernos depositarios.

Art. 15. 1. El presente convenio estará abierto a la firma de los Estados participantes en la Conferencia Internacional de Derecho Aéreo, celebrada en Montreal del 8 al 23 de septiembre de 1971 (llamada en adelante «la Conferencia de Montreal»). Después del 10 de octubre de 1971 el Convenio estará abierto a la firma de todos los Estados en Washington, Londres y Moscú. Todo Estado que no firmare el presente Convenio antes de su entrada en vigor de conformidad con el párrafo 3 de este artículo, podrá adherirse a él en cualquier momento.

2. El presente Convenio estará sujeto a ratificación por los Estados signatarios. Los instrumentos de ratificación y los instrumentos de adhesión se depositarán en los archivos de los Gobiernos de los Estados Unidos de América, el Reino Unido de Gran Bretaña e Irlanda del Norte y la Unión de Repúblicas Socialistas Soviética, a los que por el presente se designa como Gobiernos depositarios.

3. El presente Convenio entrará en vigor treinta días después de la fecha en que diez Estados signatarios de este Convenio, participantes en la Conferencia de Montreal, hayan depositado sus instrumentos de ratificación.

4. Para los demás Estados el presente Convenio entrará en vigor en la fecha que resulte de la aplicación del párrafo 3 de este artículo, o treinta días después de la fecha de depósito de sus instrumentos de ratificación o adhesión, si esta última fecha fuese posterior a la primera.

5. Los Gobiernos depositarios informarán sin tardanza a todos los Estados signatarios y a todos los Estados que se hayan adherido a este Convenio, de la fecha de cada firma, de la fecha de depósito de cada instrumento de ratificación o adhesión, de la fecha de su entrada en vigor y de cualquier otra notificación.

6. Tan pronto como el presente Convenio entre en vigor, los Gobiernos depositarios los registrarán de conformidad con el artículo 102 de la Carta de las Naciones Unidas y de conformidad con el artículo 83 del Convenio sobre Aviación Civil Internacional (Chicago, 1944).

Art. 16. 1. Todo Estado contratante podrá denunciar el presente Convenio mediante notificación por escrito dirigida a los Gobiernos depositarios.

2. La denuncia surtirá efecto seis meses después de la fecha en que los Gobiernos depositarios reciban la notificación.

EN TESTIMONIO DE LO CUAL, los Plenipotenciarios infrascritos, debidamente autorizados por sus Gobiernos para hacerlo, firman el presente Convenio.

HECHO en Montreal el día veintitrés de septiembre del año mil novecientos setenta y uno, en tres originales, cada uno de ellos integrado por cuatro textos auténticos en los idiomas español, francés, inglés y ruso.

III

DISPOSICIONES COMPLEMENTARIAS

10. DECRETO DE 3 DE MAYO DE 1946, SOBRE SERVICIOS DE ADUANA EN LOS AEROPUERTOS

(*B.O.E.* núm. 157, de 6 de junio).

Artículo. 1.º. Toda aeronave civil, tanto nacional como extranjera, en vuelo sobre el territorio nacional o sus aguas jurisdiccionales, debe someterse, en cualquier momento, a las indicaciones de las autoridades aduaneras, ya le sean dirigidas desde la superficie o desde otra aeronave.

Los Servicios de Aduana, en el ejercicio de sus propias funciones de vigilancia, podrán visitar dichas aeronaves, así como su cargamento.

El Estado puede disponer que toda aeronave civil que cruce la frontera o costa lo haga obligadamente entre puntos determinados.

Cuando a consecuencia de causas de fuerza mayor, que deberán justificarse, una aeronave civil cruce la frontera o costa sin atenerse a las prescripciones que hayan sido dictadas en aplicación de lo dispuesto en el párrafo anterior, deberá aterrizar o amarar en el aeropuerto aduanero terrestre o marítimo más próximo situado en su ruta.

Art. 2.º Se entiende por aeropuerto aduanero el que esté abierto al uso público y donde funcione de modo regular el servicio de Aduanas.

Los aeropuertos habilitados exclusivamente para el tráfico aéreo interior —en los que no podrán hacer escala las aeronaves que realicen tráfico internacional— no tendrán el carácter de aeropuertos aduaneros, pero estarán sujetos a la vigilancia permanente del Resguardo, que prestará este servicio bajo la dirección de los funcionarios de Aduanas a quienes especialmente esté encomendada la fiscalización del aeropuerto.

Se entenderá por aeropuertos auxiliares aquellos que estando habilitados exclusivamente para el comercio interior sean especialmente designados para su utilización en los casos en que por cualquier causa se declare accidentalmente cerrado el aeropuerto a que correspondan. Sólo en este caso y con carácter circunstancial funcionarán tales aeropuertos como aeropuertos aduaneros.

Las aeronaves que salgan para el extranjero y las que del mismo procedan sólo podrán emprender el vuelo o aterrizar, respectivamente, en un aeropuerto aduanero o en el que a tal efecto y en casos concretos haya sido especialmente habilitado para el cumplimiento de las formalidades aduaneras. Esta limitación alcanza igualmente a las aeronaves procedentes o con destino a las Islas Canarias o Plazas de Soberanía o Colonias de Africa.

El Comandante de la aeronave que efectúe aterrizaje forzoso fuera de los aeropuertos habilitados —aterrizaje que habrá de ser justificado— viene obligado a dar inmediato aviso al Servicio de Aduanas del Resguardo o de Policía más próximo. No podrán emprender nuevamente el vuelo sin que las expresadas autoridades realicen las comprobaciones pertinentes en lo que a sus respectivas funciones corresponde, debiéndose visar el carnet de ruta y, en su caso, el manifiesto de la aeronave. Cuando la aeronave no esté en condiciones de emprender nuevamente el vuelo quedará sujeta a la intervención procedente, adoptándose las medidas oportunas para la mejor defensa de los intereses del Tesoro.

Art. 3.º Actualmente están habilitados y en funcionamiento como aeropuertos aduaneros los de Barajas (Madrid), Muntadas (Barcelona), Son Bonet (Palma), Manises (Valencia) y San Pablo (Sevilla).

Todos los demás aeropuertos actualmente habilitados como aeropuertos aduaneros o que en los sucesivos se habiliten a tal efecto o bien exclusivamente para el tráfico nacional, se someterán, desde el momento en que en ellos se efectúen operaciones comerciales, a los preceptos de este Decreto.

Todo información útil relativa a los puntos de que trata el párrafo tercero del artículo primero de este Decreto o a los aeropuertos citados en el presente artículo, incluso la relación de estos aeropuertos, así como todo cambio que ulteriormente se introduzca en dicha lista o en las informaciones suministradas, será notificada por el Estado a la Organización Internacional para la Navegación Aérea, con indicación de las fechas en que tales cambios habrán de entrar en vigor.

A su vez, el Estado, por medio de la Dirección General de Aviación Civil, dará en España la más extensa publicidad a todos los informes relativos a la ordenación aduanera de los restantes Estados adheridos a la Organización Internacional de Navegación Aérea.

Art. 4.º Las Oficinas aduaneras de los aeropuertos, aunque con funcionamiento propio, tendrán el carácter de Delegaciones de las Aduanas en cuya demarcación estén enclavadas o de aquellas a las que por disposición especial queden afectas. En Madrid se considerarán como Delegaciones del Despacho Central de Aduanas.

Tendrá la consideración de «Recinto aduanero», dentro del aeropuerto aduanero, las pistas, en los terrestres, y la superficie marítima, muelles y rampas, en los marítimos, así como los locales en los que funcionan reglamentariamente las Oficinas de Aduanas, integradas por los despachos de los funcionarios, las salas de reconocimiento de viajeros, equipajes y mercancías, y los almacenes destinados a depósito o custodia de las expediciones pendientes.

Los aeropuertos auxiliares, en cuanto a su funcionamiento aduanero tendrán el carácter de Delegaciones de las Aduanas a que por especial disposición se les declare afectos.

El Comandante Jefe de un aeropuerto aduanero, cuando disponga el cierre de éste lo comunicará sin dilación al correspondiente Servicio de Aduanas, y por el medio más rápido, a la Aduana de que dependa el aeropuerto auxiliar que haya de ser utilizado en defecto del principal. Esta Aduana adoptará seguidamente las medidas oportunas para que el servicio en el aeropuerto auxiliar quede debidamente atendido.

La Dirección General de Aviación Civil o, en su caso, las Compañías propietarias o concesionarias de los aeropuertos, facilitarán locales suficientes para instalar amplia y decorosamente en los mismos los Servicios de Aduanas, comprendiéndose en dichos locales los destinados a Oficinas de los funcionarios, almacenes para mercancías y efectos, así como salas de reconocimiento de viajeros y mercancías.

Con referencia a cualquier proyecto, de construcción o modificación de edificios para los aeropuertos aduaneros, el proyectista se asesorará de la Dirección General de Aduanas, la que emitirá por escrito su informe en cuanto se refiera a la situación o distribución de los locales y demás aspectos que puedan afectar a los Servicios de Aduanas.

En los aeropuertos exclusivamente habilitados para el comercio interior y, por lo tanto, sin carácter de aeropuertos aduaneros, la Dirección de Aviación Civil o, en su caso, las Compañías propietarias o concesionarias de los mismos facilitarán locales suficientes para la instalación decorosa de las Oficinas de los funcionarios de Aduanas encargados de la inspección fiscal del aeropuerto y de la liquidación del Impuesto de Transportes, así como para la de las fuerzas del Resguardo encargadas de la vigilancia que les está asignada.

Los gastos de personal y material de los Servicios de Aduanas en los aeropuertos comerciales habrán de ser atendidos por el Ministerio de Hacienda.

Art. 5.º El Comandante de una aeronave que realice tráfico de comercio internacional, al aterrizar o amarar en el aeropuerto llevará al aparato lo más cerca posible de la estación aduanera. Si por circunstancias imprevistas se señalase para la descarga en el aeropuerto lugar diferente, el Comandante de la aeronave hará conducir a su costa, hasta los almacenes de la Oficina de Aduanas todas las mercancías transportadas, haciéndose tal conducción bajo la vigilancia del personal del Resguardo fiscal directamente afecto al Servicio de la Aduana.

Las aeronaves no podrán salir de ningún aeropuerto aduanero sin que la Oficina de Aduanas correspondiente haya visado el carnet de ruta y en su caso, el manifiesto; documentos que autorizará con su firma y sello aquel Servicio.

En los aeropuertos habilitados exclusivamente para el comercio interior será preciso, para que las aeronaves puedan emprender el vuelo, que previamente haya sido visado su carnet de ruta por el funcionario de Aduanas encargado de la fiscalización del aeropuerto o, en su defecto, por el Jefe de las fuerzas del Resguardo de servicio.

Art. 6.º Los Servicios de Aduanas de los aeropuertos aduaneros podrán verificar cuantos reconocimientos (fondeos) estimen oportunos para cerciorarse de que las aeronaves no conducen más mercancías, provisiones y pertrechos que los manifestados.

Igual facultad fiscalizadora está conferida a los funcionarios de Aduanas adscritos a los aeropuertos habilitados solamente para el tráfico interior. Las fuerzas del Resguardo a las que esté encomendada la vigilancia permanente de tales aeropuertos, en ausencia de los funcionarios referidos y por delegación de los mismos, podrán realizar aquellos fondeos, dando cuenta del resultado al funcionario de quien dependa el mencionado servicio.

Tanto en unos como en otros aeropuertos los funcionarios de Aduanas y las fuerzas del Resguardo, en el ejercicio de los deberes propios de su cargo, tendrán libre acceso a todos los lugares de partida o aterrizaje de las aeronaves y a los destinados a almacenes de mercancías así como a los demás locales y dependencias en los que aquéllas puedan ser accidentalmente depositadas.

Las fuerzas del Resguardo realizarán en los aeropuertos aduaneros, en la forma que determinan las disposiciones vigentes y a las órdenes inmediatas de los funcionarios de Aduanas, las funciones de vigilancia y las demás que corresponden a su cometido.

Art. 7.º El tráfico de pasajeros y mercancías en los aeropuertos comerciales se clasifica, desde el punto de vista fiscal, en internacional y nacional o interior.

En el primero, es decir, en el internacional, hay que distinguir el de importación, el de exportación y el de tránsito; tráficos que únicamente pueden efectuarse en los aeropuertos aduaneros y, accidentalmente, en los designados como auxiliares de estos aeropuertos.

El tráfico nacional o interior puede ser de entrada o de salida y realizarse indistintamente en los aeropuertos aduaneros o en aquellos habilitados exclusivamente para dicho tráfico nacional o interior.

En todos los casos, las mercancías, en cuanto no afecte al régimen de vuelo, quedan sometidas en el orden aduanero, a las normas y disposiciones administrativas o fiscales establecidas por el Ministerio de Hacienda.

Art. 8.º *Tráfico de importación.*— Los aviones procedentes del extranjero, a su llegada a un aeropuerto español presentarán a la Aduana el carnet de ruta y, además, según los casos, los documentos siguientes:

a) Si la aeronave transporta pasajeros, no será exigible la presentación por separado de *una lista nominal* de los mismos y del número de bultos de sus equipajes, si están incluidos unos y otros en el Manifiesto general.

b) Si la aeronave transporta mercancías, el manifiesto comprensivo de las mismas, visado y sellado por la Aduana extranjera, así como las hojas declaratorias de detalle de ellas; y

c) Si transporta provisiones y pertrechos, la lista de unas y otros.

Art. 9.º El manifiesto adoptado al modelo reglamentario, fechado y firmado por el Comandante de la aeronave, deberá hacer constar el tipo de la misma, su marca de matrícula, el nombre del Comandante, el país y lugar en que las mercancías hayan sido cargadas y el país y lu-

---

Art. 8.º: *a):* Este apartado ha sido redactado por D. de 21 de enero de 1955 (*B.O.E.* n.º 37, de 6 de febrero).

gar de su destino, así como el número de las hojas declaratorias anejas. Igualmente consignará el número de orden de las correspondientes cartas de transporte aéreo, las marcas y numeración de los bultos, el número (en cifra y letra) de los mismos, su clase, la naturaleza de la mercancía y su peso bruto.

Todas las correspondientes cartas de transporte aéreo serán unidas al manifiesto haciéndose constar en éste, como queda dicho, los números de aquéllas.

Si la Compañía de Navegación Aérea agrupa una expedición con otras expediciones o acondiciona las mercancías en otros envases, sea separadamente, sea con otras mercancías, los cambios de envase, de marcas y de numeración deberán ser claramente indicados en las cartas de transporte aéreo respectivas.

El manifiesto no contendrá espacios en blanco, enmiendas ni entrerrenglonaduras que no estén salvadas por la correspondiente Aduana extranjera. Podrá, sin embargo, contener cuantas hojas adicionales sean necesarias.

En los casos en que la aeronave transporte bultos precintados, por ser procedente esta formalidad para las mercancías que contengan, deberá constar en el manifiesto el número de los precintos impuestos.

Art. 10. Las hojas declaratorias de las mercancías extendidas según modelo reglamentario y firmadas por el expedidor, contendrán el nombre de éste; los puntos de salida y de destino; las marcas, numeración y número de bultos; su clase; especificación detallada de las mercancías; el país de origen de las mismas, su valor y sus pesos bruto y neto.

En los casos en que se trate de una aeronave afecta a un servicio internacional regular, el Comandante de la misma está autorizado para presentar a la Aduana en lugar de las hojas declaratorias, un original, por duplicado, de la carta de transporte aéreo, que contenga los mismos detalles y ostente en caracteres gruesos la indicación «Declaración para la Aduana».

Art. 11. Cuando una aeronave no transporte mercancías, el manifiesto será sustituido por el visado del carnet de ruta por la Aduana extranjera, en el que se hará constar aquel extremo.

Sin embargo, si se trata de una aeronave en servicio internacional regular y que no transporte mercancías, deberá presentarse a la Aduana un manifiesto negativo.

Art. 12. La Aduana, al admitir el manifiesto, consignará en él en el lugar para ello reservado en el mismo la hora y fecha de la llegada; examinará el carnet de ruta a efectos, principalmente, de comprobar si el manifiesto presentado corresponde a todos los puntos extranjeros en que la aeronave haya tomado carga; intervendrá, por medio del Resguardo, el desembarque de pasajeros y la descarga de mercancías; conservará los correspondientes manifiestos y lista de viajeros, y después de efectuar en la aeronave las comprobaciones y reconocimientos que estime convenientes, visará y sellará el carnet de ruta y el manifiesto general haciendo constar las operaciones realizadas y, una vez ultimadas éstas, los devolverá al Comandante de la aeronave, entendiéndose, desde este momento, autorizada por parte de los servicios aduaneros la salida de dicha aeronave.

Art. 13. Si la aeronave condujera carga del extranjero para más de un aeropuerto español, además del manifiesto general visado y de la lista general de pasajeros se presentarán una copia y una lista parciales de la carga y de los pasajeros que conduzca para este primer aeropuerto.

Una vez confrontadas dichas copias con los originales, aquéllas junto con las correspondientes declaraciones de detalle, quedarán en la Aduana y servirán de base para todas las operaciones de importación. Los originales del manifiesto y de la lista de pasajeros, así como los documentos adjuntos a aquél, se conservarán en la Aduana hasta el momento de salir el avión, en que entregarán al Jefe del mismo para su presentación en los sucesivos puntos de destino.

Análogas formalidades se observarán en los distintos aeropuertos de escala, salvo en la última escala del territorio español, en la que se presentarán solamente el manifiesto original y la lista general de pasajeros sin necesidad de copia alguna, quedando aquellos documentos en la Aduana.

Tanto en la Oficina aduanera del aeropuerto de primera escala como las de las escalas sucesivas, a excepción de la última, estamparán en el manifiesto y listas originales diligencias comprensivas, respectivamente, de las operaciones que se realicen en régimen de importación y exportación y de embarque y desembarque de pasajeros.

Art. 14. El reconocimiento y despacho de las mercancías descargadas de las aeronaves, cuando se trate de bultos en los que el peso bruto de cada uno no exceda de veinte kilogramos, ni de cinco el número de bultos por destinatario, se efectuará por el sistema de adeudo por declaración verbal, tomando como base las hojas declaratorias de los expedidores, o, en su caso, las cartas de transporte aéreo que contienen la nota «Declaración para la Aduana».

Las partidas de manifiesto compuestas de uno o varios bultos que no reúnan las condiciones antes expuestas, es decir, aquellas en que todos o algunos de los bultos sean de peso superior a veinte kilogramos, o que el número de bultos exceda de cinco por destinatario, serán despachadas por medio de declaración de adeudo.

Todas las importaciones que se realicen por vía aérea están sujetas a lo dispuesto respecto a licencias de importación.

Para las mercancías cuyo despacho haya de efectuarse por el sistema de adeudo por declaración verbal no será precisa la presentación de certificado de origen; pero sí para aquellas que se despachen con declaración de adeudo, cuando tal requisito sea preceptivo.

Art. 15. No podrán ser importadas por vías aéreas las mercancías de prohibida importación ni aquellas cuya importación se prohiba en lo sucesivo por disposiciones de rango suficiente.

Las mercancías cuya importación esté condicionada a determinados requisitos sólo podrán ser importadas previo cumplimiento de los mismos.

Art. 16. En el tráfico aéreo de importación en la Península y Baleares de mercancías procedentes de las provincias de Canarias, de las Plazas de Soberanía, Colonias de Africa y de la Zona Española del Protectorado de Marruecos, deberán observarse iguales documentos que en el tráfico aéreo internacional de importación. No obstante, en las procedencias de Canarias y de las citadas Plazas de Soberanía, las hojas declaratorias estarán sustituidas por las facturas duplicadas de exportación expedidas por el aeropuerto de salida.

A los efectos de la liquidación del Impuesto de Transportes, este tráfico aéreo se considerará como realizado en navegación de primera clase.

Art. 17. Las mercancías importadas en aeronaves de servicio en líneas regulares de navegación aérea, cuando, sin salir del recinto aduanero, no hayan podido ser entregadas al consignatario, podrán ser reexportadas a origen sin pago de los correspondientes derechos de importación, siempre que así lo solicite la Compañía transportadora, dentro del plazo de un mes, contado a partir de la fecha de su llegada.

Las expediciones reexportadas con arreglo a lo que se autoriza en el párrafo precedente no estarán exentas del pago de los derechos de almacenaje que en su caso sea procedente liquidar.

Art. 18. *Tráfico de exportación.* El despacho de las mercancías que hayan de ser exportadas por vía aérea se efectuará mediante facturas duplicadas que presentarán los cargadores y con las mismas formalidades, incluso para el reconocimiento de las mercancías y para el pago, en su caso, de los correspondientes derechos de exportación, que las observadas en el comercio general de dicha clase. Estas facturas, cuando se trate de géneros libres de derechos de exportación, serán las que constituyen los documentos timbrados serie B, números 12 y 13, y cuando se trate de géneros sujetos al pago de aquellos derechos, los que constituyen los documentos timbrados serie B números catorce y quince.

Las facturas serán numeradas correlativamente por años, en libros habilitados al efecto y distintos según sean para géneros sujetos o no al pago de derechos de exportación, y serán sentadas, con separación por destinos y a efectos de la liquidación del Impuesto de Transportes, en la carpeta a que alude el artículo siguiente.

Si la aeronave embarca provisiones o pertrechos, se efectuará la operación con la correspondiente factura de exportación.

Los expedidores de las mercancías exportadas deberán acompañar, a efectos de su presentación en el aeropuerto extranjero de destino, las hojas declaratorias ajustadas al modelo a que hace referencia el artículo diez de este Decreto.

Art. 19. Cuando una aeronave, realice o no comercio de importación, haya de tomar carga o pasajeros para el extranjero, la Aduana abrirá una carpeta arreglada a modelo y única para el viaje del avión, sean uno o varios los países y puntos de destinos de la carga o de los pasajeros que hayan de ser embarcados en régimen de exportación. Dichas carpetas serán registradas y numeradas correlativamente por años en un libro habilitado al efecto, y en las mismas se sentarán las facturas correspondientes en la forma dispuesta en el artículo anterior.

Art. 20. La aeronave que haya de tomar pasajeros con destino al extranjero no vendrá obligada en todo caso a presentar por separado la lista nominal de los mismos y del número de bultos de sus equipajes si es-

---

Arts. 20 y 21: Redactados por D. de 22 de junio de 1956 (*B.O.E.* n.º 192, de 10 de julio).

tán incluidos unos y otros en el Manifiesto o declaración general.

Caso de no estar incluidos en dicho Manifiesto o en el que a las Compañías interesase su presentación, la lista nominal se presentará por duplicado, con indicación del punto de destino y el número de bultos, consignado en cifra y en letra por cada pasajero.

Una de estas listas, visada por la Aduana, será devuelta al Comandante del avión, y la otra quedará en la Aduana, la que la sentará en correspondiente carpeta de exportación y la utilizará a efectos de la liquidación del impuesto de Transportes.

Art. 21. El Comandante de la aeronave presentará en la Aduana un Manifiesto comprensivo de la carga embarcada y redactado en la misma forma prevista para el Manifiesto de importación descrito en el artículo noveno. A dicho Manifiesto se acompañarán, para su presentación en la Aduana extranjera de destino, documentos en un todo análogos a los que deben venir unidos al Manifiesto de importación, incluso la lista de provisiones y pertrechos. También comprenderá la lista de pasajeros y de los equipajes de éstos en el caso de no haber sido presentada por separado la lista nominal, según autoriza el artículo anterior.

De todos estos documentos se presentará una copia en la Aduana, que practicará las comprobaciones que estime oportunas y visará y sellará el Manifiesto o declaración general. Entregados los documentos al Comandante de la aeronave, así diligenciados, quedará autorizada la salida de ésta por parte de la Aduana.

En el caso de que la aeronave no conduzca mercancías ni pasajeros, solamente si prestase servicio regular, deberá presentarse en la Aduana un Manifiesto negativo.

Art. 22. La exportación de mercancías por vía aérea está sujeta a las disposiciones dictadas, o que se dicten en lo sucesivo, respecto a licencias de exportación.

Igualmente está sujeta a cuantas disposiciones prohiban o condicionen la exportación de determinadas mercancías.

Art. 23. *Tráfico interior.* Las aeronaves que realicen el transporte de viajeros y mercancías en régimen de comercio internacional no podrán efectuar al propio tiempo el de comercio interior, el que a su vez queda reservado a las aeronaves de matrícula nacional.

Art. 24. El comercio aéreo interior estará sujeto a vigilancia e inspección por los correspondientes servicios de carácter fiscal, los que podrán exigir en todo momento la exhibición de los documentos que deban acompañar a las mercancías y equipajes, así, al embarque como al desembarque. Aquellos servicios están facultados, también, para comprobar el contenido y peso de los bultos de mercancías y equipajes, y, asimismo, para intervenir, a efectos fiscales, el tráfico de viajeros. La vigilancia fiscal en los aeropuertos habilitados exclusivamente para el tráfico interior será ejercida por el funcionario del Cuerpo Pericial de Aduanas designado al efecto y por las fuerzas del resguardo que a las órdenes del mismo presten servicio en el aeropuerto. Dicho funcionario será además, el encargado de practicar las liquidaciones del Impuesto de Transportes por el embarque de viajeros y mercancías y de tramitar la documentación correspondiente.

Art. 25. Para efectuar el transporte aéreo de mercancías y pasajeros en régimen de comercio interior, tanto en los aeropuertos aduaneros como en los habilitados exclusivamente para dicha clase de comercio, no será precisa documentación especial de carácter aduanero.

La empresa transportadora presentará al Servicio de Aduanas en los aeropuertos aduaneros, y al de Inspección aduanera, en los habilitados exclusivamente para el comercio interior, tanto a la salida como a la llegada de las aeronaves, un ejemplar, debidamente autorizado, de la hoja de ruta o manifiesto comprensivo de la carga transportada, así como una lista de los viajeros conducidos y de los equipajes pertenecientes a los mismos.

A los efectos de la liquidación del Impuesto de Transportes, la empresa transportadora presentará semanalmente declaración jurada en la que enumerará las hojas de ruta y listas de viajeros presentadas en la anterior semana y acreditativa de que los expresados documentos comprenden la totalidad de las mercancías y viajeros embarcados en régimen de comercio interior durante el indicado período.

La liquidación del Impuesto de Transportes —que afecta tan sólo al embarque de mercancías y viajeros— se efectuará, también semanalmente, por los Servicios de Aduanas en los aeropuertos aduaneros y por el funcionario de Aduanas que tenga a su cargo la vigilancia del aeropuerto cuando éste sea de los habilitados exclusivamente para el comercio interior.

La liquidación, contabilización e ingreso del Impuesto de Transportes se practicarán con arreglo a las disposiciones que rigen dicho Impuesto y a las complementarias que dicten al efecto el Ministerio de Hacienda o la Dirección General de Aduanas.

El funcionario encargado de la liquidación del Impuesto de Transportes, así como la Inspección general de Aduanas, podrán examinar toda la documentación y los libros de la empresa transportadora referentes al transporte de pasajeros y mercancías para cerciorarse de la certeza de los datos consignados en las declaraciones juradas que presenten aquellas empresas.

Las empresas transportadoras estarán obligadas a presentar al Servicio de Aduanas en los aeropuertos aduaneros y al funcionario encargado de la fiscalización en los aeropuertos exclusivamente habilitados para el comercio interior garantía suficiente a responder del pago de las cantidades, que hayan de liquidarse por Impuesto de Transporte y de las sanciones pecuniarias que pudiera ser procedente imponer.

Art. 26. *Tránsitos y Transbordos.*—Los aviones que, conduciendo carga o pasaje en tránsito por España, vuelen, sin aterrizar, sobre territorio nacional, se limitarán a cumplir lo dispuesto en el artículo primero.

Si aterrizan en un aeropuerto español, que habrá de ser de los habilitados para el comercio internacional, la Aduana comprobará los bultos en tránsito con lo que respeto a los mismos conste en el manifiesto presentado.

Cuando un avión con cargamento en tránsito no efectúe operaciones de carga ni descarga, el manifiesto presentado será restituido al Comandante de la aeronave después de visado por la Aduana, y en el carnet de ruta se hará constar que el avión no efectuó operación alguna.

Art. 27. En los aeropuertos aduaneros se permitirán los transbordos de unas aeronaves a otras de mercancías y de pasajeros transportados en régimen de tráfico internacional. Estas operaciones serán solicitadas, realizadas e intervenidas en la forma prevista en las Ordenanzas de Aduanas para las operaciones similares, si bien la solicitud correspondiente se formulará en papel común y con el debido reintegro.

Art. 28. *Régimen aplicable a las aeronaves, a los pertrechos y a las provisiones.*—Las aeronaves que efectúen el tráfico internacional en líneas regulares o en viajes previamente autorizados, no están sujetas, en lo que a las mismas se refiere, a formalidad alguna ni a la expedición de documento especial para gozar de exención del pago de derechos de Arancel. Igual exención alcanza a las provisiones y pertrechos que dichas aeronaves conduzcan, siempre que no sean descargados y se cumplan las disposiciones aduaneras referentes a tales provisiones y pertrechos, los que tampoco estarán sujetos a ningún otro impuesto o tasa, sea nacional o local.

La permanencia de aquellas aeronaves, de su carga y de sus provisiones y pertrechos fuera de los aeropuertos aduaneros, sin causa de fuerza mayor plenamente justificada o sin que se cumpla lo dispuesto en el último párrafo del artículo segundo, se considerará hecho incurso en los preceptos de la vigente legislación sobre Contrabando y Defraudación.

Art. 29. Se autoriza la entrada, en régimen de importación temporal, de las aeronaves, así como de las herramientas, equipos y piezas de recambio indispensables para la busca, socorro, reparación o salvamento de las aeronaves perdidas o averiadas.

Dichas importación temporal se efectuará con el documento timbrado serie B, número 22, y con las formalidades y garantías que para su utilización están prevenidas.

Las herramientas, equipos y piezas de recambio que con la aeronave se importen temporalmente a los efectos antes indicados se harán constar en relación detallada, suscrita por el Comandante de la aeronave; relación a la que se hará referencia en el Pase de importación temporal, al que quedará unida y en la que el Servicio de Aduanas consignará el resultado del reconocimiento. La garantía prestada deberá responder de la reexportación de la aeronave y de los elementos antes expresados que éste conduzca.

La reexportación de las piezas de recambio incorporadas a una aeronave averiada se acreditará mediante certificación expedida por el Servicio de Inspección de la Dirección General de Aeronáutica Civil del aeropuerto en que tenga lugar la reparación, certificación que será presentada al Servicio de Aduanas del Aeropuerto.

Art. 30. Se permite la importación y exportación temporales de aeronaves de propiedad particular mediante el empleo de «Trípticos», «Carnets de Passages en Douanes» o Pases expedidos por las Aduanas. Estas operaciones serán objeto de reglamentación especial que dictará el Ministerio de Hacienda.

Art. 31. Las Compañías Extranjeras de navegación aérea

Art. 31: V. D. de 13 de febrero de 1964 (*B.O.E.* n.° 46, de 22 de febrero). Autoriza a las Compañías aéreas españolas para solicitar la instalación de depósitos de provisiones sin pago de derechos.

que tengan establecidas líneas regulares con escalas, en aeropuertos españoles podrán solicitar de la Dirección General de Aduanas que se les autorice a establecer, en las condiciones que para cada caso concreto se fijen, depósitos de pertrechos, provisiones y piezas de repuesto sin pago de derechos y para uso exclusivo de sus aeronaves.

Las piezas sustituidas, las no utilizadas y las provisiones o pertrechos que no lleguen a embarcarse en las aeronaves a que estén destinadas tendrán que adeudar los correspondientes derechos o ser reexportadas dentro de los plazos que se señalen al efecto.

Los depósitos de que se trata estarán sometidos, en todo caso, a la intervención de los Servicios de Aduanas, y la Dirección General del Ramo, al conceder la autorización para el establecimiento de cada depósito, detallará las condiciones a que el mismo habrá de ajustarse y regulará la forma de llevar a efecto aquella intervención.

DISPOSICIONES COMPLEMENTARIAS

Art. 32. En el transporte por vía aérea de mercancías nacionales o nacionalizadas que se hallen sujetas a especiales requisitos para su legal circulación, habrán de cumplirse, tanto por la empresa transportadora como por los cargadores y pasajeros, todas las disposiciones que estén en vigor en la materia.

Art. 33. Las mercancías depositadas en almacenes de Aduanas de los aeropuertos quedan sujetas al pago de derechos de almacenaje en la cuantía, condiciones y plazos establecidos en las Ordenanzas de Aduanas. Asimismo son de aplicación las disposiciones referentes a declaración de abandono.

Art. 34. Podrán ser aplicadas al tráfico aéreo las disposiciones contenidas en las Ordenanzas de Aduanas sobre importaciones y exportaciones temporales, casos especiales de importación, reimportación y exportación, en cuanto aquéllas resulten compatibles con las modalidades propias del tráfico aéreo.

Los preceptos de las Ordenanzas de Aduanas se aplicarán con carácter supletorio en las operaciones aduaneras que tengan lugar en los aeropuertos.

Los documentos originales y las copias que se expidan a efectos aduaneros, así como la ulterior documentación peculiar de estos servicios fiscales, se reintegrarán en la cuantía que las vigentes disposiciones establezcan.

Art. 35. Las infracciones contra los preceptos contenidos en este Decreto o las que se descubran en actos de despacho serán sancionadas con arreglo a lo establecido para casos idénticos o similares en el mencionado texto legal y en el Reglamento del Impuesto de Transportes.

Las infracciones en que pueda incurrir el Comandante de una aeronave en lo que afecta al tráfico aéreo internacional se pondrán en conocimiento del Comandante del aeropuerto para que éste, a su vez, lo comunique a la Dirección General de Aviación Civil, a efectos de que, en cumplimiento de lo acordado en el artículo 21 del Anexo K de la Conferencia Internacional de Aviación Civil de Chicago, lo notifique al Estado en que dicha aeronave esté matriculada.

Se autoriza al Ministerio de Hacienda para modificar o complementar el actual sistema de sanciones, si no resultara en la práctica ajustado a las modalidades particulares del tráfico aéreo.

Art. 36. Se autoriza al Ministerio de Hacienda, o por su delegación a la Dirección General de Aduanas, para dictar las normas de servicio que procedan para la mejor aplicación del contenido de las disposiciones establecidas en el presente Decreto.

Art. 35: V. O. de 9 de febrero de 1966 (*B.O.E.* n.º 47, de 24 de febrero), sobre documentación aduanera y rectificación de manifiestos.

11. DECRETO DE 13 DE MARZO DE 1969, SOBRE REGLAMENTO DEL REGISTRO DE MATRICULA DE AERONAVES

(*B.O.E.* núm. 71, de 24 de marzo)

I. DISPOSICIONES GENERALES

Artículo 1.º. El Registro establecido por el artículo 28 de la Ley de Navegación Aérea, de 21 de julio de 1960, tiene por objeto la matrícula de las aeronaves, y en él se harán constar, además, cuantos actos, contratos y vicisitudes afecten a las mismas.

El Registro de Matrícula tendrá carácter administrativo.

Art. 2.º 1. El Registro dependerá de la Subsecretaria de Aviación Civil del Ministerio del Aire, extenderá su ámbito a todo el territorio nacional y constará de una sola oficina con sede en Madrid.

2. Si las necesidades del tráfico aéreo lo aconsejasen, podrán establecerse Secciones en las Demarcaciones Aéreas.

Art. 3.º 1. El Registro estará a cargo del personal del Cuerpo Jurídico del Aire. Para el desempeño de la función del Jefe del Registro, será preciso poseer la categoría de Jefe, quien será sustituido, en casos de vacante, ausencia o enfermedad, por el Jefe u Oficial de la misma procedencia y de superior categoría de los destinados en el Registro o, en su defecto, por quien se designe mediante Orden Ministerial.

2. Existirá además, el personal técnico y auxiliar que requiera el eficaz funcionamiento del Centro.

II. DE LA MATRICULA DE AERONAVES

Art. 4.º Es obligatoria la matriculación de las aeronaves en el Registro. Se exceptúan las aeronaves militares que están sujetas a su regulación peculiar.

Art. 5.º A los fines del presente Reglamento, se entiende por aeronave toda construcción apta para el transporte de personas o cosas, capaz de moverse en la atmósfera merced a las reacciones del aire, sea o no más ligera que éste y tenga o no órganos motopropulsores.

Art. 6.º 1. En los casos en que lo permitan las Leyes o disposiciones especiales, podrán matricularse las aeronaves en construcción.

2. En tal supuesto, será necesario que en la construcción se haya invertido, al menos, un tercio de la cantidad total presupuestada.

Art. 7.º 1. Sólo podrán inscribirse en el Registro de Matrículas las aeronaves que pertenezcan en propiedad o arrendamiento a personas naturales o jurídicas de nacionalidad española o que dichas personas posean en virtud de título legítimo.

2. En cuanto a titulares de nacionalidad extranjera se estará a lo establecido en Convenios o en disposiciones especiales.

III. DE LOS LIBROS, ASIENTOS Y DOCUMENTOS

Art. 8.º 1. En el Registro de Matrícula se llevarán los siguientes libros:

a) Libro de presentación de documentos.

b) Libro de matrícula.

c) Libro de tasas.

d) Libro de estadísticas.

2. También se llevará un libro para consignar la identificación y vicisitudes de los motores de aeronaves instalados o no en éstas, y que pertenezcan en propiedad o arrendamiento a personas naturales o jurídicas de nacionalidad española o que dichas personas posean en virtud de un título legítimo.

3. Se llevarán además los índices, legajos, libros, cuadernos auxiliares y fichas que se estimen convenientes para el servicio.

Art. 9.º Los libros comprendidos en los apartados *a)* a *d)* del artículo anterior se llevarán en tomos uniformes encuadernados, foliados y sellados con el sello de la Subsecretaría de Aviación Civil. En todos ellos existirá una hoja de portada, sin enumerar, en la que constará el nombre del libro y número de tomo. En ella el Subsecretario de Aviación Civil o persona en quien delegue, extenderá una diligencia de apertura, firmada, comprensiva del número de folios útiles y estado del libro. Al pie de la misma estampará su firma el Jefe del Registro.

Art. 10. Los libros del Registro llevados conforme a lo prevenido en este Reglamento, harán fe de su contenido y no se sacarán por ningún motivo de la oficina, practicándose en ella todas las diligencias judiciales y extrajudiciales que requieran su presentación.

Art. 11. Los libros de presentación de documentos y ma-

Art. 7.º: Redacción según D. de 10 de febrero de 1972. (*B.O.E.* n.º 50, de 28 de febrero).

Art. 8.º: Redacción según D. de 10 de febrero de 1972 (*B.O.E.* n.º 50, de 28 de febrero).

trícula se compondrán de 250 y 100 hojas útiles, respectivamente, más la portada y una hoja final en blanco de la misma calidad con dimensiones de treinta y seis centímetros de alto por veintiséis de ancho el libro de presentación, y de veintiséis de alto por treinta y seis de ancho el de matrícula. Cada folio tendrá a su izquierda un margen en blanco para inserción de notas, dos líneas verticales en columna con espacio de un centímetro para consignar el número del asiento y un espacio de dos tercios del folio, rayado horizontalmente, destinado a los asientos del mismo.

Art. 12. 1. En el libro de tasas se consignarán las que se devengaren por todos los conceptos, ya sea por la práctica de asientos como por la expedición de certificaciones.

2. Será encasillado, ajustado al modelo oficial y en él constarán necesariamente la cantidad devengada, el precepto que autorice su exacción, la referencia al asiento del libro de presentación que corresponda o al legajo y número de la solicitud cuando se trate de certificaciones.

Art. 13. 1. En el Registro habrá un inventario de todos los libros, índices, legajos y cuadernos auxiliares, que se adicionará cada año con lo que resulte del anterior.

2. Cuando se nombre nuevo Jefe del Registro, se hará cargo del mismo por lo que resulte del inventario, firmando la correspondiente diligencia, que será visada por el representante que designe la Subsecretaría de Aviación Civil.

Art. 14. En el Registro de Matrícula se practicarán los asientos siguientes:

a) Asientos de presentación.

b) Inscripciones.

c) Cancelaciones.

d) Notas de referencias.

Art. 15. En el momento de presentarse un documento, se practicará un asiento, que contendrá las siguientes circunstancias.

a) Nombre, apellidos y domicilio del presentante.

b) Día y hora de la presentación.

c) Objeto, clase y fecha del documento presentado.

d) Nombre y apellidos o denominación de la persona a cuyo favor se solicite el asiento.

e) Firma del Jefe del Registro.

f) Tasas.

Art. 16. Los efectos del

Art. 16: Redacción según D. de 10 de febrero de 1972 (*B.O.E.* n.º 50, de 28 de febrero).

asiento de presentación durarán sesenta días, a contar del siguiente al que se haya practicado, salvo cuando por tener que inscribirse el título previamente en el Registro Mercantil correspondiente no se hubiere cumplido este requisito, en cuyo supuesto el plazo se contará desde la devolución al Registro de Matrícula del documento debidamente inscrito.

Art. 17. La primera inscripción de la aeronave será la de su matrícula y en ella se harán constar necesariamente las siguientes circunstancias:

a) Número de la aeronave en el Registro.

b) Circunstancias de carácter técnico que faciliten su identificación.

c) Referencia al certificado de aeronavegabilidad.

d) Marcas de nacionalidad y matrícula.

e) Lugar de estacionamiento habitual.

f) Valor o precio de estimación.

g) Nombre y circunstancias personales de transferente y adquirente y título de adquisición.

h) Clase de documento que se inscriba.

i) Seguros a que esté sujeta la aeronave.

A la instancia o solicitud de matrícula se acompañará la documentación que haya de servir de base a la inscripción.

Art. 18. 1. Los asientos de cambio de titular por transferencia de propiedad y los de hipotecas, usufructos, arrendamientos y demás derechos que las leyes autoricen con respecto a aeronaves que no sean de utilización industrial o mercantil, siempre que se trate de actos o contratos válidamente constituidos en la esfera del Derecho privado, se efectuarán mediante sucesivas inscripciones, las cuales contendrán las circunstancias indicadas para las primeras o de matrícula en el artículo anterior, en cuanto sea aplicable. Al título o documento que haya de inscribirse se acompañarán la instancia o solicitud para la práctica del asiento, los documentos que contengan los particulares necesarios, en su caso, para su formalización, así como aquellos en los que haya de hacerse referencia al mismo.

2. Cuando las aeronaves sean privadas, de utilización industrial o mercantil, los asientos expresados en el párrafo precedente se efectuarán mediante certificación o comunicación del Registro Mercantil correspon-

---

Art. 18: Redacción según D. de 10 de febrero de 1972 (*B.O.E.* n.º 50, de 28 de febrero).

diente, a la que se aportarán la instancia o solicitud, en su caso; los documentos necesarios para la práctica del asiento y aquellos en los cuales haya de hacerse referencia a éste. Si no se acompañase la certificación o comunicación, se extenderá el asiento de presentación, pero se devolverá el título o documento a la persona que lo hubiere presentado sin practicarse ninguna operación hasta recibirse aquélla. Mientras se evacúen los trámites de referencia, la Dirección General de Transporte Aéreo podrá autorizar la utilización de la aeronave a la persona natural o jurídica a la que se transfiera su propiedad o posesión.

3. Las vicisitudes técnicas que afecten a la aeronave y que la Dirección General de Transporte Aéreo ponga en conocimiento del Registro de Matrícula se harán constar igualmente en inscripciones sucesivas, las cuales contendrán las mismas circunstancias indicadas para la primera o de matrícula en el artículo anterior, en cuanto sea aplicable.

Art. 19. 1. Practicado el asiento de la primera inscripción o de matrícula de una aeronave en el Registro, se expedirá el certificado de matrícula, en el que, de conformidad con el Convenio sobre Aviación Civil Internacional, firmado en Chicago el siete de diciembre de mil novecientos cuarenta y cuatro, se consignarán el número de la aeronave en el Registro, las marcas de nacionalidad y matrícula, el nombre del fabricante, la marca, tipo y número de serie de fabricación, el lugar de estacionamiento habitual, el nombre y domicilio del propietario, poseedor o arrendatario y la fecha del certificado. Al propio tiempo que éste, el Jefe del Registro expedirá el diario de a bordo o cuaderno de la aeronave, previsto en el Convenio citado y en la Ley sobre navegación aérea, así como la cartilla de motores a que esta última Ley se refiere.

2. Mediante diligencia firmada por el Jefe del Registro se harán constar en el certificado de matrícula las transferencias de propiedad o, en su caso, de posesión y los arrendamientos de que fuese objeto la aeronave, inscritos previamente, cuando así corresponda, en el Registro Mercantil. En la diligencia se consignará el nombre y domicilio del propietario, poseedor o arrendatario y la fecha en que se evacúe. Por lo demás, se hará referencia de dicha diligencia en el

---

Art. 19: Redacción según D. de 10 de febrero de 1972 (*B.O.E.* n.° 50, de 28 de febrero).

diario de a bordo o cuaderno de la aeronave y en la cartilla de motores.

3. Cuando la aeronave fuere privada, de utilización industrial o mercantil, el Jefe del Registro de Matrícula, al propio tiempo que el respectivo certificado de matrícula, expedirá y cursará al Registro Mercantil correspondiente una comunicación comprensiva de las circunstancias que ha de contener la inscripción primera de las aeronaves en el Registro Mercantil, a tenor del Reglamento de éste.

Art. 20. 1. La aeronave se individualizará por el número que se le asigne en el Registro de Matrícula.

2. Los encargados de cualquier otro Registro público, en el que se inscriba un acto o contrato referente a la aeronave, darán traslado circunstanciado del mismo al Registro de Matrícula para su constancia en éste.

Art. 21. Procederá la cancelación del asiento de matrícula de la aeronave en los siguientes casos:

a) Destrucción o pérdida de la aeronave.

b) Adquisición con carácter permanente de la condición de aeronave militar.

c) Matriculación en un Estado extranjero.

d) Enajenación válida a personas que no disfruten de la nacionalidad española, salvo en el caso del artículo 7.º, número 2.

e) Por resolución judicial firme.

Art. 22. La inscripción de cancelación contendrá la expresión de quedar cancelado, en todo o en parte, el asiento de que se trate, persona que consienta la cancelación o autoridad que la decrece, clase y fecha del documento que la motive y autoridad o funcionario que lo expida, fecha del asiento de presentación y firma del Jefe del Registro.

Al margen del asiento cancelado, se extenderá nota expresiva de la letra, folio y libro de la cancelación.

La nota de cancelación por caducidad consignará simplemente el hecho de haber transcurrido el plazo de vigencia del asiento caducado.

Art. 23. 1. Las notas de referencia se entenderán al margen de los asientos de presentación e inscripción y tendrán por objeto relacionar unos asientos con otros para la perfecta ordenación del Registro.

2. Se practicarán de oficio, sin estar sujeta a ninguna formalidad, debiendo contener, en todo caso, su fecha y media firma del Jefe del Registro.

Art. 24. No se practicará ningún asiento o inscripción en el Registro de Matrícula sin que se acredite previamente que se ha solicitado en la oficina competente la liquidación del impuesto que corresponda o la declaración de su exención o prescripción, extremo que se consignará en el asiento respectivo. Sin embargo, a los efectos del Impuesto General sobre Transmisiones Patrimoniales y Actos Jurídicos Documentados, no se practicará el asiento de inscripción sin que conste en el documento respectivo la nota firmada por el Liquidador de haber satisfecho este Impuesto o la de no sujeción, exención o aplazamiento en su caso. En el supuesto de que se trate de producos de fabricación extranjera, se justificará el abono de los derechos de importación mediante certificado expedido por la Aduana respectiva.

Art. 25. 1. Los asientos de presentación, de inscripciones y de cancelación, así como las certificaciones que se expidan y los documentos destinados a mantener relaciones con los particulares y Centros oficiales, se extenderán con caracteres perfectamente legibles, a mano, a máquina o por cualquier otro medio de reproducción, siempre que los tipos resulten marcados en el papel de forma indeleble.

2. Los asientos de presentación, de inscripciones y de cancelación se numerarán correlativamente, extendiéndose unos a continuación de otros, sin dejar en ningún caso espacio en blanco, y las enmiendas, raspaduras e interlineados se salvarán antes del cierre del asiento.

3. Para inscribir los actos y contratos cuyas cláusulas generales están predeterminadas por alguna disposición especial bastará, en cuanto a ellas, la referencia a tal disposición.

4. Podrán consignarse en guarismos las referencias a disposiciones legales, las fechas del título anterior al que produzcan el asiento las de los documentos complementarios y los números, cantidades o fechas que consten en asientos anteriores o que se refieran a datos del Registro. En los asientos de presentación y notas marginales se podrán utilizar guarismos en todo caso.

5. Podrá usarse estampilla para el texto de las notas marginales de mera referencia y orden, para las que tengan señalado un plazo de caducidad, y en las notas al pie de los títulos.

Art. 26. 1. Los asientos de

Art. 24: Redacción según D. de 10 de febrero de 1972 (*B.O.E.* n.° 50, de 28 de febrero).

Art. 25: Redacción según D. de 10 de febrero de 1972 (*B.O.E.* n.° 50, de 28 de febrero).

inscripción se señalarán con números, y los de cancelación, con letras.

2. El Jefe del Registro autorizará con firma entera los asientos de presentación, de inscripción y de cancelación, y con media firma, las notas de referencia y las diligencias que se extiendan en los documentos despachados.

Art. 27. 1. El asiento de inscripción en el Registro de Matrícula de cualquier acto, contrato o vicisitud relativa a una aeronave exigirá que éstos consten en documento público o privado, según proceda, y requerirá la presentación simultánea del título de adquisición a fin de relacionar en éste el asiento practicado.

2. Cuando el asiento de inscripción a practicar en el Registro de Matrícula sea de cambio de titular por transferencia de propiedad de aeronaves privadas, de utilización industrial o mercantil, así como los de hipoteca, usufructo, arrendamiento y demás derechos que las Leyes autoricen sobre las mismas, será necesaria siempre la certificación o comunicación del Registro Mercantil correspondiente. A tal fin éste comunicará de oficio al de Matrícula los mencionados actos y contratos, sin perjuicio del derecho de los interesados a que se les expida una certificación con las circunstancias suficientes para la práctica del asiento en el Registro de Matrícula. La toma de razón en éste deberá hacerse constar a su vez en el Mercantil por nota al margen de la inscripción correspondiente, en virtud de comunicación del primero. Dichas comunicaciones deberán realizarse dentro de los diez días siguientes a la fecha en que se hubieren extendido los respectivos asientos.

3. En los casos no comprendidos en el párrafo precedente, si la legislación en vigor exige documento público, se presentará escritura pública ejecutoria o documento auténtico, expedido por autoridad judicial, por el Gobierno o sus Agentes, o póliza de Agente de Cambio y Bolsa o Corredor de Comercio en los casos previstos en el artículo 93 del Código de Comercio. Si la legislación permitiese documento privado se podrá practicar el asiento siempre que los otorgantes lo ratifiquen ante el Jefe del Registro de Matrícula o cuando sus firmas estuvieren debidamente legitimadas.

4. Si el acto o contrato hubiere sido otorgado en país extranjero, será bastante que se formalice con arreglo a las normas vigentes en aquél; pero si se tratase de documento privado, deberá contener siempre testimonio notarial o consular de legitimación de firma. Para esta

legitimación, como para la prevista con respecto a los documentos privados, a que se refiere el párrafo precedente, será suficiente, sin posterior legalización, la fórmula abreviada «Legitimado a efectos del Registro de Matrícula de Aeronaves», que comprenderá la comprobación de la identidad, capacidad y representación que ostenten las partes.

5. Por lo demás, los asientos de vicisitudes técnicas a que se refiere el párrafo 3 del artículo 18, se practicarán a la vista del oficio en que la Dirección General de Transporte Aéreo las comunique al Registro de Matrícula así como la documentación que, en su caso, se adjuntare.

Art. 28. 1. Los documentos no redactados en idioma español deberán presentarse traducidos por la Oficina de Interpretación de Lenguas del Ministerio de Asuntos Exteriores o por funcionarios competentes autorizados por las leyes y, en su caso, por un Notario, que responderá de la fidelidad de la traducción.

2. El Jefe del Registro de Matrícula podrá, bajo su responsabilidad prescindir de la traducción oficial cuando conociera el idioma en que esté radactado el documento.

IV. DEL MODO DE LLEVAR EL REGISTRO

Art. 29. El Registro de Matrícula se llevará abriendo uno particular de cada aeronave en el Libro correspondiente. Todos los asientos relativos a la aeronave se extenderán a continuación.

Art. 30. Se destinará a cada aeronave en el Libro de Matrícula el número de hojas que se consideren necesarias, poniendo a la cabeza de todas ellas, a medida que empiecen a llenarse, el número correspondiente a la aeronave en el Registro.

Art. 31. 1. Completas las hojas destinadas a una aeronave, se trasladará el número de aquéllas a otro folio del mismo o distinto Libro de Matrícula, que se iniciará con el número de la aeronave, seguido de la palabra duplicado, triplicado o la que corresponda a una referencia al Libro y folio de procedencia.

2. En la última página de las hojas agotadas y al lado del número de la aeronave objeto del pase, se indicarán el libro y folio en que continúan las operaciones.

Art. 32. 1. El Registro estará abierto al público durante cuatro horas los mismos días en que lo están las oficinas centrales del Ministerio del Aire.

2. Fuera de dichas horas no se admitirá ningún documento ni se practicará ningún asiento de presentación, pero sí podrán

ejecutarse las restantes operaciones registradas.

Art. 33. En la oficina habrá un sello en tinta con el escudo nacional y las inscripciones «Ministerio del Aire, Subsecretaría de Aviación Civil», en la parte superior, y «Registro de Matrícula de Aeronaves», en la inferior. El sello se estampará en todos los documentos firmados por el Jefe del Registro.

V. DE LOS EFECTOS DE LA INSCRIPCION

Art. 34. La matrícula de la aeronave en el Registro determina su nacionalidad española.

Art. 35. Los asientos de Registro de Matrícula autorizados por el Jefe del Registro de Aeronaves son documentos públicos y producirán, entre las partes y en cuanto a tercero, los efectos prevenidos en las Leyes.

Art. 36. La certificación del Registro de Matrícula sustituye al título de adquisición o de propiedad de la aeronave en caso de extravío o destrucción del mismo y en tanto se expida un duplicado.

Art. 37. El Registro de Matrícula será público para quienes acrediten un interés legítimo. La publicidad se hará efectiva mediante la manifestación de los libros o certificación expedida por el Jefe del Registro.

Art. 38. Las certificaciones que libre el Jefe del Registro de Matrícula serán el único medio de acreditar fehacientemente el contenido de los asientos del mismo.

Art. 39. Los acuerdos del Jefe del Registro serán recurribles en vía administrativa con arreglo a las disposiciones reguladoras del Procedimiento Administrativo General en el Ministerio del Aire.

Art. 40. 1. En el Libro de Estadística se consignarán, por el orden en que se extiendan los asientos, los datos que han de resumirse en los estados anuales que a continuación se expresan.

2. El Jefe del Registro de Matrícula formará cada año dos estados expresivos; el primero, de los actos y contratos referentes a aeronaves, y el segundo, de las tasas devengadas y de los gastos de oficina.

3. El estado referente a aeronave se dividirá en tres secciones: la primera comprenderá el número de aeronaves matriculadas, clasificación según su tonelaje, servicios a que se destinan, si son de construcción nacional o extranjera, número de asientos relativo a aeronaves en construcción y número de cancelaciones, con expresión de las causadas por pérdida de la na-

cionalidad española. La sección segunda comprenderá los actos y contratos de transmisión o modificación de las aeronaves, precio aplazado en las adquisiciones y número de las aeronaves arrendadas. La sección tercera contendrá la constitución de hipotecas y préstamos sobre aeronaves, créditos refaccionarios, embargos constituidos y ventas judiciales, con expresión de su número y cuantía.

4. El estado de tasas y gastos de oficina comprenderá las que se devenguen por todos los conceptos y los gastos en general originados por el servicio.

Art. 41. 1. El Jefe del Registro redactará dichos estados con arreglo a los modelos que le remitirá la Subsecretaría de Aviación Civil en el mes de diciembre de cada año, los cuales, debidamente cumplimentados, serán remitidos a dicho Organismo en el primer trimestre del año siguiente.

2. El Jefe del Registro podrá unir a los estados un informe expresivo de los problemas que en la práctica haya presentado la aplicación de la legislación en vigor.

Art. 42. Por las operaciones que se practiquen en el Registro de Aeronaves, se devengarán las tasas establecidas en la legislación vigente o las que en el futuro se fijen.

DISPOSICION ADICIONAL UNICA

En lo no regulado por este Reglamento se aplicarán, como supletorias y por este orden, las disposiciones sobre organización y funcionamiento de Registro contenidas en el Reglamento del Registro Mercantil, de catorce de diciembre de mil novecientos cincuenta y seis; en el Reglamento Hipotecario de catorce de febrero de mil novecientos cuarenta y siete, y, finalmente, en el Reglamento de Hipoteca Mobiliaria, aprobado por Decreto de diecisiete de julio de mil novecientos cincuenta y cinco.

DISPOSICIONES TRANSITORIAS

1.ª Los asientos de Registro de Matrícula de Aeronaves existentes en los libros o documentos antiguos y cuya cancelación no proceda conforme a las normas contenidas en este Reglamento se trasladarán de oficio a los libros modernos.

Disps. Transitorias 1.ª 2.ª y 3.ª: Redacción según D. de 10 de febrero de 1972 (*B.O.E.* n.° 50, de 28 de febrero).

2.ª Si por falta de datos en la documentación existente no se pudieran hacer constar en los asientos antedichos de inscripción o matrícula por traslado de oficio todas las circunstancias exigidas por el artículo 17 de este Reglamento, ello no afectará a la validez de tal inscripción.

3.ª En el plazo de tres meses, a partir de la entrada en vigor de este Decreto, el Jefe del Registro de Matrícula comunicará al Registro Mercantil correspondiente las aeronaves privadas, de utilización industrial o mercantil, cuyas inscripciones de matrícula se hubieren practicado con anterioridad o no estén canceladas, comprendiendo dicha comunicación las circunstancias que ha de contener la inscripción primera de las mismas en el Registro Mercantil, a tenor del Reglamento de éste.

DISPOSICION FINAL

Se autoriza al Ministro del Aire para dictar las disposiciones que faciliten la ejecución de este Reglamento.

12. ORDEN DE 7 DE AGOSTO DE 1974 SOBRE ENAJENACION DE EQUIPAJES Y OBJETOS PERSONALES ABANDONADOS A BORDO DE LAS AERONAVES

(*B.O.E.* núm. 196, de 16 de agosto)

Artículo 1.º El equipaje de mano no facturado y los objetos personales de los viajeros no retirados por éstos y encontrados a bordo de las aeronaves, serán entregados por el Comandante al Delegado de su Compañía en el aeropuerto correspondiente. Se entregarán, asimismo, a dicho Delegado los objetos que fuesen encontrados en los medios de transporte terrestre utilizados por las Compañías Aéreas.

Los Delegados llevarán un registro especial de objetos hallados con especificación del día, lugar, vuelo y demás detalles que se consideran necesarios para su mejor identificación.

Art. 2.º Los Delegados de las Compañías Aéreas vienen obligados a poner en conocimiento del Jefe del Aeropuerto los objetos que tienen en depósito, a cuyo fin le darán cuenta de los que se le entreguen. En el mismo escrito, solicitarán autorización para abrir el objeto hallado si se encontrase cerrado y tal diligencia fuera necesaria para la identificación de su propietario.

Art. 3.º La apertura de los objetos a que se refiere el artículo anterior tendrá lugar ante el Jefe del Aeropuerto, el de Policía y el de Aduanas, o personas en quienes deleguen a tal efecto, así como del Interventor del Aeropuerto. En todo caso, se levantará acta del contenido y si del mismo se dedujese el propietario, se le ofrecerá y, en su caso, se le entregará mediante firma del correspondiente recibo.

Art. 4.º Los objetos cuyo propietario no haya sido identificado quedarán depositados en poder de las Compañías aéreas y, transcurrido un mes y justificado por aquéllas que no ha sido recogido ni reclamado, se procederá a la subasta, con los trámites que se establecen a continuación.

Art. 5.º La Compañía depositaria de los objetos publicará anuncios en el *Boletín Oficial del Estado* y en dos periódicos de la ciudad a que corresponde el aeropuerto, en que conste la lista de los hallados a bordo de sus aeronaves o medios terrestres de transporte, con la expresión de encontrarse a disposición de quienes acrediten ser sus propietarios y con la advertencia de que si, transcurrido un mes no hubiese aparecido el propietario, se enajenarán en pública subasta, a cuyo fin en el propio anuncio se hará saber lugar, día y hora de la misma, así como los tipos mínimos de licitación.

Art. 6.º La subasta se llevará a cabo ante la Mesa que designe la propia Compañía depositaria y formará parte de la misma un representante de la Subsecretaría de Aviación Civil, por lo cual se notificará a esta con la antelación suficiente.

Art. 7.º El producto de las enajenaciones, una vez satisfechos los gastos que, por todos los conceptos, se hayan originado, será puesto a disposición de la Subsecretaría de Aviación Civil para el cumplimiento de sus fines.

Art. 8.º En el caso de que en aviones españoles que se dirijan a aeropuertos extranjeros se hallasen objetos olvidados, se entregarán por el Comandante al Delegado de su Compañía en el aeropuerto de que se trate, quien aplicará, en relación con los mismos las disposiciones vigentes sobre el asunto en la legislación de la nación donde se encuentre.

Art. 9.º Lo establecido en los artículos anteriores se entiende siempre sin perjuicio de las normas que, por razón de seguridad en los aeropuertos y aeronaves, estén vigentes en cada momento y que prevalecerían siempre en cuanto se refieran a objetos hallados y sin propietario identificado.

13. REAL DECRETO 1.961/1980, DEL MINISTERIO DE TRANSPORTES Y COMUNICACIONES DE 13 DE JUNIO, POR EL QUE SE ESTABLECE UN REGIMEN DE INDEMNIZACIONES OPTATIVAS PARA LOS PASAJEROS DE LOS SERVICIOS AEREOS REGULARES A QUIENES SE NIEGUE EL EMBARQUE EN EL VUELO CONTRATADO

(*B.O.E.* núm. 238, de 3 de octubre)

Los sistemas que en la actualidad se utilizan en el mercado del transporte aéreo para la venta y reserva de plazas de los servicios regulares nacionales e internacionales están dotados de gran flexibilidad, lo que beneficia a los usuarios, permite el mejor aprovechamiento de la capacidad de los aviones y, en definitiva, repercute favorablemente en la explotación de aquellos servicios. Sin embargo, la complejidad de tales sistemas da lugar a que, en algunas ocasiones, una persona titular de un billete de transporte aéreo, con plaza confirmada para un determinado vuelo, no sea aceptada a embarcar en el mismo por falta de asientos disponibles.

Tales supuestos carecen en la actualidad de regulación específica en la Ley de Navegación Aérea, que sólo contempla los casos de suspensión, retraso o interrupción de los servicios de transporte aéreo por causas de fuerza mayor o razones meteorológicas que afectan a la seguridad de los vuelos.

Es cierto que el pasajero afectado puede, con arreglo a la legislación general, recurrir a la vía jurisdiccional para hacer valer su derecho a una indemnización por daños y perjuicios, causados por el incumplimiento de las obligaciones pactadas en virtud del contrato de transporte.

No obstante, y dejando a salvo dicha posibilidad legal, resulta conveniente arbitrar otras medidas que amplíen la esfera de protección administrativa a los usuarios de los servicios públicos de transporte aéreo, permitiendo a éstos optar, con carácter voluntario, por una compensación inmediata.

Ello se efectúa por medio de la presente disposición, de obligado cumplimiento para las Compañías aéreas, y a la que pueden acogerse, con carácter optativo, los pasajeros que, en el supuesto de no desear utilizar dicha opción, pueden ejercitar las acciones que les correspondan ante la jurisdicción ordinaria.

En su virtud, a propuesta del Ministro de Transportes y Comunicaciones, de conformidad con el Consejo de Estado y previa deliberación del Consejo de Ministros en su reunión del día trece junio de mil novecientos ochenta.

DISPONGO:

Artículo 1.º Se establece un sistema de indemnización a favor de los pasajeros de los servicios aéreos regulares cuando no se les admite al embarque en el vuelo contratado por falta de asientos.

Dicho sistema de indemnización es opcional para los pasajeros, que, en caso de no acogerse al mismo, conservarán su derecho a ejercitar las acciones que puedan corresponderles ante la jurisdicción ordinaria.

Solicitada por el pasajero, en su caso, la indemnización regulada por el presente Real Decreto, su pago será obligatorio para las Compañías aéreas.

Dicho pago no supondrá el reembolso total o parcial del precio del billete, el cual seguirá vigente a todos los efectos derivados del contrato de transporte, sin perjuicio de lo establecido en el artículo 5.º.2, de este Real Decreto.

Art. 2.º La presente disposición se aplicará en relación con todos los servicios aéreos regulares, nacionales e internacionales, que se efectúen desde cualquier punto del territorio español por Compañías aéreas españolas o extranjeras.

Art. 3.º 1. Podrá solicitarse de la Compañía aérea transportista la indemnización prevista en el presente Real Decreto cuando concurran las siguientes circunstancias:

a) Haber comprado un billete para un vuelo a la Compañía aérea o a un agente de la misma y haber sido confirmada la plaza mediante la correspondiente anotación en el billete por la propia Compañía o agencia; disponiendo, por lo tanto, el viajero de una reserva válida para el vuelo en cuestión.

b) Haberse presentado el pasajero a facturar y recoger la tarjeta de embarque para el vuelo de que se trate en el lugar y hora especificados por la Compañía aérea, negándole dicha Compañía o sus representantes el embarque en tal vuelo y efectuándose éste sin transportar al mismo.

c) Que la Compañía aérea o sus representantes no hayan ofrecido al viajero un transporte aéreo regular u otra clase de transporte sustitutivo del vuelo reservado, con llegada prevista al punto de destino dentro de un plazo de dos horas subsiguientes a la del vuelo reservado cuando se trate de transporte doméstico, cuatro horas hacia destinos situados en Europa y seis horas en el caso de otros destinos.

A estos efectos, se entienden incluidos en el término Europa los siguientes países o territorios: Albania, Alemania, Argelia, Andorra, Austria, Bélgica, Bulgaria, Checoslovaquia, Dinamarca, España, Finlandia, Francia, Gibraltar, Grecia, Holanda, Hungría, Irlanda, Islandia, Italia, Liechtenstein, Luxemburgo, Malta, Mónaco, Marruecos, Noruega, Polonia, Portugal (incluidas Azores y Madeira), Rumania, San Marino, Suecia, Suiza, Túnez, Reino Unido, URSS (oeste de los Urales), Yugoslavia y Turquía.

2. Si el servicio sustitutivo ofrecido por la Compañía aérea fuere un transporte aéreo regular en las condiciones del punto *c)* del apartado anterior, no será exigible a la Compañía la indemnización prevista en el presente Real Decreto, aun cuando dicho transporte sustitutivo hubiere sido rechazado por el viajero.

Esta regla se aplicará incluso cuando la oferta hecha al viajero comprendiera la utilización para una parte del viaje de un medio distinto al transporte aéreo regular, siempre que dicho desplazamiento parcial fuere complementario del enlace aéreo y constituyese una porción mínima del trayecto.

3. Si el servicio sustitutivo ofrecido por la Compañía aérea, con las condiciones de horario previstas en el punto *c)* del apartado 1, no fuere un servicio regular, no será exigible a la Compañía aérea la indemnización prevista en el presente Real Decreto, si dicho medio de transporte sustitutivo hubiese sido aceptado por el viajero.

Art. 4.º 1. La Compañía aérea transportista quedará obligada al pago de indemnización al viajero, en los supuestos previstos en el artículo anterior, con arreglo a las siguientes normas:

a) Cuando el pasajero sea titular de un billete expedido de acuerdo con tarifas públicas aprobadas, se le abonará el cincuenta por ciento del importe del mismo correspondiente al vuelo

---

Art. 4.º 1.*a)*: Esta suma de cincuenta mil pesetas ha sido establecida en la O. del Ministerio de Transportes, Turismo y Comunicaciones de 12 de marzo de 1984 (*B.O.E.* n.º 69, de 21 de marzo). Anteriormente estaba fijada en quince mil pesetas.

para el que se ha negado el embarque, más el cincuenta por ciento del importe de los vuelos de conexión, con plaza debidamente confirmada, de que sea titular el pasajero, hasta la próxima parada con estancia o hasta el destino final, en el caso de que, por haberle sido negado el embarque en el vuelo inicial, dicho pasajero no pueda hacer las conexiones siguientes que tenía previstas.

No obstante, el importe de la indemnización a cargo de la Compañía aérea queda limitado a la cantidad máxima de cincuenta mil pesetas, respecto a cada pasajero que tenga derecho a la misma en los términos del presente Real Decreto.

b) Cuando se trate de transporte cuyo precio se determina a prorrata o transporte interline, así como en los viajes todo comprendido (IT), la indemnización será equivalente al veinticinco por ciento del importe de la tarifa normal económica aplicable en los vuelos correspondientes, hasta una cantidad máxima de quince mil pesetas.

c) Aparte de la compensación establecida en los apartados precedentes, la Compañía aérea sufragará los gastos normales en que incurra el pasajero durante la espera, tales como alojamiento, comidas, llamadas telefónicas, etc., de acuerdo con las normas de régimen interno de la Compañía aérea, aprobadas por el Ministerio de Transportes y Comunicaciones.

d) El pago de las cantidades señaladas en los apartados anteriores se hará efectivo en pesetas.

2. La Compañía aérea podrá repetir del expedidor del billete las cantidades satisfechas en cumplimiento de las obligaciones a que se refiere el presente artículo, si la pérdida por el viajero del vuelo reservado obedeciera a causas imputables a dicho expedidor.

Art. 5.º 1. La Compañía aérea o sus representantes deberán pagar al viajero, si éste lo reclamare, la indemnización estipulada en el artículo anterior, en el momento de producirse la negativa al embarque, sin perjuicio del abono de los restantes gastos indemnizables, tan pronto como sea posible su determinación.

2. La aceptación por el pasajero de dicha indemnización se hará constar por escrito con arreglo al modelo que se une como anexo uno del presente Real Decreto, e implicará la renuncia a cualquier otro derecho que legalmente pudiera asistir a aquél para reclamar a la Compañía aérea por daños y perjuicios derivados de la no admisión al embarque.

Art. 6.º La Compañía aérea no estará obligada a pagar la indemnización prevista en el artículo 4.º del presente Real Decreto en los supuestos que a continuación se enumeran, sin perjuicio del derecho del viajero a ejercitar, en su caso, ante los Tribunales, las acciones que puedan corresponderle:

a) Cuando la negativa al embarque sea consecuencia de una requisa gubernamental de toda o parte de la capacidad en asientos del avión que opera la Compañía aérea.

b) Si se niega el transporte debido a que, por razones técnicas, operativas y de seguridad, la Compañía aérea se ha visto forzada a utilizar en el vuelo un avión de menor capacidad en asientos que el que habitualmente tenga establecido la Compañía.

c) Cuando el pasajero se niegue a someterse a los controles de seguridad o a obedecer cualquiera de las instrucciones que esté autorizada a impartir la Compañía aérea.

d) Cuando el comportamiento, estado de salud del viajero u otras circunstancias permitan a la Compañía aérea rehusarle el embarque de acuerdo con las condiciones del transporte, aprobadas por el Ministerio de Transportes y Comunicaciones.

e) Si se ofrece al pasajero una plaza en el mismo avión, aunque no sea la específica en su billete, sin exigir el pago de una cantidad adicional. En el caso de que el pasajero ocupe un asiento al que corresponda una tarifa más baja que la abonada al adquirir el billete, aquél tendrá derecho al reembolso de la diferencia que corresponda.

Art. 7.º En los supuestos a que se refiere el presente Real Decreto, con el fin de intentar, en la medida posible, evitar perjuicios a los pasajeros, la Compañía aérea transportista o sus representantes podrán optar por ofrecer una compensación libremente pactada a aquéllos que, a cambio de la misma, estén dispuestos a renunciar voluntariamente a su plaza.

Art. 8.º Las Compañías aéreas estarán obligadas a informar a los pasajeros, mediante advertencias impresas en el propio billete de transporte o en hoja adjunta al mismo, de que, en caso de negárseles la plaza en un vuelo para el que disponían de una reserva confirmada, tienen derecho a recibir una indemnización en los términos del presente Real Decreto. Dicha información se ajustará al modelo que se establece en el anexo dos.

La Compañía aérea transportista será responsable del cumplimiento de este requisito, tanto en el caso de que expida directamente los billetes como cuando la venta se realice a través de agencias autorizadas, dejando a salvo la posibilidad de las Compañías aéreas de exigir a sus agentes las responsabilidades que a éstos incumban.

En los mostradores de información, venta de billetes y facturación de los aeropuertos, así como en las oficinas que las Compañías aéreas y sus agentes tengan abiertas al público en España, deberá existir una copia del presente Real Decreto para la debida información al usuario que lo solicite.

Art. 9.º Todas las Compañías aéreas que realizan servicios regulares desde puntos situados en territorio español deberán facilitar datos informativos periódicos referidos a la puesta en práctica de las condiciones que se establecen en esta disposición.

Para el cumplimiento de este requisito deberá rellenarse el formulario que figura como anexo tres, con la información correspondiente a cada trimestre natural y enviarse a la Dirección General de Transporte Aéreo, Subsecretaría de Aviación Civil, Avenida de América, número veinticinco, Madrid, dentro de los quince días siguientes al término del período sobre el que se informa.

Junto con los formularios mencionados se acompañarán copias de los documentos firmados por los pasajeros al recibir la compensación a que se hace referencia en el artículo 5.º.

Art. 10. *Sanciones.*—El incumplimiento por las Compañías aéreas de cualquiera de las obligaciones que impone esta disposición será sancionado de acuerdo con lo que establecen el artículo 153 y concordantes de la Ley de Navegación Aérea.

Art. 11. *Fecha de efectividad.*—La presente disposición entrará en vigor el día uno de abril de mil novecientos ochenta y uno.

DISPOSICION TRANSITORIA

Las Compañías aéreas que deseen aplicar voluntariamente las condiciones que se establecen en esta disposición, en todas o en parte de sus líneas, con anterioridad a la fecha de efectividad de la misma, podrán hacerlo, previa notificación, a la Dirección General de Transporte Aéreo.

DISPOSICION ADICIONAL

Se autoriza al Ministerio de Transportes y Comunicaciones para modificar, cuando las circunstancias lo aconsejen, el límite máximo fijado para la indemnización en el artículo 4.º.1.*a)*, del presente Real Decreto.

Dado en Madrid a trece de junio de mil novecientos ochenta.

JUAN CARLOS R.

El Ministro de Transportes y Comunicaciones,

Jose Luis Alvarez Alvarez

ANEXO 1

Don/doña ...., titular de un billete de transporte aéreo, con plaza confirmada para el vuelo ...... del día .... de .... de 19 ....

al no haber sido admitido al embarque
renuncio voluntariamente a mi plaza

(Y) acepto de la Compañía .... la cantidad de pesetas ...., mediante ...., (forma de pago)

indemnización
en concepto de (1).
compensación

En consecuencia, manifiesto mi renuncia a cualquier otro derecho que me asista, de acuerdo con las disposiciones legales vigentes, para recurrir en contra de la Compañía aérea por no haber sido admitido a embarcar en el vuelo de referencia.

Firmado.
Número y clase de documento de identidad.
Nacionalidad.
Domicilio.

(1) Táchese lo que no proceda.

ANEXO 2

Los sistemas establecidos para la venta y reserva de plazas en los servicios de transporte aéreo regular pueden dar lugar a que, en ocasiones aisladas una persona, titular de un billete con plaza confirmada, no sea admitida al embarque en el vuelo que le correspondía.

Para paliar los perjuicios e inconvenientes que en tales casos se ocasionan al pasajero existe un sistema de indemnizaciones pecuniarias, que obliga a la Compañía aérea transportista y al que puede optar el pasajero como alternativa a la posibilidad de hacer valer sus derechos ante la jurisdicción ordinaria, según se regula en el Real Decreto mil novecientos sesenta y uno/mil novecientos ochenta, de trece de julio.

Puede obtenerse información detallada acerca de este sistema compensatorio en los mostradores de información, facturación y venta de billetes de los aeropuertos españoles, así como en las oficinas que las Compañías aéreas regulares y sus agentes tienen abiertas al público en España.

En relación con cualquier duda o problema que plantee la puesta en práctica de este sistema, dirigirse a la Dirección General de Transporte Aéreo, Subsecretaría de Aviación Civil, Avenida de América, veinticinco, Madrid.

ANEXO 3

INFORMACION SOBRE PASAJEROS NO ADMITIDOS AL EMBARQUE

Compañía aérea ....
Período al que corresponde la información: Del . al . de . de 19 ....

Nacional
Clase de tráfico:
Internacional

1. Número de pasajeros embarcados en España.

2. Número de pasajeros no admitidos al vuelo para el que disponían de reserva confirmada a quienes se facilitó transporte aéreo regular, sin lugar a compensación.

3. Número de pasajeros no admitidos al vuelo para el que disponían de reserva confirmada que aceptaron otro modo de transporte, sin lugar a compensación.

4. Número de pasajeros que renunciaron voluntariamente a su plaza a cambio de una compensación.

5. Número de pasajeros que recibieron compensación por no ha-

ber sido admitidos al vuelo para el que disponían de plaza confirmada.

6. Número de pasajeros no admitidos para el que disponían de plaza confirmada, a quienes no se compensó por las siguientes razones:

   a) Requisa gubernamental ....
   b) Sustitución de equipo ....
   c) Otro motivos ....

7. Cantidades pagadas en concepto de compensación:
   a) Pasajeros que renunciaron voluntariamente a su plaza a cambio de la compensación ....
   b) Pasajeros no embarcados en contra de su voluntad

Certifico que la información que se facilita en este formulario es correcta.

El representante de la Compañía en España

Firmado

14. REAL DECRETO 2.047/1981 DEL 20 DE AGOSTO, POR EL QUE SE ESTABLECEN NORMAS A SEGUIR EN CASO DE ANULACION DE PLAZAS Y REEMBOLSO DE BILLETES EN EL TRANSPORTE AEREO

(*B.O.E.* núm. 222, de 16 de septiembre)

La Ley de Navegación Aérea, de veintiuno de julio de mil novecientos sesenta, al regular el contrato de transporte de viajeros, reconoce al pasajero, en su artículo noventa y cinco, la facultad de «renunciar a su derecho a efectuar el viaje obteniendo la devolución del precio del pasaje en la parte que se determine, siempre que aquella renuncia se haga dentro del plazo que reglamentariamente se fije».

El Real Decreto de mil novecientos sesenta y uno/mil novecientos ochenta, de trece de julio, ha establecido un régimen de indemnizaciones optativas para los pasajeros de los servicios aéreos regulares a quienes se niegue el embarque en el vuelo contratado, lo que aconseja, correlativamente, la actualización de las normas aplicables en caso de cancelación de plazas y reembolso de billetes por causas imputables a los pasajeros, concretando las condiciones de aplicación del repetido artículo 95 de la Ley de veintiuno de julio de mil novecientos sesenta.

En su virtud, oído el Consejo de Estado, a propuesta del Ministerio de Transportes, Turismo y Comunicaciones y previa deliberación del Consejo de Ministros en su reunión del día veinte de agosto de mil novecientos ochenta y uno.

DISPONGO:

Artículo 1.º En los servicios aéreos regulares nacionales, la Subsecretaría de Aviación Civil podrá autorizar a las Compañías aéreas transportistas, previa petición de las mismas, para que compensen el perjuicio que les ocasione la cancelación de plazas o la no utilización de la reserva para un determinado vuelo mediante la imposición de un cargo en los términos que se especifican en los artículos siguientes al pasajero titular del billete.

Art. 2.º El cargo a que se refiere el artículo precedente será del veinte por ciento del importe del billete válido según condiciones contractuales. Dicho cargo se aplicará en el supuesto de cambio o reembolso del billete en el que conste una reserva firme, motivado por: No uso del billete, por no presentación del viajero a la salida del vuelo sin anulación previamente notificada al menos con veinticuatro horas de antelación.

Art. 3.º El cargo que proceda se cobrará o descontará cuando se solicite el cambio o reembolso del billete, mediante la presentación del mismo o de otro documento que lo sustituya (bono canjeable, orden de cambio, etc.).

Art. 4.º El porcentaje citado se aplicará sobre el importe del billete que corresponda al trayecto o trayectos objeto del cambio o reembolso.

Art. 5.º No estarán sujetos a cargo alguno al cancelarlos los billetes u otros documentos análogos en situación de pendientes de confirmación, condicionados o abiertos, ni tampoco los billetes de niño cuyo importe sea el diez por ciento del de adulto, ya que esta clase de billete no da derecho a ocupar plaza.

Art. 6.º No procederá cargo alguno si el cambio o anulación son motivados por alguna de las siguientes causas, debidamente acreditadas:

— Cancelación del vuelo.

— Pérdida de enlace o conexión con otro vuelo proyectado ocasionada por una Compañía aérea.

— Omisión de escala programada.

— Modificación por parte de la Compañía de las tarifas u horarios que afecten al vuelo programado.

— Otras causas que sean imputables a la Compañía transportista o a sus agentes.

— Causas de fuerza mayor para el viajero.

Art. 7.º En los ejemplares de billete de pasaje y talón de equipaje que emiten las Compañías a las que se refiere el artículo 1.º, se mencionarán expresamente las consecuencias económicas que regula el presente Reglamento en los supuestos de cancelación de plazos o reservas.

Art. 8.º 1. Cuando el pasajero considere improcedente el descuento impuesto por la Compañía, podrá denunciar el hecho a la Dirección General del Transporte Aéreo. Si dicho Organo comprueba que el descuento se ha practicado con infracción de lo dispuesto en el presente Reglamento ordenará a la Compañía la devolución del cargo y, en su caso, podrá imponer una multa de hasta diez mil· pesetas.

2. La infracción reiterada por la Compañía de los límites y deberes que regula el presente Reglamento dará lugar a que la Subsecretaría de Aviación Civil, previo expediente tramitado, deje sin efecto la autorización a que se refiere el artículo 1.º durante el plazo que señale la resolución.

Dado en Palma de Mallorca a veinte de agosto de mil novecientos ochenta y uno.

JUAN CARLOS R.

El Ministro de Transportes, Turismo y Comunicaciones,
Jose Luis Alvarez Alvarez

INDICE ANALITICO

Los artículos que se mencionan en este Indice se refieren siempre a los de la Ley sobre Navegación Aérea de 21 de julio de 1960. La materia señalada puede encontrarse tanto en el texto de dicha Ley como en el de las disposiciones recogidas a su pie.

A

ACCIDENTE
—De aviación: arts. 53, 114, 119, 120, 127, 129, 134, 135, 137, 138, 140 y 156.
—De trabajo: art. 63.

ACCIONES NOMINATIVAS
—Arts. 75 y 80.

ADUANAS
—Arts. 7.°, 13, 25, 40, 62, 87, 103, 115, 146, 148, 156.

AEROCLUBS
—Art. 150.

AERODINO
—Arts. 11, 15 y 23.

AERODROMO
—Arts. 39 a 42, 44 a 46, 148.
—Militar: arts. 41 y 42.

AERONAVES
—Arts. 2.°, 6.°, 11, 12, 15, 21, 82, 87, 130, 131, 145.
—Abandonadas: art. 137.
—Civiles: arts. 13, 14, 41 y 144.
—De turismo: art. 87.
—En construcción: arts. 16, 23 y 131.
—De Estado: arts. 6.°, 13, 14 y 89.
—Extranjeras: arts. 7.°, 17, 90, 128, 131, 135.
—Importadas: art. 37.
—Militares: arts. 14 y 144.
—Nucleares: arts. 6.° y 14.
—Privadas: arts. 13, 15 y 29.

AEROPLANO
—Arts. 11 y 15.

AEROPUERTOS
—Arts. 10, 39, 40, 42 a 46, 87, 148 y 149.
—Aduaneros: arts. 3.°, 25, 87, 149.
—Marítimos: art. 45.
—Nacionales (Organismo Autónomo): arts. 9.° y 149.
—Sanitarios: art. 7.°.

AEROSTATOS
—Arts. 11, 15 y 23.

AFICIONADOS
—Art. 34.

AGENTE DE CAMBIO Y BOLSA
—Art. 30.

AGUA, SUPERFICIE DE
—Art. 45.

ALDEASA
—Art. 42.

ANULACION DE PLAZAS
—Arts. 94 y 95.

APODERAMIENTO DE AERONAVE
—Art. 122.

ARCHIPIELAGO
—Art. 1.°.

ARRENDAMIENTO DE AERONAVES
—Arts. 18, 29, 30 y 130.

ASISTENCIA EN TIERRA
—Art. 42.

AVERIAS
—Arts. 100, 108, 116, 118 y 124.

AVION
— Arts. 11 y 15.

AYUDAS A LA NAVEGACION
—Arts. 42, 46, 149 y 157.

B

BANDERA
—Art. 23.

BIENES SUBYACENTES
—Art. 4.º.

BILLETE DE PASAJE
—Arts. 92, 93, 95, 99 y 100.

BONIFICACIONES
—Art. 77.

C

CABOTAJE
—Arts. 68 y 71.

CARGAS Y GRAVAMENES DE AERONAVES
— Art. 24.

CARTA DE PORTE
—Arts. 102, 112 y 113.

CARTILLA DE MOTORES Y HELICES
—Art. 22.

CERTIFICACION DE REGISTRO DE MATRICULA
—Art. 31.

CERTIFICADO
—De aeronavegabilidad: arts. 20, 36 a 38, 42, 58, 65 y 145.
—De matrícula: arts. 20 y 145.

CIRCUITOS DE ADUANAS
—Art. 40.

CIRCULACION AEREA
—Arts. 8.º, 142 y 144.

CLASIFICACION DE AEROPUERTOS
—Art. 40.

CODIGO INTERNACIONAL DE SEÑALES
—Art. 23.

COLEGIO OFICIAL DE INGENIEROS AERONAUTICOS
—Art. 42.

COLISION DE AERONAVES
—Art. 123.

COMANDANTE
—Arts. 6.º, 7.º, 20, 25, 26, 59, 60, 84, 87, 96, 100, 134, 143 a 148, 152, 156 y Disp. Final 1.ª.
—De aeronave militar: art. 14.
—Militar de aeropuerto: arts. 9.º, 10, 26, 39 a 41, 57, 61 y 80.

COMISION DE CODIFICACION AERONAUTICA
—Disp. Final 4.ª.

COMUNICACIONES
—Art. 21.

COMUNIDADES AUTONOMAS
—Art. 43.

CONCESION
—Arts. 70, 72 a 74, 76, 78, 85, 91, 148 y Disp. Transitoria 1.ª.

CONSIGNACION JUDICIAL DE INDEMNIZACION
—Art. 129.

CONSTRUCCION DE AERONAVES
—Art. 35.
—Por aficionados: art. 16.

CONSTRUCCION DE AEROPUERTOS
—Arts. 42 y 43.

CONSULES
—Arts. 48, 69, 76, 137, 140 y Disp. Final 1.ª.

CONTRATO
—De construcción de aeronave: art. 12.
—De entrega de aeronave: art. 12.
—De trabajo: arts. 63 y 66.
—De venta de aeronave: art. 12.

CONVALIDACION DE CERTIFICADOS
—Arts. 37 y 38.

CONVENIOS INTERNACIONALES
—Art. 5.º.

CORREDOR DE COMERCIO
—Art. 30.

CORREO
—Disp. Final 1.ª.

CREDITOS PRIVILEGIADOS
—Art. 133.

CUADERNO DE AERONAVE
—Art. 22.

CUERPO JURIDICO DEL AIRE
—Arts. 32, 56 y 61.

D

DAÑOS
—En el transporte: art. 115.
—Perjuicios en la superficie: arts. 4.º y 119.

DEFENSA NACIONAL
—Arts. 3.º, 8.º, 10, 13, 14, 26, 50, 66 y 89.

DEFUNCION
—Art. 26.

DELEGADO DEL MINISTERIO DE TRANSPORTES
—Art. 41.

DEMARCACION AEREA
—Art. 9.º y Disp. Transitoria 2.ª.

DEMOLICION DE OBSTACULOS
—Art. 52.

DENOMINACION DE AEROPUERTOS
—Art. 10.

DERECHOS AEROPORTUARIOS
—Art. 47 y 149.

DEROGACION
—Disp. Final 4.ª.

DESTRUCCION
—De aeronave: art. 19.
—De título de aeronave: art. 31.

DIARIO
—De a bordo: arts. 20, 26 y 145.
—Del servicio radioeléctrico: art. 21.

DIPLOMA DE ESTUDIOS SUPERIORES DE DERECHO INTERNACIONAL AEREO
—Art. 61.

DIPLOMATICOS
—Art. 48.

DIRECCION GENERAL AVIACION CIVIL
—Art. 8.º.

DIRECTOR DE AEROPUERTO
—Arts. 9.º, 10, 26, 39, 47, 57, 61, 143.

DIRIGIBLE
—Arts. 11, 15 y 23.

DISCIPLINA DE VUELO
—Art. 66.

DIVISAS
—Art. 92.

DOBLE CIRCUITO ADUANERO
—Art. 87.

DOCUMENTOS
—De a bordo: arts. 20, 145 y 156.
—Privados: arts. 12 y 30.
—Públicos: arts. 12 y 30.

DOLO
—Art. 121.

E

EMBARGO DE AERONAVES
—Art. 132.

EMBRIAGUEZ
—Art. 156.

EMIGRANTES
—Art. 101.

EMPRESA NACIONAL ALMACENES, DEPOSITOS Y ESTACIONES ADUANERAS
—Art. 42.

ENAJENACION DE AERONAVE
—Art. 19.

ENCUESTAS
— Art. 6.°.

ENSAYOS, VUELOS DE
—Arts. 84 y 89.

ENTRADA Y SALIDA DE AERONAVES
—Art. 7.°.

EQUIPAJE
—Arts. 87, 97 a 101, 116 y 118.

ESCUELA NACIONAL DE AERONAUTICA
—Art. 56.

ESCUELA DE VUELO SIN MOTOR
—Art. 150.

ESCUELAS, AERONAVES DE
—Art. 150.

ESPACIO AEREO
—Arts. 1.°, 2.° y 145.

ESTADOS DE ALARMA, EXCEPCION Y SITIO
—Art. 7.°.

EUROCONTROL
—Art. 149.

EXAMEN DE DOCUMENTOS DE AERONAVES
—Art. 25.

EXCLUSION DEL TRANSPORTE
—Arts. 96 y 113.

EXPLOTACION DE AEROPUERTOS
—Arts. 42 y 43.

EXPROPIACION
—Arts. 46 y 54.

EXTRADICION
—Art. 7.°.

EXTRANJEROS
—Arts. 64, 80 y 91.

EXTRAVIO TITULO AERONAVES
—Art. 31.

F

FACTURACIONES
—Arts. 97 y 102.

FAMILIAS NUMEROSAS
—Art. 101.

FIANZAS
—Arts. 80 y 85.

FINANCIACION DE INSTALACIONES DE NAVEGACION
—Art. 40.

FONDEOS DE AERONAVES
—Art. 25.

FOTOGRAFIA
—Arts. 21 y 156.

FUERZA MAYOR
—Arts. 94, 106 y 120.

FUERZAS ARMADAS
—Art. 14.

FUERZAS DEL RESGUARDO
—Art. 25.

FUNCIONARIOS
—Arts. 73 y 77.

G

GIROAVION
—Arts. 11 y 15.

GIROPLANO
—Arts. 11 y 15.

GLOBOS
—Arts. 11, 15 y 23.

GRATUITOS, TRANSPORTES
—Arts. 5.º y 101.

GUARDIA CIVIL
—Art. 47.

H

HALLAZGO DE AERONAVE
—Arts. 137 y 138.

HANDLING
—Art. 42.

HELICOPTERO
—Arts. 11, 14 y 15.

HELIPUERTOS
—Art. 51.

HIPOTECA DE AERONAVES
—Arts. 29, 30, 35, 127, 129 a 131, 133 y 135.

HUELGA
—Art. 62.

I

IDIOMA. DOCUMENTOS
—Art. 33.

IMPUESTOS
—Art. 30.

INCAPACIDAD DEL VIAJERO
—Art. 117.

INCAUTACION
—Arts. 48 y 49.

INDEMNIZACIONES
—Arts. 117, 118, 120, 133, 134, 136 y Disp. Finales 2.ª y 3.ª.

INGENIEROS AERONAUTICOS
—Arts. 35, 42 y 61.

INSCRIPCION DE AERONAVES
—Arts. 2.°, 16 y 30.

INSPECCION DE AERONAVES Y SERVICIOS
—Arts. 9.°, 25, 35, 69, 76, 87, 143.

INTERPRETE DE LENGUAS
—Art. 33.

INVESTIGACION DE ACCIDENTES
—Art. 53.

J

JEFATURAS DE AEROPUERTOS
—Art. 47.

JORNADA DE TRABAJO
—Art. 63.

JUNTA DE ENERGIA NUCLEAR
—Art. 36.

L

LASTRE
—Arts. 108 y 156.

LEGITIMACION DE DOCUMENTOS
—Art. 30.

LESIONES
—Art. 116.

LIBERTADES DEL AIRE
—Arts. 2.° y 41.

LIBRETA DE RUTA
—Art. 25.

LIBROS DE LA AERONAVE
—Art. 24.

LICENCIA
—Del personal: arts. 20, 58, 59, 65, 145 y 156.
—De radiocomunicación: art. 21.

M

MANUAL
—De mantenimiento: art. 38.
—De vuelo: art. 38.

MAR TERRITORIAL
—Art. 1.°.

MARCA
—De matrícula: arts. 14, 16, 23 y 143.
—De nacionalidad: arts. 14, 16 y 23.

MARINA
—Art. 45.

MATRIMONIO
—Arts. 6.°, 26 y 60.

MENORES
—Art. 64.

MERCANCIAS
—Arts. 102, 104, 105, 107, 109, 111 a 113, 115 y 118.

METEREOLOGIA
—Arts. 61 y 149.

MILITARES
—Art. 14.

MILITARIZACION
—Art. 50.

MODELOS DE DOCUMENTOS
—Art. 27.

MOTORES
—Art. 22.

MOVILIZACION
—Art. 50.

MUERTE
—Arts. 116, 117, 135, 140 y 157.

MUNICIPIOS
—Art. 43.

N

NACIMIENTO
—Art. 26.

NACIONALIDAD
—De la aeronave: arts. 2.°, 16 y 17.
—Española: arts. 18, 44, 59, 74 y 80.

NAVEGACION AEREA
—Arts. 5.° y 8.°.
—Militar: arts. 5.°, 34, 38, 45, 46, 51 a 58, 61 y Disp. Final 5.ª.

NEGATIVA AL TRANSPORTE
—Art. 96.

NOTARIOS
—Art. 33.

O

OACI
—Arts. 3.°, 5.°, 16, 23, 28, 31, 39, 42, 47, 56, 67, 87, 90, 113, 128, 134, 140, 142, 146, 148, 149, 154 y 156.

OBSTACULOS AEREOS
—Arts. 46 y 51.

OFICIALES DE AEROPUERTO
—Art. 62.

OPERADOR DE AERONAVE
—Art. 4.°.

ORDEN PUBLICO
—Arts. 7.°, 47, 49, 50, 64 y 143.

ORGANISMO AUTONOMO AEROPUERTOS NACIONALES
—Art. 9.°.

ORNITOPTERO
—Art. 11 y 15.

P

PASES
—Art. 49.

PATENTE DE SANIDAD
—Art. 25.

PERDIDA DE MERCANCIA
—Arts. 107, 108, 116 y 118.

PERROS
—Arts. 97 y 101.

PERSONAL
—Aeronáutico: art. 55.
—De tierra: art. 57.
—De vuelo: art. 56.

PERSONAS JURIDICAS
—Art. 18.

PILOTO
—Arts. 11, 58, 59 y 64.

PLAN DE VUELO
—Arts. 145, 147 y 156.

PLANEADOR
—Art. 15.

POLICIA
—Arts. 47 y 158.
—De circulación aérea: arts. 142, 144 y 156.

POLIZON
—Arts. 93 y 122.

PRESCRIPCION DE ACCIONES
—Arts. 124 y 141.

PRESIDENTE DEL GOBIERNO
—Art. 101.

PRESUNCION DE BUEN ESTADO
—Art. 111.

PROCEDIMIENTO ADMINISTRATIVO
—Arts. 42, 152 y Disp. Final 4.ª.

PROHIBICION DE TRANSITO
—Art. 3.°.

PROPAGANDA AEREA
—Art. 150.

PROPIEDAD INDUSTRIAL
—Arts. 34 y 132.

PROTESTA PREVIA
—Arts. 100 y 111.

PROTOTIPOS
—Art. 34.

PUBLICIDAD DEL REGISTRO DE AERONAVES
—Art. 32.

R

RADIO
—Arts. 20 y 58.

RADIOCOMUNICACION
—Art. 21.

RECIPROCIDAD
—Art. 88.

RECLAMACION PREVIA
—Art. 124.

RED NACIONAL DE AEROPUERTOS
—Art. 39.

REGIONES AEREAS
—Art. 9.°.

REGISTRO
—De matrícula: arts. 2.°, 4.°, 16, 17, 22, 26, 29 a 32, 61 y 130.
—Mercantil: arts. 12, 13, 16, 17, 20, 24, 30, 33, 35, 75 y 131.
—De la propiedad industrial: art. 34.

RENUNCIA AL VIAJE
—Arts. 94 y 95.

REQUISA
—Arts. 48 y 50.

RESPONSABILIDAD
—Del transportista: arts. 111, 114 a 116, 120 a 122, 125, 126 y 129.
—Por el equipaje: arts. 98, 106.
—Solidaria: art. 110.

RESTRICCIONES DE TRANSITO
—Art. 3.°.

RETRASO
—Arts. 94, 106, 108, 118 y 124.

ROBO
—Art. 108.

S

SALARIOS DEBIDOS
—Art. 133.

SALVAMENTO
—Arts. 53, 89, 133 a 136, 141 y 156.

SANCIONES
—Arts. 152 a 159.

SANIDAD
—Arts. 25, 62 y 156.

SECTORES AEREOS
—Art. 9.°.

SEDICION
—Art. 64.

SEGURIDAD
—Del tráfico aéreo: arts. 66 y 157.
—Pública: art. 3.°.

SEGUROS
—Arts. 29, 90, 126 a 129, 133 y Disp. Final 3.ª.

SERVIDUMBRES AERONAUTICAS
—Arts. 51, 52, 54.

SOBERANIA
—Arts. 1.° y 7.°.

SOBREVENTA
—Art. 94.

SOCIEDADES
—Arts. 18, 73 a 75, 79 y 80.

SUBASTAS
—Arts. 100, 109 y 139.

SUBVENCION
—Arts. 77, 93 y 150.

SUSPENSION DE VIAJE
—Art. 94.

T

TABLA DE PESOS
—Art. 38.

TALON DE EQUIPAJE
—Arts. 99, 100, 102, 103, 105 y 111.

TARIFAS
—Arts. 47, 77, 82, 101, 104, 148, 149 y Disp. Final 3.ª.

TASAS
—De aeropuertos: arts. 39, 40, 47.
—De registro de aeronaves: art. 33.

TECNICOS EXTRANJEROS
—Arts. 21 y 65.

TERRITORIO ESPAÑOL
—Arts. 1.°, 6.°, 7.° y 9.°.

TIENDAS LIBRES DE IMPUESTOS
—Art. 42.

TITULOS AERONAUTICOS
—Arts. 42, 56, 58 y 156.

TRADUCCION DE DOCUMENTOS
—Art. 33.

TRAFICO AEREO
—De cabotaje: arts. 68, 83 y 154.
—Eventual o no regular: arts. 67, 79, 81, 82 y 86.
—Exterior: arts. 68 y 81.
—Interior: arts. 68 y 81.
—Internacional: arts. 68, 86 y 88.
—Privado: art. 151.
—Regular: arts. 67, 86, 88.

TRANSFERENCIAS DE LA PROPIEDAD DE LAS AERONAVES
—Arts. 29 y 30.

TRANSITO INOCUO
—Art. 2.°.

TRANSPORTES COMBINADOS
—Art. 94.

TRATADOS INTERNACIONALES
—Art. 5.°.

TURISMO, AERONAVES DE
—Art. 150.

U

UNIFORMIDAD DE NORMAS
—Arts. 5.°, 23, 36, 39 y 56.

USUFRUCTO DE AERONAVES
—Arts. 29, 30 y 130.

V

VALIJAS
—Art. 60 y Disp. Final 1.ª.

VALOR DECLARADO
—Art. 118.

VIAJEROS
—Arts. 92, 101, 106 y 115 a 117.

Z

ZONAS DE NAVEGACION
—Art. 146.

ZONAS PROHIBIDAS
—Arts. 3.°, 146 y 156.

INDICE DE DISPOSICIONES LEGALES CITADAS

Los artículos que se mencionan a continuación de la fecha de cada una de las disposiciones se refieren a los de la Ley sobre Navegación Aérea, a cuyo pie aparece la respectiva cita.

1881

3 de febrero. Ley de Enjuiciamiento Civil. Arts. 12, 124, 134 y 139.

1882

14 de septiembre. Ley de Enjuiciamiento Criminal. Art. 7.º.

1885

22 de agosto. Código de Comercio. Arts. 24, 30, 33, 74 y 108.

1889

24 de julio. Código Civil. Arts. 18, 26, 30, 59, 60, 64, 74, 98, 106, 108, 109, 113, 120, 124, 125, 129, 130, 133, 137, 138, 141 y Disp. Final 4.ª.

1928

19 de enero. Decreto-Ley. Art. 45.

1929

26 de julio. Decreto-Ley. Art. 34.
12 de octubre. Convenio de Varsovia. Arts. 68, 84, 92, 94, 96, 98 a 100, 102, 103, 105 a 108, 110 a 113, 115 a 118, 120 a 122, 124, 125 y Disp. Final 1.ª.

1931

16 de septiembre. Ley. Art. 34.

1939

24 de noviembre. Ley. Art. 79.
15 de diciembre. Decreto. Art. 150.

1940

10 de febrero. Decreto. Disp. Final 4.ª.
7 de junio. Ley. Art. 79.
2 de noviembre. Ley. Arts. 39, 44 a 46, 51 y 52.

1941

23 de enero. Decreto. Arts. 49 y 101.
21 de febrero. Decreto. Art. 58.
10 de marzo. Decreto. Disp. Final 1.ª.
8 de abril. Orden. Arts. 39, 41, 45 y 47.
26 de septiembre. Ley. Art. 127 y Disp. Final 3.ª.

1942
10 de febrero. Orden. Art. 66.
6 de noviembre. Ley. Art. 34.
25 de noviembre. Orden. Arts. 100, 109 y 139.

1943
16 de febrero. Decreto. Art. 49.

1944
29 de enero. Orden. Arts. 32 y 61.
2 de junio. Reglamento Notarial. Art. 33.
7 de diciembre. Convenio de Chicago. Arts. 1.º a 3.º, 5.º, 6.º, 10, 11, 13, 14, 16, 17, 19 a 21, 23, 25, 26, 28, 31, 34, 36, 39, 40, 47, 56, 58, 59, 64, 67, 68, 71, 72, 81, 82, 84, 86 a 90, 113, 132, 134, 140, 144 a 149, 154, 156 y Disp. Final 5.ª.

1945
17 de julio. Ley. Arts. 46, 51 y 52.

1946
1 de febrero. Decreto. Art. 35.
3 de mayo. Decreto. Arts. 3.º, 7.º, 13, 25, 40, 62, 87, 115, 148 y 154.
14 de junio. Decreto. Art. 79.
12 de julio. Decreto. Arts. 79 y 87.
26 de julio. Orden. Arts. 103 y 115.
9 de agosto. Orden. Art. 79.
26 de octubre. Orden. Art. 79.

1947
18 de abril. Decreto. Art. 79.
27 de mayo. Orden. Arts. 97 y 104.
4 de julio. Orden. Art. 63.

1948
12 de marzo. Decreto. Arts. 89, 134 y 140.
6 de abril. Orden. Art. 101.
21 de mayo. Decreto. Arts. 49 y 101.
19 de junio. Convenio de Ginebra. Art. 11.
22 de julio. Decreto. Art. 150.
13 de agosto. Decreto. Art. 150.
1 de diciembre. Orden. Art. 56.

1949
4 de marzo. Decreto. Art. 152.

1950
14 de julio. Decreto. Arts. 7.º, 25, 40 y 62.

1951
17 de julio. Ley. Arts. 18, 73 a 75 y 92.

1952
25 de mayo. Orden. Disp. Final 1.ª.
7 de octubre. Convenio de Roma. Arts. 4.º, 7.º, 48, 90, 119 a 125, 128, 133 y Disp. Final 5.ª.

1953
17 de julio. Ley. Arts. 18 y 73.
11 de agosto. Decreto. Disp. Final 4.ª.

1954
20 de marzo. Orden. Art. 150.
2 de abril. Decreto. Art. 44.
15 de julio. Ley. Art. 59.
9 de septiembre. Decreto. Arts. 56 y 59.
16 de diciembre. Ley. Arts. 46, 48, 54, 126, 130, 131, 133, 135 y 136.

1955
21 de enero. Decreto. Art. 87.
13 de mayo. Decreto. Art. 58.
24 de mayo. Orden. Art. 58.
17 de junio. Decreto. Arts. 130 y 134.
24 de junio. Ley. Art. 43.
19 de agosto. Orden. Art. 73.
30 de septiembre. Protocolo de La Haya. Arts. 68, 84, 86, 92, 99, 100, 102, 106, 107, 110 a 112, 117, 118, 120 a 122, 124 y 125.

1956
16 de enero. Orden. Art. 134.
13 de abril. Decreto. Art. 126.
27 de abril. Decreto. Arts. 150 y 151.
30 de abril. Acuerdo de París. Art. 67.
22 de junio. Decreto. Art. 87.
26 de octubre. Orden. Art. 63.
14 de diciembre. Decreto. Arts. 11, 13, 16, 17, 19, 20, 24, 30 a 33, 35, 75 y 130 a 132.
27 de diciembre. Art. 48.

1957
8 de junio. Ley. Arts. 26 y 92.
26 de julio. Ley de Régimen Jurídico de la Administración. Art. 78.

1958
17 de julio. Ley. Arts. 36, 42, 69, 79, 152 y Disp. Final 4.ª.
10 de octubre. Decreto. Art. 49.

1959
14 de julio. Convenio. Art. 89.
30 de julio. Ley. Arts. 7.º, 50 y 53.
25 de noviembre. Orden. Art. 92.

1960
17 de marzo. Decreto. Arts. 40 y 47.
22 de abril. Acuerdo Multilateral. Arts. 37 y 38.
19 de mayo. Decreto. Disp. Final 1.ª.
17 de junio. Orden. Artt. 134.
9 de agosto. Orden. Art. 63.
29 de diciembre. Decreto. Art. 142.

1961
18 de abril. Convenio de Viena. Art. 60 y Disp. Final 1.ª.

1962
23 de febrero. Orden. Arts. 97 y 104.
14 de junio. Decreto-Ley. Art. 77.
24 de diciembre. Ley. Arts. 134 a 136.

1963
2 de marzo. Ley. Art. 47.
24 de abril. Convenio de Viena. Arts. 6.º, 60, 69, 76, 137, 140 y Disp. Final 1.ª.
14 de septiembre. Convenio de Tokio. Arts. 7.º, 13, 60, 96, 122, 159 y Disp. 5.ª.
16 de diciembre. Orden. Art. 134.
28 de diciembre. Ley. Art. 66.

1964
7 de febrero. Decreto. Art. 159.
29 de abril. Ley. Arts. 6.º, 7.º, 14, 36, 120 y 127.
30 de junio. Decreto. Art. 150.
3 de diciembre. Decreto. Art. 47.
24 de diciembre. Ley Penal y Procesal de Navegación Aérea. Arts. 7.º, 21, 36, 52, 60, 62, 93, 96, 108, 122, 134, 143 a 147, 152 y 156 a 158.

1965
8 de abril. Ley de Contratos de Estado. Arts. 70, 73, 78, 80 y 85.
25 de abril. Decreto. Art. 47.
16 de junio. Decreto. Art. 142.
17 de julio. Ley. Art. 47.
1 de septiembre. Orden. Art. 10.

1966
28 de enero. Ley. Art. 14.
21 de abril. Decreto. Art. 66.
9 de mayo. Orden. Art. 64.
2 de julio. Decreto. Arts. 36, 42, 69, 79 y 140.
26 de octubre. Orden. Art. 44.
20 de diciembre. Orden. Art. 150.
28 de diciembre. Ley. Art. 62.

1967
22 de julio. Reglamento Notarial. Art. 78.
5 de septiembre. Orden. Art. 101.
21 de diciembre. Orden. Art. 101.

1968
1 de febrero. Decreto. Art. 9.º y Disp. Transitoria 2.ª.
16 de febrero. Orden. Art. 9.º.
20 de junio. Ley. Art. 45.
27 de julio. Decreto. Art. 65.
27 de julio. Ley. Arts. 48, 50 y 55.
13 de diciembre. Convención. Art. 113.

1969
6 de marzo. Decreto. Disp. Final 3.ª.
13 de marzo. Decreto. Arts. 14, 16, 18, 22, 23, 28 a 33 y 130.
26 de abril. Ley. Art. 50.
23 de mayo. Convenio de Viena. Art. 88.
24 de julio. Decreto. Art. 132.
6 de noviembre. Decreto. Art. 55.
30 de diciembre. Ley. Arts. 33 y 130.

1970
6 de marzo. Orden. Art. 9.º.
22 de agosto. Decreto. Art. 142.
25 de agosto. Orden. Art. 63.
16 de diciembre. Convenio de La Haya. Arts. 7.º, 13, 159 y Disp. Final 5.ª.

1971
1 de marzo. Orden. Art. 142.
8 de junio. Recomendación. Arts. 40 y 87.
11 de junio. Orden. Art. 47.
19 de junio. Ley. Art. 101.
21 de julio. Ley. Art. 101.
17 de septiembre. Decreto. Arts. 61 y 149.
27 de septiembre. Convenio de Montreal. Arts. 7.º, 13, 159 y Disp. Final 5.ª.
14 de octubre. Decreto. Art. 129.
18 de octubre. Orden. Arts. 59 y 142.
16 de noviembre. Orden. Arts. 40 y 87.
17 de diciembre. Eurocontrol. Art. 149.

1972
10 de febrero. Decreto. Arts. 2.º, 16, 17 y 28 a 32.
15 de febrero. Convenio de Oslo. Art. 156.
24 de febrero. Decreto. Arts. 51, 52 y 54.
24 de marzo. Decreto. Art. 88.
21 de junio. Ley. Art. 66.
28 de junio. Decreto. Art. 149.
27 de octubre. Acuerdo Hispano-franco-italiano. Arts. 134 y 140.
23 de diciembre. Decreto. Art. 42.

1973
8 de febrero. Acuerdo. Art. 89.
26 de mayo. Orden. Art. 101.
18 de junio. Orden. Art. 63.
17 de agosto. Decreto. Art. 66.
14 de septiembre. Código Penal. Arts. 36, 158 y 159.
18 de octubre. Orden. Art. 42.
23 de noviembre. Orden. Art. 42.

1974
1 de marzo. Orden. Art. 88.
14 de marzo. Decreto. Arts. 97, 102, 107 y 113.
28 de marzo. Decreto. Arts. 53, 114, 134 y 138.
29 de marzo. Decreto. Art. 89.
24 de mayo. Decreto. Art. 56.

31 de mayo. Orden. Art. 56.
20 de julio. Decreto. Art. 156.
24 de julio. Ley. Art. 61.
7 de agosto. Orden. Arts. 100, 109 y 139.
9 de agosto. Decreto. Art. 42.
20 de diciembre. Decreto. Art. 101.

1975
21 de febrero. Orden. Arts. 40 y 47.
12 de marzo. Ley. Art. 3.°.
2 de mayo. Ley. Art. 34.
20 de junio. Orden. Art. 103.
10 de julio. Decreto. Art. 51.
17 de julio. Decreto. Art. 49.
24 de julio. Decreto. Art. 101.
30 de julio. Orden. Art. 63.
4 de diciembre. Circular de Aduanas. Art. 103.
28 de diciembre. Orden. Art. 103.

1976
24 de febrero. Orden. Art. 97.
26 de marzo. Art. 142.
4 de junio. Decreto. Disp. Final 3.ª.

1977
4 de enero. Ley. Arts. 1.° y 77.
4 de marzo. Real Decreto-Ley. Art. 62.
16 de marzo. Orden. Art. 47.
23 de mayo. Orden. Art. 3.°.
4 de julio. Real Decreto. Art. 8.°.
17 de noviembre. Resolución. Arts. 11, 14, 15 y 23.

1978
20 de febrero. Ley. Art. 1.°.
30 de marzo. Decreto. Art. 56.
5 de abril. Orden. Art. 150.
27 de abril. Real Decreto-Ley. Arts. 1.°, 8.°, 9.°, 26, 41, 42, 47, 51, 52, 57, 61 y 143.
2 de junio. Decreto. Art. 64.
26 de junio. Orden. Art. 40.
8 de julio. Real Decreto. Art. 77.
31 de octubre. Constitución española. Arts. 5.°, 14, 43, 46, 48, 59, 64, 125 y 152.
26 de diciembre. Real Decreto-Ley. Art. 63.
28 de diciembre. Ley. Art. 14.
29 de diciembre. Real Decreto. Arts. 8.°, 10 y 57.

1979
4 de abril. Real Decreto. Arts. 9.° y 42.
27 de abril. Real Decreto-Ley. Art. 39.
3 de agosto. Real Decreto. Arts. 9.° y 42.
2 de octubre. Ley. Art. 149.
5 de diciembre. Orden. Arts. 47 y 143.

1980
10 de marzo. Ley del Estatuto de los Trabajadores. Arts. 63, 64, 133 y 159.
22 de abril. Orden. Arts. 9.º, 25, 35, 69, 76 y 143.
28 de mayo. Orden. Arts. 82 y 104.
13 de junio. Real Decreto. Arts. 48, 66, 94 y 96.
18 de junio. Orden. Disp. Final 3.ª.
1 de julio. Ley Orgánica. Arts. 14 y 50.
4 de agosto. Orden. Art. 87.
8 de octubre. Ley de Seguros. Arts. 126 y 128.

1981
1 de junio. Ley Orgánica. Art. 7.º.
20 de agosto. Real Decreto. Arts. 94 y 95.
13 de noviembre. Real Decreto. Disp. Final 3.ª.
29 de diciembre. Ley. Art. 77.

1982
5 de marzo. Real Decreto. Art. 63.
30 de marzo. Orden. Art. 47.
28 de mayo. Real Decreto. Art. 62.
31 de mayo. Orden. Arts. 16, 20, 31, 34 y 84.
13 de julio. Ley Orgánica. Art. 47.
12 de agosto. Real Decreto. Art. 14.
2 de septiembre. Orden. Art. 149.
22 de septiembre. Orden. Art. 3.º.
15 de octubre. Real Decreto. Arts. 9.º, 40, 42, 57 y 61.
8 de noviembre. Orden. Art. 58.
12 de noviembre. Real Decreto. Arts. 77 y 93.
7 de diciembre. Real Decreto-Ley. Art. 8.º.
15 de diciembre. Real Decreto. Art. 8.º.

1983
13 de enero. Art. 3.º.
16 de febrero. Real Decreto. Art. 47.
28 de julio. Real Decreto. Arts. 63 y 97.
4 de agosto. Real Decreto. Arts. 4.º, 49, 98, 101, 106, 117 a 119 y Disp. Final 2.ª.
7 de diciembre. Real Decreto. Arts. 97 y 101.
15 de diciembre. Orden. Art. 149.

1984
22 de febrero. Real Decreto. Art. 144.
12 de marzo. Orden. Art. 94.

LEGISLACION DEL SUELO. *Edición de* P. A. Jiménez Luna.
LEGISLACION ECLESIASTICA. *Edición de* A. Reina Bernáldez.
LEGISLACION LABORAL (3.ª ed.). *Edición de* M. Rodríguez Piñero, A. Ojeda Avilés y F. Fernández López.
LEGISLACION PUBLICITARIA. *Edición de* C. Lema Devesa.
LEGISLACION SOBRE COMUNIDADES AUTONOMAS (2 vols). *Edición de* J. Tornos.
LEGISLACION SOBRE ENSEÑANZA. Normas generales, EGB, FP y BUP. *Edición preparada* por Antonio Embid Irujo.
LEGISLACION SOBRE JUEGOS Y APUESTAS. *Edición de* J. Martín Queralt y G. Orón Moratal.
LEGISLACION SOBRE PROPIEDAD INDUSTRIAL. *Edición de* A. Bercovitz, T. de las Heras y J. Macías.
LEGISLACION UNIVERSITARIA. Vol. I: Normativa general y autonómica. *Edición de* A. Embid Irujo.
LEGISLACION UNIVERSITARIA. Vol. II: Estatutos de las Universidades. *Edición de* J. R. Codina.
LEY CAMBIARIA Y DEL CHEQUE. *Edición de* I. Arroyo.
LEY DE AGUAS. *Edición de* A. Reverte.
LEY DE ENJUICIAMIENTO CIVIL (3.ª ed.). *Edición de* V. Moreno Catena.
LEY DE ENJUICIAMIENTO CRIMINAL (2.ª ed.). *Edición de* V. Moreno Catena.
LEY HIPOTECARIA Y SU REGLAMENTO (2.ª ed.). *Edición de* R. Bercovitz y M. A. Manzano.
LEY ORGANICA DEL PODER JUDICIAL Y ESTATUTOS ORGANICOS. *Edición de* V. Moreno Catena.
LEY PENITENCIARIA. *Edición de* C. García Valdés.
LEY REGULADORA DE LAS BASES DEL REGIMEN LOCAL. *Edición de* J. E. Soriano García.
LEY Y REGLAMENTO DEL IVA. *Edición de* F. Jiménez Ambel y J. Martín Queralt.
NORMAS POLITICAS DE ESPAÑA. *Edición dirigida por* J. de Esteban.

BIBLIOTECA DE TEXTOS LEGALES

ARRENDAMIENTOS RUSTICOS Y LEGISLACION COMPLEMENTARIA. *Edición de* C. Lasarte Alvarez y J. M. Gil Arévalo.
ARRENDAMIENTOS URBANOS Y LEGISLACION COMPLEMENTARIA. *Edición de* C. Lasarte Alvarez y A. Moreno Andrade.
CODIGO CIVIL. (4.ª ed.). *Edición de* R. Bercovitz y C. Sempere.
CODIGO DE COMERCIO Y LEGISLACION MERCANTIL (2.ª ed.). *Edición de* I. Arroyo.
CODIGO DE DERECHO ELECTORAL ESPAÑOL. *Edición de* E. Alvarez Conde y J. C. González Hernández.
CODIGO DE LA CIRCULACION, RESPONSABILIDAD Y SEGURO. *Edición de* J. Benavides y J. B. Aznar.
CODIGO PENAL (3.ª ed.). *Edición de* E. Gimbernat.
CODIGO PENAL MILITAR. *Edición de* A. Millán Garrido.
COMPILACIONES FORALES Y LEYES CIVILES DE LAS COMUNIDADES AUTONOMAS (2 vols.). *Edición de* E. Roca Trías y J. Egea Fernández.
CONSTITUCION ESPAÑOLA (3.ª ed.). *Edición de* L. López Guerra.
ESTATUTO DE LOS TRABAJADORES (2.ª ed.). *Edición de* J. Cruz Villalón y J. Maeztu.
IMPOSICION SOBRE LAS SUCESIONES Y DONACIONES. *Edición de* J. Martín Queralt y J. V. Pedraza Bochons.
IMPUESTO SOBRE SOCIEDADES. *Edición de* C. Lozano Serrano.
IMPUESTO SOBRE TRANSMISIONES PATRIMONIALES Y ACTOS JURIDICOS DOCUMENTADOS. *Edición de* A. Martínez Lafuente y P. de Elizalde y Aymerich.
IMPUESTOS SOBRE LA RENTA Y EL PATRIMONIO DE LAS PERSONAS FISICAS. *Edición de* J. Martín Queralt y M. T. Soler Roch.
INGRESOS DE LAS HACIENDAS LOCALES. *Edición de* J. Martín Queralt.
LEGISLACION AEREA. *Edición de* E. Mapelli López.
LEGISLACION AGRARIA. *Edición de* A. Luna Serrano y C. Maluquer de Motes.
LEGISLACION AUTONOMICA DE TRABAJO Y SEGURIDAD SOCIAL (2 vols.). *Edición de* M. E. Casas Baamonde y M. C. Palomeque López.
LEGISLACION BASICA DE DERECHO DE LA INFORMACION. *Edición de* Enrique Gómez-Reino y Carnota y Enrique García Llovet.
LEGISLACION DE SEGURIDAD SOCIAL. *Edición de* A. Ojeda Avilés, F. Fernández López y F. Salvador Pérez.
LEGISLACION DE SOCIEDADES MERCANTILES. Sociedad anónima y Sociedad de responsabilidad limitada. *Edición de* I. Arroyo.